CONTEMPORARY SHAND(
SYSTEM

U0671438

山东加快现代化经济体系建设研究

刘 冰 等◎著

经济管理出版社
ECONOMY & MANAGEMENT PUBLISHING HOUSE

图书在版编目（CIP）数据

山东加快现代化经济体系建设研究/刘冰等著 . —北京：经济管理出版社，2020. 11
ISBN 978 - 7 - 5096 - 7653 - 0

Ⅰ. ①山…　Ⅱ. ①刘…　Ⅲ. ①区域经济发展—经济现代化—研究—山东　Ⅳ. ①F127. 52

中国版本图书馆 CIP 数据核字（2020）第 236957 号

组稿编辑：魏晨红
责任编辑：魏晨红
责任印制：赵亚荣
责任校对：陈晓霞

出版发行：经济管理出版社
　　　　　（北京市海淀区北蜂窝 8 号中雅大厦 A 座 11 层　100038）
网　　址：www. E - mp. com. cn
电　　话：（010）51915602
印　　刷：北京市唐家岭福利印刷厂
经　　销：新华书店
开　　本：720mm×1000mm/16
印　　张：13. 75
字　　数：232 千字
版　　次：2020 年 11 月第 1 版　　2020 年 11 月第 1 次印刷
书　　号：ISBN 978 - 7 - 5096 - 7653 - 0
定　　价：68. 00 元

前　言

　　党的十九大提出构建现代化经济体系，党的十九届四中全会进一步要求加快构建现代化经济体系的步伐，党的十九届五中全会提出"十四五"时期"现代化经济体系建设取得重大进展"、到2025年"建成现代化经济体系"。长期以来，山东经济社会发展取得了不错的成绩，但与发达省份相比差距还不小。"十三五"时期，山东大力实施新旧动能转换重大工程，全面推进"八大发展战略""九大改革攻坚行动"，以"十强"产业为抓手，以打造一流营商环境为支撑，全面发力改革开放、创新发展，实现全省新旧动能转换"三年初见成效"目标，现在正深入推进新旧动能转换"五年取得突破"目标的战略举措，开启全面建设新时代现代化强省新征程，更加需要加快现代化经济体系建设步伐，为实现高质量发展提供体制机制保障。

　　现代化经济体系是一个覆盖面较大、内容较广的概念。党的十九大指出，我国经济已由高速增长阶段转向高质量发展阶段，正处在转变发展方式、优化经济结构、转换增长动力的攻关期，建设现代化经济体系是跨越关口的迫切要求和我国发展的战略目标。综合分析高质量发展所需要的经济体系，本书从现代产业体系、现代市场体系、现代化收入分配体系、现代化区域发展体系、绿色发展体系、全面开放体系、现代市场经济体制、营商环境优化等方面加以展开分析。

　　现代产业体系的发展水平是区域经济发展和综合实力的重要体现。关于现代产业体系，党的十七大报告提出"发展现代产业体系"；党的十八大报告将其扩展为"要着力构建现代产业发展新体系"；党的十九大报告进一步提出"着力加快建设实体经济、科技创新、现代金融、人力资源协同发展的产业体系"；党的十九届五中全会提出"加快发展现代产业体系、推动经济体系优化升级"。经过多年的发展，山东省已建立起比较完整的工业体系和国民经济体系。但与现代产业体系的发展趋势相比、与发达省份和地区的发展水平相比，山东现代产业体系构建还存在不少问题；要素市场化程度偏低，制约了产业体系整体竞争力和效率的提升。第二章"山东省现代产业体系建设研究"着重研究了现代产业体系建设的意义和发展趋势、山东省现代产业体系发展水平评价、山东省现代产业体系建设存在的问题、山东省加快构建现代产业体系的对策建议等内容。

现代市场体系的创建过程也是市场经济体制机制完善的过程。核心问题在于处理好市场与政府的关系，切实让市场在资源配置中起决定性作用，切实发挥好政府的调控作用，努力培育"有效市场"，努力构建"有为政府"，实现"有效市场"和"有为政府"协同发展。随着山东省市场化改革的不断推进，在城市化、工业化、信息化、农业现代化的协同发展下，山东省的市场体系日趋完善。近年来，山东省大力发展非公有制经济，不断加快商事制度改革，推进市场主体准入改革，营商环境不断优化，市场活力不断增加。总体上看，山东省的商品和要素市场门类较齐全，呈现多样化、专业化、地域化等特点。第三章"山东省现代市场体系建设研究"着重研究了现代市场体系的基本内涵与核心问题、山东省现代市场体系阶段演进与现状、山东省现代市场体系建设存在的问题、加快山东省现代市场体系构建的制度创新、加快山东省现代市场体系建设的有效路径等内容。

党的十八大报告指出，提高居民收入在国民收入分配中的比重，提高劳动报酬在初次分配中的比重；初次分配和再分配要兼顾效率和公平，再分配要更加注重公平。党的十九大报告指出，要坚持按劳分配原则，完善按要素分配的体制机制，促进收入分配更合理、更有序；鼓励勤劳守法致富，扩大中等收入群体，增加低收入者的收入，调节过高收入，取缔非法收入；拓宽居民劳动收入和财产性收入渠道；履行好政府再分配调节职能，加快推进基本公共服务均等化，缩小收入分配差距。党的十九届五中全会指出，着力提高低收入群体收入，扩大中等收入群体；完善按要素分配政策制度，健全各类生产要素由市场决定报酬的机制；多渠道增加城乡居民财产性收入；发挥第三次分配作用，发展慈善事业，改善收入和财富分配格局。第四章"山东省现代化收入分配体系建设"着重研究了现代化收入分配体系的内涵、山东省收入分配体系存在的问题与评价、构建与完善山东省现代化收入分配体系等内容。

我国区域经济发展存在"东中西"差异。与全国格局类似，山东省区域经济也呈现东部、中部、西部梯次分布格局。改革开放以来，在不同的发展阶段和时期，山东省区域发展的战略思路也在不断进行调整，先后实施了东西结合共同发展、东中西梯次推进、"一群一圈一带"竞相发展、"一体两翼"统筹把握、

"两区一圈一带"全域覆盖、"三核引领、多点突破、融合互动"新旧动能转换重大战略布局，以及省会、胶东、鲁南三大经济圈一体化发展格局。第五章"山东省现代化区域发展体系建设"着重研究了现代化区域发展体系的目标与要求、山东省区域发展体系现状及存在的问题、建设与完善山东省现代化区域发展体系等内容。

改革开放以来，中国经济高速发展，创造了举世瞩目的"中国奇迹"，但也应该看到，粗放式的发展方式使中国在环境保护方面付出了沉重的代价。积极应对环境危机、实施绿色发展战略，既是中国实现可持续发展的内在要求，也是中国深度参与全球治理、推动全人类共同发展的责任担当。山东省当前的产业结构偏重、能源结构偏煤是阻碍其经济结构转型的重要因素，因此，推动经济的绿色发展是山东经济实现持续健康发展的关键。一方面，需要培育发展绿色环保产业；另一方面，建立完善重大技术研发以及资源共享的创新服务平台，进一步健全技术研发体系以及服务创新体系。山东省应在积极完善环境制度改革的基础上，通过税收补贴与优惠、信贷支持、融资便利等一系列方式，将优质生产要素向绿色发展部门转移，积极完善碳交易、排污权交易、绿色保险、绿色贸易等多种环境经济政策，限制破坏生态环境的负外部性行为的发生，引导各市场主体的绿色正外部性行为，努力提高经济社会效益，以实现趋利行为与绿色行为兼容的目的。第六章"山东省绿色发展体系建设研究"着重研究了国内外绿色发展体系演变、山东省绿色发展水平及问题分析、山东省绿色发展体系的建设现状和存在问题、完善山东省绿色发展体系的具体路径、政策建议等内容。

山东省现代化经济体系的建立，不仅需要以庞大的内需为基础，还需要充分利用外部要素进行更大范围、更深程度的对外开放。长期以来，中国对外开放采取的是非均衡战略，"点与线、线与面"的开放格局依托于有效的增长极，以此带动周围区域的共同发展。新时代背景下，"一带一路"倡议、外商投资负面清单管理和自由贸易试验区建设为现代化经济体系建设提供了有力的支撑。近年来，山东省立足本省优势，其资源丰裕、劳动力充足的特点得以充分发挥，从传统的重"量"转变到重"质"，对外贸易得以快速发展。依靠"大进大出"的贸易模式，山东省对外贸易发展迅速，交易总额持续增加，涉及的行业也从服装鞋业等传统劳动密集型产业扩展到机电产业、高技术产业。山东省外贸市场发展趋于多元化，贸易伙伴增长迅速；出口结构进一步优化，一般贸易占全部出口的比重持续提高，外贸新业态蓬勃发展。第七章"山东省全面开放体系研究"着重研究了全面开放体系的理论内涵；山东省全面开放体系的现状和存在问题；打造对外开放新高地，构建全面开放体系等内容。

市场机制有效、微观主体有活力、宏观调控有度的市场经济体制是现代化经济体系的重要组成部分。山东省只有将三者有机统一起来，实现深度结合，才能最大限度地破除生产力发展的各种束缚，才能有效避免经济增长的大起大落，才能激发全社会的发展活力，最终实现更有效、更公平、更可持续的经济发展。市场机制有效，要求山东省建立并执行相应的规则和制度，保障价格机制、竞争机制、供求机制作用有效发挥，促进市场机制有效运转。微观主体有活力，要求山东省深化国有企业改革，支持民营企业发展，优化营商环境。宏观调控有度，要求政府简政放权，有所为有所不为，一方面把属于市场的环节交给市场，另一方面提高宏观调控质量。第八章"山东省现代市场经济体制建设研究"着重研究了现代市场经济体制的基本特征、山东省现代市场经济体制建设面临的主要问题、山东省构建现代市场经济体制的对策建议等内容。

优化营商环境是促进新旧动能转换、提升经济内生动力、激发创新创业活力的重要基础。随着区域竞争日益加剧、居民生活水平大幅提升，企业和居民对城市基础设施环境、政府管理服务效率、市场公平诚信氛围等营商环境的需求不断提高，优化营商环境成为培育经济新动能的重要支撑和提升区域综合竞争力的重要抓手。第九章"山东省营商环境优化研究"着重研究了优化营商环境是高质量发展的重要基石、山东省营商环境建设驶入优化发展"快车道"、高质量发展要求营商环境进行系统性变革、优化营商环境的经验借鉴、深化山东省营商环境建设的路径建议等内容。

全书由刘冰负责框架设计、统筹和统稿，其他研究人员参与有关章节的撰写，分别为：第一章由孙海波执笔；第二章由王安执笔；第三章由张广威执笔；第四章由王倩怡执笔；第五章由牛勇平执笔；第六章由唐松林执笔；第七章由杜威剑执笔；第八章由白千文执笔；第九章由任栋执笔。

由于笔者水平有限，书中若有缺点和不足，敬请读者批评指正！

目　录

第一章　现代化经济体系理论基础

  党的十九大提出构建现代化经济体系，党的十九届四中全会指出要加快构建现代化经济体系的步伐。当前，建设现代化经济体系已经确定为2020年经济工作的重点。这也表明，现代化经济体系建设是我们党和国家迫切需要解决重要问题（宁阳，2020）。经济建设是现代化经济体系建设的中心，建设现代化经济体系，不仅需要融入社会主义现代化进程，而且还要将其放到中华民族伟大复兴的历史进程中去考虑（赵昌文和朱鸿鸣，2018）。那么，如何评价中国经济是否已经是现代化经济体系，其标准主要是根据其能否有助于促进新时代社会主义现代化建设。现代化经济体系应该是一种充满经济活力，并且具有极强适应性的经济体系。这种经济体系能够推动生产力可持续发展，在发展过程中更加注重解决区域发展不均衡问题，更加注重贫富收入差距问题。以共享协调发展理念，处理好协调的生产关系，追求人民共同富裕。

  全面认识现代化经济体系，需要深刻理解生产力与生产关系这一社会基本矛盾。一个国家或地区经济发展离不开产业结构升级和技术进步，第一，构建现代化经济体系，需要实现实体经济、现代金融、科技创新和人力资本和谐发展。第二，现代化经济体系发展过程中，要实现资源配置结构不断优化，生产要素质量不断提升，经济增长质量真正改善。第三，现代化经济体系建设要充分发挥人才优势，激发企业家活力，紧紧依靠高水平人力资本，充分释放人才的创造力。

  当前，社会基本矛盾发生变化，发展逻辑也发生了改变；由高速增长阶段向高质量发展阶段迈进；中国经济现在处于质量变革、效率变革、动力变革的转换时期，经济增长模式和动能处于转换过程中，出现了一些"青黄不接"和转型"阵痛"。党的十九大报告明确指出："我国社会主要矛盾已经转化为人民日益增长的美好生活需要和不平衡不充分的发展之间的矛盾。"在新时代下，构建现代化经济体系，必须深刻认识这一矛盾。创新是民族之魂，中国经济发展到今天已经成为世界上第二大经济体，接下来的发展就要实现质的突破，就需要依靠创新引领发展。协调发展，重在解决发展平衡问题，这就需要着眼于全局，正确处理好发展中的重大关系。绿色发展是经济高质量发展的一个重要目标，绿色发展需要绿色技术和绿色产业作为支撑。开放发展，从改革开放以来取得的成绩，我们清楚地认识到闭关锁国是不会成功的，只有坚持开放的道路，才能使中国经济发展得更快。共享发展就是要充分发挥制度的优越性，让人民享受到经济发展的红利。因此，总的来看，要实现经济高质量发展就必须贯彻"创新、协调、绿色、开放、共享"的发展理念。

除了需要新的发展理念之外，建设现代化经济体系要注重实体经济的发展。要抓好"去产能、去库存、去杠杆、降成本、补短板"五大任务，切实解决好实体经济发展中内部供需结构失衡问题。去产能主要是解决产品供给大于需求而导致的恶性竞争的不利局面，这就需要寻找生产技术升级和生产设备升级的方法改进产品质量。积极稳妥化解产能过剩，就要遵循企业主体、政府推动、市场引导、依法处置的办法。去库存主要是如何化解房地产库存，通过加快农民工市民化，扩大市场中的有效需求，以达到消化房地产库存的效果。去杠杆是指避免企业负债经营或尽量降低企业负债率。但是，如果杠杆率太高，特定主体的债务增长速度就会过快，这样就使偿还债务的压力过大，也就增加了金融风险。因此，需要逐步减少杠杆，防范金融风险压力，促进经济持续健康发展。降成本主要是指帮助企业部门降低成本，如降低企业的税费负担、社会保险费、财务成本、电力价格等。补短板主要是补基础设施建设短板、补经济持续健康发展短板、补科技创新进步短板、补人才队伍建设短板，解决公共服务设施和城市基础设施发展滞后问题。

第一节　现代化经济体系的内涵与构成

对于现代化经济体系建设，党的十九大报告给出了纲领性意见，目前，学术界关于现代化经济体系的研究可大致划分为两类：一是基于理论视角，将产业体系看作现代化经济体系的关键要素之一，要想实现经济结构从传统的经济体系向现代化经济体系转变，就必须实现产业结构的转型升级，即从以工业主导的产业结构向以高端服务业主导的产业结构转变，各产业内部也要实现由低端主导向高端主导转变（高培勇等，2019；赵儒煜和肖茜文，2019；刘戈非和任保平2020）。二是基于党的十九大报告，从要素投入视角分析了高质量经济发展所需要的经济体系（刘志彪，2018）。

2019 年，山东省国内生产总值达到 71067.5 亿元，贸易进出口总额达到20420.9 亿美元，城乡居民人均收入分别达到 42329 元和 17775 元。这些数据表明了长期以来，山东省经济发展取得了较好的成绩，但是，我们也要清楚地认识到发展的短板，山东省的经济发展仍然存在许多不尽如人意的地方，与发达省份相比差距还是很大。因此，山东省要大力发展现代化经济体系。党的十九大报告指出，当前中国的经济发展已经从高速增长阶段逐步向经济高质量发展阶段转变，中国经济发展处于转变发展方式、优化经济结构、转换增长动力的攻关期，构建现代化的经济体系成为跨越关口的迫切要求。本章主要从图 1-1 所示的几个方面阐释现代化经济体系的构成。

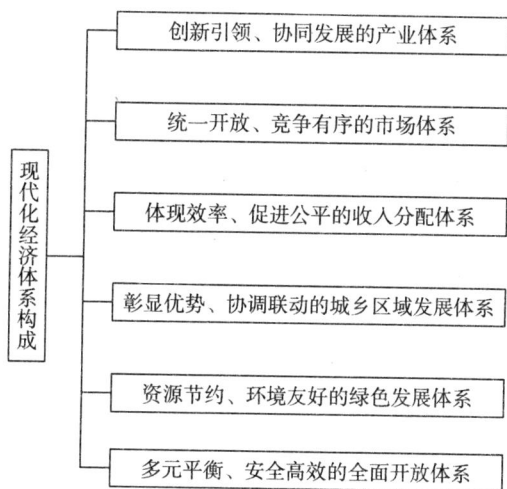

图 1-1　现代化经济体系构成

一、现代产业体系

创新引领、协同发展的产业体系。一个国家的发展离不开产业的长远发展，现代化经济体系也离不开产业体系（石建勋，2018）。当前，中国的产业体系已经发展得比较完备，但仍然存在一些问题。产业发展过程中人才和资本脱实向虚的趋势还没有根本逆转，技术创新成果转化为生产力的转化率还不高，并且转化周期也比较长。为了有效地解决这些问题，需要加快构建现代化产业体系。

对于现代产业体系的内涵，刘戈非和任保平（2020）给出如下定义：现代产业体系是指随着中国特色社会主义进入新时代，经济体中人力资本、科学技术和金融资本等主要的产业要素实现协调发展、相互配合，最终实现虚拟经济和实体经济协调健康发展。现代化经济体系的发展具有自身特征，构建现代化经济体系的提出，是基于中国特色社会主义发展进入了新时代这一现实背景，为此，建设现代化经济体系也赋予了新时代内涵，建设现代化经济体系也是围绕着我们国家目前经济发展不平衡的现状展开的（张淑俊，2020），现代化经济体系应该是由政府部门在宏观层面进行主导，在结合大众创新、万众创业，通过不断地产业优化、产业整合，从而实现产业结构升级。

现代化经济体系的基础条件是拥有现代化的产业体系，这就需要拥有现代化的农业、高端制造业发达和现代服务业，并且产业之间要实现深度融合，实现各类产业的平衡式发展（江苏省统计局课题组和王汉春，2020）。党的十九大报告指出，现代产业体系包括四个层面：一是实体经济发展，二是科学技术创新，三是现代金融发展，四是人力资源。发展现代产业体系的主攻方向就是发展好实体经济，实体经济的发展能够为现代产业体系奠定坚实的基础。黄群慧（2017）研究认为，实体经济的发展是改善人类生活水平、提供人类生存发展资料。近年来，我们国家经济发展逐渐突出实体经济在产业体系中的地位（黄汉权，2017）。在经济发展进入新常态下，我国经济面临下行压力，但总体上保持较好的发展态势，这离不开科学技术的进步与创新突破。在熊彼特提出创新概念之后，技术创新是经济增长的重要推动力量已经达成共识。科技创新可以促进实体经济良好发展，同时也可以很好地引导金融行业资金配置，科技创新成为现代产业体系的主推力量。为此，现代产业体系中也离不开技术创新。金融始终都在各国经济发展中起着关键作用，现代金融的发展也在现代产业体系中扮演着重要角色，深化金融体制改革，增强金融服务实体经济的能力（唐松，2019）。金融业健康发展的真正意义在于可以合理分配社会资本，让确实需要资金的行业可以得到资金支持，可以说，现代金融的发展已经成为现代产业体系的润滑剂。随着我国人口红利的逐渐降低，高素质人力资本已经成为推动经济高质量发展的主要动力来源。也就是说，为了现代产业体系，就需要更加注重高素质人力资本基本，必须加大人才培养的投入力度，不仅要重点培养高精尖的高技能人才，还要培养具有工匠精神的专业人才。对于现代产业体系构成的四大要素，它们彼此之间相互协调，这样才能促进现代产业体系发展。

二、现代市场体系

统一开放、竞争有序的市场体系。目前，我们国家的市场体系还不是十分规范，仍存在诸多问题。为此，必须加快建设统一开放、竞争有序的市场体系，进而保证市场能够在资源配置中起到决定性作用。市场作为商品和劳务交换的主要场所，从其交换内容层面来看，现代市场主要由商品市场和要素市场构成，其中要素市场主要由资本市场、劳动力市场、土地市场、技术市场、房地产市场构成。随着经济社会的发展，现代市场不断地丰富，现代市场体系不断地完善。从内容来看，主要由商品市场体系、要素市场体系、市场流通体系、市场法律体系、市场监督体系、市场信用体系等构成。现代市场体系应具有法治化、信息化、国际化、系统性、高效性和创新性的特征（刘泉红，2020）。法治化是指建设现代市场体系必须紧紧依靠强有力的法制条件，确保市场交易的法律制度日益完善，以及市场监管的法治水平逐渐提高。在现代市场体系下各种交易都离不开信息技术，也就是说，信息技术已经高度融入现代市场体系，借助信息技术，促使市场各种交易更加完善。现代的市场体系肯定不是封闭的，而是高度融入全球统一市场的（曾铮，2017）。通过参与国际市场，在国际市场竞争下，按照国际市场的变化调整国内市场资源配置，进而提升国内市场体系的国际化水平。现代市场体系是个复杂的系统，主体与客体之间具有较强的关联性，因而现代市场体系表现出明显的系统性特征。此外，在新技术和全球贸易自由化影响下，现代市场体系的便利化不断改善，市场交易效率大大提升，因而高效性也成为现代市场体系的重要特征之一。同时，现代市场体系各主体的商业模式、组织模式等都不断完善、不断创新，使现代市场体系整体上呈现出不断优化态势，所以，创新性也是现代化市场体系的重要特征之一。

三、现代收入分配体系

在初次分配和再分配的过程中都要体现出效率与公平，要坚持按劳分配为主体、多种分配方式并存的分配体系，从而把按劳分配和按生产要素分配有机地结合起来，最终形成体现效率、促进公平的收入分配体系。2019 年，我国居民人均可支配收入已经超过 3 万元，随着人均收入的不断增加，国民收入分配格局也需要不断调整，要让全体人民都能够享受到经济高质量发展的结果（谭永生，2020）。现代收入分配体系要能够推动城乡居民收入持续增长，劳动生产率与劳动报酬同步提升。同时，现代收入分配体系还可以履行政府部门的分配调节职能，加速推进社会服务均等化，缩小收入差距。要让中等收入群体的人口比重越来越高，让社会越来越稳定，要增加低收入群体的收入水平，通过合理地调节高收入、治理非法收入等形式，推动我们国家收入分配结构向橄榄型转变。

四、现代城乡区域发展体系

我国经济发展存在地区发展不平衡的问题。党的十八大以来，党中央着眼全局，统筹内外、提出建设"一带一路"倡议、经济带发展战略和京津冀协同发展。彰显优势、协调联动的城乡区域发展体系塑造区域协调发展新格局。对于区域协调发展包括四个层面的内容：尊重客观规律、发挥比较优势、完善空间治理、保障民生底线。尊重客观规律强调的是在当前各地区发展不尽平衡的前提下，允许或鼓励生产要素向优势地区流动，减少人为阻碍；发挥比较优势是指各区域要利用自身的优势，实现各自的功能；完善空间治理是指主体功能区要实现差异化发展，也需要不同的政策安排，政策要进一步精准细化；保障民生底线强调的是在发展过程中要以公共服务均等化为目标，在提高效率的同时兼顾公平。

构建现代城乡区域发展体系不仅是理论层面的需要，而且也是现代化经济体系的内在需要和空间支持（王红霞，2020）。由于生产要素分布不均衡，经济发展的资源禀赋也分布不均衡，著名的"胡焕庸线"在一定程度上也支持了这种不均衡分布的事实。由于现代化经济体系是一个包括空间、时间和内容在内的多维复杂系统。因此，构建现代城乡区域发展体系有助更好地发展现代化经济体系。

区域发展政策最早始于20世纪初期，后来随着区域空间结构失衡问题变得越来越普遍，很多国家也纷纷开始实行区域发展政策。在早期，区域发展政策主要是帮助落后地区发展，解决这些发展落后地区的发展困境和经济结构失衡问题。例如，在德国最早开始的区域政策就是帮助落后地区和一些农村地区，促进这些地区的经济发展。此外，英国、美国和加拿大也采取了与之类似的早期区域发展政策。区域发展面临着各种挑战，区域发展政策也发生了很多变化。到了发展中期，区域政策更多关注的是经济增长。当前，区域发展政策则更加注重平衡发展。可以说，区域发展政策也是在不断发展和不断完善的，从问题导向转向机会导向、从关注增长到关注发展、从局部应对到系统治理、从被援助向主动平衡发展（王红霞，2020）。

五、绿色发展体系

习近平总书记强调，人类与自然是生命共同体，人类必须尊重自然、顺应自然、保护自然（胡剑波，2020）。绿色发展首要是遵循自然规律，要做到有序开放，不能过度开放，要保护好环境，做到人类与大自然和谐共生。其次，在改造自然的过程中要维持生态平衡，要让子孙后代能持续享有大自然的馈赠。最后，要时刻保护自然环境，走人类与自然和谐共生的发展之路。习近平总书记强调，要把建设美丽中国化作公民的自觉行动，要强化每一位公民的环境保护意识。

绿色发展追求的是经济、社会、生态的协调共生，而不是单一经济增长。绿色发展更加关注经济发展质量的提高，更加关注经济发展模式是否绿色化，绿色发展模式强调的是绿色经济在国民生产总值中的比重要不断提升，要逐渐淘汰传统的高投入、高污染、高能耗的生产模式，从而实现经济增长绿色化、低碳化，向生态友好的方向迈进。与传统的发展模式截然不同的是，绿色发展更加强调绿色技术与绿色创新的带动作用，是通过发展低碳经济、循环经济、绿色经济，实现经济活动过程与结果的绿色化、生态化。绿色发展要以绿色问题作为问题导向，对标绿色发展理念。要大力发展绿色产业，推动经济结构向绿色化方向转型。此外，要加大绿色技术研发投入，没有新的技术，经济的高质量发展也就无法实现，经济的转型升级也就无法成功，要将绿色技术创新作为实现经济、社会、自然三者协调发展的重要推动力。

六、全面开放体系

开放是一个国家和地区发展的必由之路，认真贯彻落实全面开放的发展理念，基于"一带一路"倡议，形成多元平衡，安全高效的全面开放体系。

改革开放以来，中国经济发展的对外开放程度不断加大。随着我国经济发展进入新常态，传统的发展模式已经开始进入"瓶颈"阶段，传统生产要素价格不断攀升，资源约束日益趋紧，环境承载力逐渐接近上限，严重影响了我国外贸的比较优势。这些现实状况为全面开放体系的建设提出了新的要求和挑战。党的十九届四中全会确立了"建设更高水平的开放型经济新体制"的目标，对我国经济开放作出了新的决策部署，具有重大而深远的意义。在经济开放的过程中，要积极引导国外资本流向国内高端制造业等实体经济产业，同时也要鼓励外资进入我们国家先进的生产性服务业。同时，还要有风险意识，在引导国内企业与产业园区"走出去"扩大海外投资时，强调防范和预警海外各种风险。

第二节　现代化经济体系的相关理论基础

基于现代化经济体系的构成，可知发展现代化经济体系需要对应的理论支撑。为此，我们介绍对应的理论主要包括产业体系理论、市场体系理论、收入分配理论、城乡区域发展理论、绿色发展理论。

一、产业体系理论

现代产业结构理论最早是在 20 世纪 30～40 年代开始形成的。18 世纪中叶之后，工业发展突飞猛进，同时服务业也有了较大发展。但 20 世纪 30 年代，工业发展衰退，而服务业在经济中的优势凸显，产业结构理论也开始初具雏形。

早期，配第在其代表作《政治算术》中指出，从事制造业生产活动的劳动力的收入要比从事农业生产活动的劳动力多，而从事商业活动的劳动力收入又比从事制造业生产活动的劳动力多。在《政治算术》一书中，配第揭示了产业之间存在收入差异的明显特征。后来，人们将这一发现总结为"配第定律"。而后，克拉克又将经济发展归纳为三个不同的发展阶段：首先是发展初期的农业经济阶段，人们的主要收入都是来源于农业生产活动；其次，随着经济的不断发展进入制造业占主导地位的阶段，此时人均收入水平已经超过第一生产阶段；最后，服务业开始快速发展，社会总体的人均收入远远超过前两个阶段。这就是著名的"配第—克拉克"定律。

库兹涅茨在克拉克等对产业结构研究基础上，提出"人均收入影响论"。这一理论认为，随着时间发展，第一产业的国民收入比重不断下降，而第二产业国民收入会不断增加。从劳动力比重来看，第一产业劳动力比重也将呈现出不断下降的趋势，第二产业劳动力比重则相对保持稳定，第三产业劳动力比重呈现出递增的趋势。

1932 年，日本著名经济学家赤松要提出"雁行形态论"。"雁行形态论"认为，随着一国比较优势的改变，后发国家国内特定产业的生命周期一般经历"进口→国内生产→出口"三个阶段（孙海波，2018）。1941年，库兹涅茨在《国民收入及其构成》中论述了国民收入与产业结构间的关系。他通过对历史经济数据分析得出了重要结论，即库兹涅茨产业结构论：首先，在研究指标选取上，库兹涅茨不仅使用了国民收入比重指标，还考虑了劳动力分布指标，综合利用这两种指标研究其对产业结构的影响；其次，在研究数据方面，库兹涅茨使用了时间序列数据，此外还采用截面数据进行研究；最后，库兹涅茨不仅考察了三次产业变动，还深入探究了产业内部变化。库兹涅茨的研究结论主要归纳为三个方面：①随着时间推进，第一产业国民收入比重及劳动力比重逐渐减少；②第二产业国民收入比重不断增加，但劳动力比重保持平稳或稍有增加；③第三产业劳动力比重均表现出上升态势。20世纪50年代中期，筱原三代平在李嘉图和李斯特理论的基础上提出了"动态比较费用论"，认为要从动态发展的角度看问题，一些产品虽然在国际贸易中可能处于比较劣势的地位，但如果能够给予一些比较优越的政策进行扶持，这些产业的情况可能会出现改变，即本来处于竞争劣势的产品可能转变成为具有很好竞争优势的产品。对于那些有发展潜力，同时又关乎国计民生的产业，通过一定时期的政策扶持，是极有可能取得竞争优势的。

二、市场体系理论

市场是指商品交换的场所，作为消费和生产之间进行联通的"桥梁"。按照西方经济学的划分，市场可划分为完全竞争市场、垄断市场、寡头市场。决定市场竞争程度因素可归纳为四个方面：①市场中卖者和买者的数目，如果市场中卖者和买者的数目较多，集中程度低，则说明市场的竞争程度就越高。②不同的厂商提供的产品的差异化程度，如果各卖者提供的产品比较相似，则表明市场的竞争就愈激烈。③单个卖者对市场价格控制的能力，如果单个卖者无法控制价格，说明市场竞争程度较大。④厂商进入或退出一个行业的难易程度，如果进出比较容易，说明市场的竞争程度较大；如果进出较困难，意味着市场的垄断程度较高。

1. 完全竞争市场

完全竞争市场必须符合以下四个条件：①大量的买者和卖者，市场中的买者和卖者都是价格的被动接受者，不是价格的决定者。②市场中商品是无差异的。厂商之间提供的商品的质量、规格等完全相同。③资源完全流动。厂商进入或退出一个市场完全自由和毫无困难。④信息完全。厂商与消费者都可以获得完备的信息。

对于完全竞争市场而言，任何消费者和厂商都不能影响市场价格，他们都是被动地接受既定的市场价格。如果消费者收入水平改变、技术水平改变等，将使消费者的需求量和生产者的供给量发生变化，进而影响供求曲线的位置，从而导致均衡价格也发生改变，形成新的均衡价格。

2. 垄断市场

垄断市场是指市场中只有一个生产者，也就是指某一厂商控制一种产品的全部市场供给。垄断市场的特征如下：

（1）市场中只存在一个生产者，并且控制了整个行业的全部产品供给。

（2）垄断市场的产品没有与其相似的替代产品。

（3）任何其他新厂商都不可能进入市场。

垄断市场的形成原因有多种，具体可以从以下几点来进行阐释：第一，厂商对生产资源的控制，只存在单一的生产者控制了生产某种商品所需要的全部资源，排除了市场中的其他生产者进行生产同一种产品的可能性。第二，厂商拥有某种产品的专利权，进而使生产者可以在某一时期内垄断该种产品的生产。第三，政府部门往往会在某一些行业内实行垄断政策，通过政府部门给予的特许经营，使某些厂商可以实现独家经营某些产品的权利。

为了追求利润最大化，垄断厂商必须遵循边际收益等于边际成本的生产原则。短期中，垄断厂商没有能力改变固定生产要素的使用量，垄断厂商是在既定的生产规模下，通过对产量和价格的同时调整来实现边际收益等于边际成本的条件。事实上，垄断厂商在短期内不能总获得超额利润。垄断厂商在边际收益等于边际成本的短期均衡点上，可能获得超额利润，也可能只获得正常利润，还可能是亏损的。

3. 寡头市场

寡头市场最明显的特征就是市场中只有少数几个生产者垄断了某一行业的市场，这些生产者所生产的产品数量在全行业中占有相当高的比重，进而使这些厂商可以控制该行业的产品供给。每个生产者的产量在市场中占有相当份额，进而对市场价格和产量有举足轻重的影响。寡头垄断的基本特征如下：①市场中厂商数量是有限的，虽然每个厂商对价格都有相当的影响力，但不能完全控制价格。②由于寡头市场中厂商数目很少并且占有交大的市场份额，所以，每一个厂商的行为都会影响其对手的行为，进而影响整个产品市场。③寡头垄断的市场存在明显的进入障碍。其主要原因是行业本身的规模效益、资源障碍、技术壁垒、法律障碍等。

三、收入分配理论

古典经济学家重点分析土地、劳动和资本三种生产要素之间的收入分配问题。最早由威廉·配第提出劳动价值论的基本命题。随后，亚当·斯密又在前人的研究基础上，考察了社会财富创造和分配等问题。除此之外，大卫·李嘉图认为政治经济学的研究主题正是商品在参与生产过程的各阶级间的分配规律。

新古典主义经济学家发展了古典主义经济学家的研究结论，形成了生产要素分配理论。克拉克以边际生产力为核心探讨了收入分配问题，认为边际生产力是决定生产要素之间的收入分配的重要因素。马歇尔则是以均衡价格理论为基础，考察了收入分配问题。1955 年，库兹涅茨在《经济发展与收入不平等》中通过分析二战后的发达国家和发展中国家收入分配状况，指出收入分配不平等的长期趋势在前工业文明向工业文明过渡的经济增长早期阶段迅速扩大，随后是短暂稳定，在增长的后期逐渐缩小。马克思指出，通过对社会总产品进行必要的扣除后，才能够进行社会总产品的平均分配。据此，可以将马克思的理论划分为三部分：马克思主义分配一般理论、资本主义条件下的分配理论、未来社会的分配理论。

马克思认为，资本主义社会所有的产品都不归属于工人，而是属于资本家所有。马克思将商品的价值分为工资、利润和地租。马克思指出，工资、利润和地租，是一切收入和一切可交换价值的三个根本源泉。马克思认为应该是资本—利息、与资本主义生产方式相适应的土地私有权—地租、雇佣劳动—工资这种新的"三位一体"公式，只有这种公式才能真正揭示资本主义社会中各种收入源泉之间的相互关系。在共产主义社会第一个阶段，生产资料属于全社会共同所有。由于生产力相比于私人的分布条件下按生产要素的生产和市场经济意味着所有权，劳动力作为衡量按劳分配是劳动者的平等权利的体现。进入共产主义社会，社会生产力水平高度发展，将整个人类社会实施单一的共产主义所有制，集体所有的财富之源使足够的劳动产品丰富齐全，人民精神境界极大提高。与此同时，消灭了旧的分工，劳动不再是谋生的手段，成为人们生活的第一需要。个人消费品的分派手段是"各尽所能，按需分配"。

四、城乡区域发展理论

1. 人地关系论

大自然是人类赖以生存的家园，人类社会的发展离不开自然地理环境。自然环境为人类提供生存所需要的各种物质和空间。人和自然之间的相互影响，构成了复杂的人地关系。人类在改造自然过程中，对自然界的认识也是一个漫长的过程，从最开始对自然界的崇拜到地理环境决定论，再到人定胜天的思想，再到现在的人与自然协调发展，人们对自然界的思想认识不断深化。特别是工业化以来，资源的过度开发导致了严重的环境问题，引发了人们的思考。要求人们反思传统的发展观念，走新的协调发展之路。无论是城市还是乡村，在经济发展过程中，都要改掉传统的发展理念，不能盲目地进行粗放式生产和毁林开荒等破坏环境的做法，应该探索一条可持续发展道路。

2. 劳动地域分工理论

劳动地域分工直接原因是区域之间的发展基础、资源禀赋、生产效率、经济结构等方面存在较大的差别，其根本目的是实现区域间优势互补。乡村和城市属于不同的经济地域，在各方面的差异比较大，两者要最大限度地发挥区域比较优势，明确地区产业结构升级方向。在分工基础上合作，使地区之间真正实现优势共享、优势互补。

3. 区位理论

区位理论主要包括工业区位论、农业区位论和城市区位论等，主要是从空间位置视角，分析工业与农业、农村与城市之间的差异和关联。具有代表性的区位理论有三个：①杜能的农业区位论，该理论主要是根据农产品特征、地租和运输成本之间关系，构建农业生产的空间圈层布局模式，进而形成杜能农业区位论。②韦伯的工业区位论，该理论通过测试劳动力、运输和聚集这三个区位因子，进而明确工业生产的最佳结构布局。③克里斯托勒的城市区位论，该理论主要考察了中心性商品与不同等级的中心地和服务之间有规则的层次关系，进而明确一定区域内城市空间分布特征。

4. 经济地域运动理论

由于乡村和城市的形成与发展有着其特定条件，那么一定存在差异，进而导致城乡要素的流动与组合，进而产生经济地域运动。分散与集中是城乡经济地域运动的规律。一些主导产业在城市的发展对周围农村地区造成一定的影响。随着城市发展规模的不断扩大，通过人才、产品的流动将其经济动力和创新成果扩散到农村地区，由此也就产生了所谓的"扩散效应"。

5. 人口迁移理论

人口迁移理论主要包括两个方面：一是人口迁移转变假说，二是"推—拉理论"和配第—克拉克定理。这方面的理论重点讨论的是乡村劳动人口在空间层面发生流动的现象和客观规律，并在一定程度上揭示城市和乡村的变动过程。20世纪70年代，泽林斯基提出了"人口迁移转变假说"，强调一个经济体在进入现代经济社会之前，会呈现出"高出生率、高死亡率、低增长率"的现象。在工业化革命初始阶段，随着人口规模的扩张，农村人口表现出大量流向城镇的特征；在工业化革命末尾阶段，人口自然增长受到抑制，人口迁移势头减缓。"推—拉理论"中的"推力"强调的是致使人口迁出的各种压力，"拉力"则是指吸引人口迁入的各种吸引力，"拉力"和"推力"的相互作用，使人口出现迁移行为。英国经济学家配第和克拉克，提出配第—克拉克定理。配第—克拉克定理指出，不同产业之间的收入水平存在很大不同之处，并且表现出逐渐增加的趋势，这也导致了人口逐渐从第一产业向第二产业，从第二产业向第三产业不断转移。此后，克拉克又强调，随着人均国民收入水平的不断增长，人口从农业向制造业转移，再向服务业转移。

五、绿色发展理论

人类是环境的产物，同时人类也是环境的改造者。人类在同自然界的斗争中，也在不断地改造自然。但由于人类科学技术水平和自身认知能力的限制，在环境改造的进程中，会对环境造成污染和破坏。1930年12月，比利时马斯河谷工业区工厂排出的有害气体在近地层积累，导致有人发病，症状为胸痛、咳嗽、呼吸困难等，在一周内有60多人死亡。1948年10月，美国宾夕法尼亚州多诺拉镇出现多诺拉烟雾事件，共有5911人发病，占全镇人口的43%，主要症状为眼痛、喉痛、流鼻涕、干咳、头痛、肢体酸乏、呕吐、腹泻，此次事件共导致17人死亡。1952年伦敦烟雾事件，在烟雾事件发生的一周中因支气管炎死亡是事件前一周同类人数的9.3倍。20世纪40年代初期，在美国洛杉矶发生光化学烟雾事件。1953~1956年，日本水俣病事件造成近万人的中枢神经疾病，甲基汞中毒患者283人中有60余人死亡。日本四日市哮喘病事件、日本米糠油事件、日本富山骨痛病事件也导致当地人口出现不同程度的中毒和死亡。20世纪八大公害事件警告人类要遵从可持续发展的道路，保护环境就是保护人类自己。

20世纪60年代，美国经济学家波尔丁提出的"宇宙飞船经济"理论认为，人类生存的地球在茫茫太空中就好像一艘小宇宙飞船，在这艘飞船上随着人口数量和经济的无序增长，最终可能导致的就是整艘飞船上的能源和资源全部耗尽，同时，飞船上的消费和生产过程中又会不断排除废物和废气等，进而致使整艘飞船被污染，飞船上的乘客被毒害，最终使飞船出现坠毁的可能。绿色发展这一概念也是源于"宇宙飞船经济"理论，绿色发展是以可持续发展理论、循环理论、生态经济理论为基础的新型经济发展模式，它和以牺牲环境为代价的发展模式截然不同，绿色发展是以绿色、低碳为手段的综合发展方式。在绿色发展过程中，更加注重的是经济、社会、生态的协调发展，绿色发展追求的目标不是单一的，而是多元化的。对于经济增长而言，绿色发展并非单纯地追求经济增长的速度，而更多的是关注经济增长质量的提升，逐渐提升绿色经济在国民生产总值中的比重。换句话说，就是说高污染、高能耗的传统产业比重不断下降，而低能耗、低污染的绿色产业比重的不断攀升，从而实现经济增长与高污染、高能耗的"脱钩"，向生态友好的方向迈进。这与中国古代思想中"天人合一"的自然观非常相近。

20世纪70年代，在《增长的极限》中首次对高能耗、高污染的传统工业文明和高碳经济的发展方式进行了深刻反思。1992年，联合国环境与发展大会通过《联合国气候变化框架公约》，明确强调控制大气中温室气体浓度上升，减少二氧化碳排放成为国际社会共同的义务和责任。国际社会上，各国政府也纷纷出台了相应的减排政策，英国政府为了达到减排目标，从四个方面开展工作：①从能源结构角度，深度优化英国的能源结构，大力发展清洁能源和可再生能源；②调整和优化能源政策，如征收能源产品税和气候变化税等；③凸显技术创新的重要性，大力发展低碳能源技术，加大科技创新投入力度；④倡导全方位节能，倡议交通节能、家庭节能等。2007年7月，美国政府也提出了《低碳经济法案》，这也进一步说明低碳经济发展之路也将成为美国未来发展的重要战略选择。同期，中国政府也召开了国家应对气候变化及节能减排工作领导小组第一次会议和国务院会议，积极组织和深入落实节能减排工作。同年12月，联合国气候变化大会在印度尼西亚巴厘岛举行，在这一次大会上制定世人关注的应对气候变化的"巴厘岛路线图"，为全球进一步迈向低碳经济起到了积极的作用。2015年底联合国气候大会通过《巴黎协定》，确立了2020年后全球气候治理新机制，制定了控制全球温升不超过 2℃ 目标，保护地球生态安全。2016 年，联合国启动《2030 年可持续发展目标（SDGs）》，发展经济，消除贫困；促进社会进步，战胜不公平和不平等；保护生态环境，应对全球气候变化。

随着经济的增长，雾霾天气增加，水污染程度加重，环境保护压力不断增加；近些年，人们深刻反思造成环境污染的深层次原因，普遍认为与中国经济增长过程中高耗能和高碳化特征有直接关系，中国经济的表现出高碳化特征。党的十八大以来，以习近平总书记为核心的党中央高度重视生态文明建设，提出"绿水青山就是金山银山"等一系列创新理论，形成了习近平生态文明思想。"两山"理论继承了马克思主义历史观。从历史角度来看，人类的生存和社会的发展其实就是一部人类与大自然的和谐发展史。在最早的原始社会，人们为了满足生存的需要，更多的情况下是采用渔猎的方式和食用各种果实来维持生存，主要体现出人类敬畏自然、顺从自然的特点；当社会发展进入了农业文明后，人们开始重新思考生存方式，主要是春种秋收，男耕女织一种生存状态；随后，进入工业文明后，随着经济发展，人们更注重"金山银山"，过度的资源开发、粗放的生产，损害了"绿水青山"。当前，"两山"理论实际上指明了人与自然的关系从矛盾冲突走向和谐统一的文明走向。"绿水青山就是金山银山"这一创新理论也是对马克思主义自然观的进一步发展。在马克思主义经典著作中也阐释了人类生存发展与自然环境的辩证关系。"两山"理论科学地把握了经济社会发展与生态环境保护的内在关联。构建全球生态文明和建设人类命运共同体，是中国对世界可持续发展和全球治理变革贡献的中国智慧和中国方案。应对气候变化是全人类共同利益，有共同利益交会点，有可能从"零和博弈"转向合作共赢。建设互相尊重、公平正义、合作共赢的全球气候治理体系，促进各国共同实现气候适宜型低碳经济发展路径，实现"发展"与"减碳""双赢"以及各国之间的合作共赢。气候变化领域可成为我国秉持共商、共建、共享的国际关系理念，推动全球治理体系变革，构建人类命运共同体的先行领域和成功范例。

第二章　山东省现代产业体系建设研究

产业体系是现代化经济体系的核心（刘伟，2017），现代产业体系的发展水平是区域经济发展和综合实力的重要体现（朱孟晓和杨蕙馨，2016）。关于现代产业体系，党的十七大报告首次提出"发展现代产业体系"；党的十八大报告将其扩展为"要着力构建现代产业发展新体系"；党的十九大报告进一步提出，"着力加快建设实体经济、科技创新、现代金融、人力资源协同发展的产业体系"。当前，随着要素比较优势和资源环境约束的变化，我国经济发展由高速增长阶段转向高质量发展阶段，处在转变发展方式、优化经济结构、转换增长动力的攻坚期。对于山东省而言，积极转变经济发展方式，加快建设实体经济、科技创新、现代金融、人力资源协同发展的产业体系，是贯彻新发展理念、推动经济高质量发展、建设现代化经济体系的重要内容，是推进新旧动能转换重大工程、实现"走在前列、全面开创"的重大举措。

关于现代产业体系的内涵和特征，国内政府与学术界提出了不同的解释。《中共广东省委　广东省人民政府关于加快建设现代产业体系的决定》提出，现代产业体系是以高科技含量、高附加值、低能耗、低污染、自主创新能力强的有机产业群为核心，以技术、人才、资本、信息等高效运转的产业辅助系统为支撑，以环境优美、基础设施完备、社会保障有力、市场秩序良好的产业发展环境为依托，并具有创新性、开放性、融合性、集聚性和可持续性特征的新型产业体系。[①] 张明哲（2010）认为，现代产业体系的核心是制造业、服务业和农业间的协调融合，建设现代产业体系的目的是实现产业结构优化升级，是转变经济发展方式、构建资源节约型社会的重要手段。刘钊（2011）认为，产业体系是产业关系的外在表征，随着产业网络化、产业集群化、产业融合化的推进，产业组织网络日益向网络化演进，

---

① 中共广东省委　广东省人民政府. 关于加快建设现代产业体系的决定［N］. 南方日报，2008 - 07 - 28.

产业链和产业集群成为现代产业体系的主要组织形式，因此现代产业体系的构建，关键要形成以产业集群为载体的产业网络系统。贺俊和吕铁（2015）则对产业结构与现代产业体系的关系进行了辨析，认为现代产业体系从三个方面对传统产业结构研究进行了拓展，分别考虑了知识的复杂性和经济活动的异质性、技术和知识分工导致复杂分工形式、分解了产业与产业要素间的互动与融合。

关于构建现代产业体系的路径，刘明宇和芮明杰（2009）构建了一个两阶段的国际分工模型，探讨了全球化背景下我国建立现代产业体系的目标模式和发展路径，强调要在禀赋升级、价值链升级和空间结构优化三个维度实现协同发展。而在经济全球化背景下，在瀑布效应的作用下，发展中国家的产业结构优化不再是自然演化的过程，必须通过产业链、供应链和价值链的重组，建立自主发展型价值网络，才能摆脱价值链被俘获的处境，获取构建现代产业体系的主导权（刘明宇和芮明杰，2012）。一国或一个地区现代产业体系的构建要利用产业全球调整和分化机遇，通过实施创新驱动战略、促进信息技术应用、推进组织形态创新等方式，实现产业增长效应与提质效应的统一，强化在全球价值链中的位置（朱孟晓和杨蕙馨，2016）。王一鸣（2019）强调，我国正处在提升产业链水平的关键期，要适应全球产业变革的趋势，加快推动由"结构"标准向"效率"标准、"技术"升级向"系统"升级、"产业"思维向"体系"思维转变。

相比之下，关于国家或地区现代产业体系评价的文献较少，对不同地区间现代产业体系的发展水平缺乏横向的比较研究。张冀新（2012）尝试从协调度、集聚度、竞争度三个维度构建了城市群现代产业体系的评价指标体系，对珠三角、长三角、京津冀三大城市群现代产业体系发展水平进行了评价。吴玉珊（2015）采用主成分分析法，分析并探讨了泉州市现代产业体系发展水平及与其他地区的差异。但对比党的十九大报告中关于现代产业体系的内涵和要求，文献主要从传统产业体系第一、第二、第三产业划分的角度，对于现代金融、人力资源等产业要素的考虑明显不足。

第一节　现代产业体系建设的意义和发展趋势

产业体系是由国民经济中各类产业要素组成的整体，产业体系的发展演进是产业分工不断深化，产业要素、产业结构和产业功能不断优化的动态过程。

一、加快构建现代产业体系的重大意义

面对国内外经济发展格局的变化，加快构建现代产业体系对促进新旧动能转换，实现山东省在区域竞争中获得优势、赢得主动具有重大意义。

（1）加快构建现代产业体系，是加快新旧动能转换重大工程的重要途径。随着经济全球化的深入发展，不同国家、区域和城市竞相把推进产业结构优化升级、提升产业层次和水平、抢占产业发展制高点作为增强核心竞争力的战略着力点。山东省新旧动能转换综合试验区建设总体方案强调，以实体经济为发展经济的着力点，以新技术、新产业、新业态、新模式为核心，以知识、技术、信息、数据等新生产要素为支撑，积极探索新旧动能转换模式，推动经济发展质量变革、效率变革、动力变革。围绕重点行业和重点领域，加快建设实体经济、科技创新、现代金融、人力资源协同发展的产业体系，是新旧动能转换重大工程的核心，也是培育形成新动能主体力量的重要路径。

（2）加快构建现代产业体系，是加快迈上高质量发展阶段的重要举措。党的十九大报告指出，我国经济已由高速增长阶段转向高质量发展阶段。推动高质量发展，经济是重中之重，而现代化产业体系则是经济高质量发展的核心支撑和关键所在。当前，山东省正处在转变发展方式、优化经济结构、转换增长动力的攻关期，加快构建以提高自主创新能力为核心，以科技含量高、附加值高、资源消耗低、环境污染少为特征，新型工业、现代服务业、现代农业相互融合和协调发展的现代产业体系，引导高端要素聚集，将经济发展转变到更加注重质量效益、更加注重结构优化、更加注重全面协调可持续发展的方式上来，是实现高质量发展的关键所在。

（3）加快构建现代产业体系，是加快建设现代化经济体系的重要任务。建设现代化经济体系是党中央从党和国家事业全局出发，着眼于实现"两个一百年"奋斗目标、顺应中国特色社会主义进入新时代的新要求作出的重大决策部署，是跨越关口的迫切要求和我国发展的战略目标。习近平总书记指出，现代化经济体系是由社会经济活动各个环节、各个层面、各个领域的相互关系和内在联系构成的一个有机整体。其中，产业作为经济体系的基础和内核，国内外经济实践经验表明：现代产业是现代化经济体系的重要支撑，产业强则经济强，只有现代产业体系壮大、协调，现代化经济体系才有坚实的基础。

（4）加快构建现代产业体系，是打造对外开放新高地的重要支撑。不断扩大对外开放、提高对外开放水平，以开放促改革、促发展是我国发展不断取得新成就的重要法宝。作为东部沿海经济大省、开放大省，山东省在高水平参与对外开放、服务国家"一带一路"倡议方面具有明显的优势。紧紧围绕打造对外开放新高地，必须更好地发挥自身优势，主动参与、深度融入全球现代产业协作和市场分工体系，提高利用外资的总量和质量，提升全球化资源配置能力，推动重点发展产业不断壮大、优势产业提升规模、新兴产业快速培育，促进产业迈向全球价值链中高端，形成与高水平对外开放门户枢纽功能相匹配的产业体系，建立更高水平、更高层次的对外开放格局。

（5）加快构建现代产业体系，是满足人民日益增长的美好生活的重要保障。中国特色社会主义进入新时代，我国社会主要矛盾已经转化为人民日益增长的美好生活需要和不平衡不充分的发展之间的矛盾。当前，随着经济社会的发展，各类消费品日益丰富，人民生活水平和品质显著提高，人民需求的层次和品位也大大提升，不再是简单的温饱需要，而是对美好生活的需要。生产的发展不能只满足于数量的增长，更要与人民日益增长的美好生活需要紧密结合起来。面对社会主要矛盾的变化，只有坚持产业为民，顺应消费升级趋势，加快培育先进生产供应能力，扩大优质农产品、工业品和现代服务供给，持续提升产业结构、质量和效益，加快构建现代产业体系，才能更好地满足人民群众对美好生活的向往。

二、现代产业体系发展的未来趋势

当前，在新一轮科技革命和产业变革的持续推动下，产业分工持续深化，产业融合日趋明显，各类新的生产方式、产业形态和商业模式不断涌现，产业间的关系表现出新的发展特征。

（1）产业发展融合化。随着新兴技术的快速发展和应用，产业边界日益模糊，跨界融合已经成为新一轮产业升级的大趋势。产业跨界融合不是简单地跨越两个完全不同的领域，而是由新需求驱动，以新科技和新平台为依托，将现有产业领域和要素资源，经过相互渗透、融合或裂变整合利用到一起，实现产业价值链的延伸或突破。

（2）产业形态网络化。生产组织和社会分工方式向网络化、扁平化、平台化、小微化转型，适应消费者个性化消费需求，大规模定制生产和个性化定制生产日益成为主流制造范式。企业组织边界日益模糊，基于平台的共享经济和个体创新创业获得了巨大发展空间。制造业竞争范式由过去的大企业竞争和供应链竞争，逐步转向基于跨产业的数据平台的价值链网络竞争。

（3）科技创新协同化。全球科技创新正在进入多点突破、群体迸发的新阶段，颠覆性技术不断涌现，催生新技术、新产业、新业态、新模式，对传统的生产方式产生前所未有的深刻影响。聚集产业发展需求，集成各类创新资源，着力突破共性关键技术，加快科技成果转化和产业化，培育产学研结合、上中下游衔接、大中小企业协同的创新格局，成为激发科技创新活力的关键。

（4）生产要素信息化。随着信息技术的突破性发展和信息基础设施的不断完善，信息数据逐步成为产业发展的核心生产要素，促使三次产业边界日趋模糊，经济加速向以网络信息技术产业为重要内容的经济活动转变。随着信息数据成为核心生产要素，在计算机、互联网、物联网技术的支撑下，现代产业体系正沿着数字化、网络化并最终向智能化方向发展，信息化成为培育新动能的核心力量。

（5）生产过程智能化。全球制造业在经历了机械化、自动化、信息化三次革命后，正在发生新的变革。新一代互联网技术向生产领域的全面渗透，大幅提升了信息数据对企业核心能力的贡献。在信息数据要素和新一代互联网基础设施的支撑下，制造业产品、生产流程管理、研发设计、企业管理乃至用户关系都出现智能化趋势，智能制造在核心要素、基础设施、主导产业和组织形态等方面趋于成熟。

第二节　山东省现代产业体系发展水平评价

党的十九大报告将产业体系作为现代化经济体系的重要组成部分，为现代产业体系发展赋予了新的内涵和要求，强调实体经济是发展的主体和基础，创新是引领发展的第一动力，金融是现代经济的核心和血脉，人力资源是发展的第一资源（林兆木，2018）。

一、评价指标体系的选取与构建

基于党的十九大报告关于现代产业体系的要求，本书从实体经济、科技创新、现代金融、人力资源四个角度综合考虑数据指标的简洁性、通用性和数据可得性，建立了现代产业体系的四维评价模型。

（1）实体经济。党的十八大以来，习近平总书记多次强调，"不论经济发展到什么时候，实体经济都是我国经济发展、在国际经济竞争中赢得主动的根基"。关于实体经济的发展水平，我们采用：①工业企业盈利能力。振兴实体经济，重点在制造业、难点也在制造业（苗圩，2017），工业企业是实体经济发展的主战场，因此我们采用规模以上工业总资产贡献率衡量工业企业的盈利能力。②人均财政收入水平。实体经济发展是促进财政收入增长的核心要素。政府发展实体经济的重要目的，就是通过持续稳定的财政收入，维持政府的正常运转并实现民生改善等政府职能。因此，人均财政收入水平是衡量实体经济发展的重要指标，采用人均一般公共预算收入进行衡量。③财政收入质量。采用税收收入占财政收入比重进行衡量，该比重越大，说明财政收入质量越高。④产业结构高级化指数。反映区域产业结构由以劳动密集型产业为主的低级结构，向以知识、技术密集型产业为主的高级结构调整和转变的过程，采用第三产业与第二产业产值之比。⑤民间实体经济活力。采用人均民间固定资产投资增长率进行衡量。⑥对外贸易情况。大力实施对外开放战略，积极引进国外资金、技术和管理经验是促进实体经济发展的重要手段，采用外贸依存度，即进出口总额占 GDP 的比重进行衡量。

（2）科技创新。国际国内产业发展路径表明，产业演进呈现出"劳动密集型—资本劳动密集—资本技术密集—知识技术密集"的趋势，加强科技创新能力建设是提升产业竞争力的重要手段。关于区域科技创新发展水平，我们采用：①地方科研产出水平。发明专利是体现区域自主创新能力和科研产出质量的重要指标，采用万人发明专利授权量进行衡量。②科研经费投入强度。科研经费投入不足是制约科技创新能力的重要因素，采用 R&D 经费投入强度即 R&D 经费占地方 GDP 的比重进行衡量。③研发人力投入强度。采用万名就业人员中 R&D 人员数进行衡量。④企业信息化率。信息化与实体经济融合是未来发展趋势，也是提高企业效率的重要手段，采用百家企业中拥有网站的比例进行衡量。

（3）现代金融。党的十九大报告提出，"深化金融体制改革，增强金融服务实体经济能力，提高直接融资比重，促进多层次资本市场健康发展"。一方面，金融通过服务实体经济获得自身发展；另一方面，实体经济发展也离不开金融服务。关于现代金融发展水平，我们采用：①金融相关率。金融相关率是美国经济学家戈德史密斯提出的，反映一个地区经济的货币化程度，是地方金融发展状况的重要指标，采用各地区存贷款之和与 GDP 的比值进行衡量。②银行存贷比。在我国现阶段的金融体系中，商业银行是最重要的金融机构，存贷比对实体经济的融资成本具有重要影响，该指标越高，说明金融对实体经济的支持力度越大。③保险深度。反映一个国家或地区保险业在国民经济中的地位，用某地区保费收入占地区生产总值的比重进行衡量。④保险密度。反映一个国家或地区居民参加保险的程度，也反映保险业的发展水平和效率水平，用人均保险费额进行衡量。

（4）人力资源。能否吸引人才、留住人才、用好人才是振兴实体经济的关键一环。改革开放以来，我国经济持续高速增长，在某种程度上得益于庞大的人口规模所形成的人力资源红利。当前，随着人口结构变化和老龄化的持续加深，以及人口需求与人口供给的结构性矛盾，人力资源在现代产业发展中的作用日益重要。关于区域人力资源发展水平，我们采用：①就业人口比重。用就业人口占区域总人口的比重进行衡量，反映某一地区的劳动力供给状况，该指标越高，说明劳动力供给状况越好。②教育投入状况。根据舒尔茨的人力资本理论，教育是促进人力资本形成、提升人力资源供给水平的重要途径，采用人均教育进行支出进行衡量。③劳动生产率。是指劳动者在一定时期内创造的劳动成果，与其相适应的劳动消耗量的比值，反映就业人口的劳动效率，用地区生产总值与就业人口总数的比值进行衡量。④工业劳动生产率。采用规模以上工业总产值与工业从业人员数量的比值进行衡量，反映工业企业内人力资源的使用效率。

二、评价结果及分析

运用表 2 - 1 中 18 项指标对山东省 17 个城市现代产业体系发展水平进行评价。数据主要来源于《山东省统计年鉴》（2017，2018）和各市统计年鉴。由于数据类型的差异，所以采用"最小—最大标准化"法对数据进行标准化处理，原始数据均转换为无量纲化指标测评值，并采取算术平均法进行加权，在此基础上对各城市进行评价分析。

评价结果表明，由于初始资源禀赋和要素供给的差异，所以各城市实体经济、科技创新、现代金融、人力资源等方面发展水平存在较大差异，大致可以分

表 2 - 1　现代产业体系评价指标体系

指数	一级指标	二级指标	计算方法
	实体经济	规模以上工业总资产贡献率（%）	（利润总额 + 税金总额 + 利息支出）/平均资产总额 × 100%
		人均一般公共预算收入（元/人）	一般公共预算收入/人口总数
		税收收入占比（%）	税收收入/一般公共预算收入 × 100%
		产业结构高级化指数	三产比重/二产比重
		民间固定资产投资增长率（%）	（当年民间固定资产投资 – 上年民间固定资产投资）/上年民间固定资产投资 × 100%
		外贸依存度（%）	进出口总额/GDP
	科技创新	万人发明专利授权量（件/万人）	发明专利授权量/人口总数
		研发经费占 GDP 比重（%）	研发经费支出/GDP × 100%
		万名就业人员中科技人员数（人/万人）	研究与实验发展人员总数/就业人员总数
		企业信息化率（家/百家）	企业拥有网站数/企业数
	现代金融	金融相关率（%）	（存款余额 + 贷款余额）/GDP × 100%
		金融机构贷存比	贷款余额/存款余额
		保险深度（元/万元）	保费收入/GDP
		保险密度（元/人）	保费收入/人口总数
	人力资源	就业人口比重（%）	就业人员数量/人口总数 × 100%
		人均教育经费支出（元/人）	教育经费支出/人口总数
		全员劳动生产率（万元/人）	GDP/就业人员总数
		人均工业产值（万元/人）	规模以上工业总产值/规模以上工业从业人员数

为三个层次。其中，济南、青岛、东营、威海现代产业体系发展水平较高，2016～2017 年均居于全省前列；枣庄、德州、菏泽、济宁、泰安、聊城现代产业体系发展水平较低，综合得分均在 0.3 以下，枣庄市现代产业体系发展综合指数不到济南的 1/3（见图 2 - 1）。与 2016 年相比，青岛、烟台现代产业体系发展指数下降幅度较大，其中，青岛的主要原因在于民间固定资产投资增速的快速下滑，由 2016 年的 12.1% 下降为 2017 年的 – 12.3%；烟台的主要原因在于税收收入占比降幅较大，由 2016 年的 74.6% 下降为 2017 年的 69.5%。

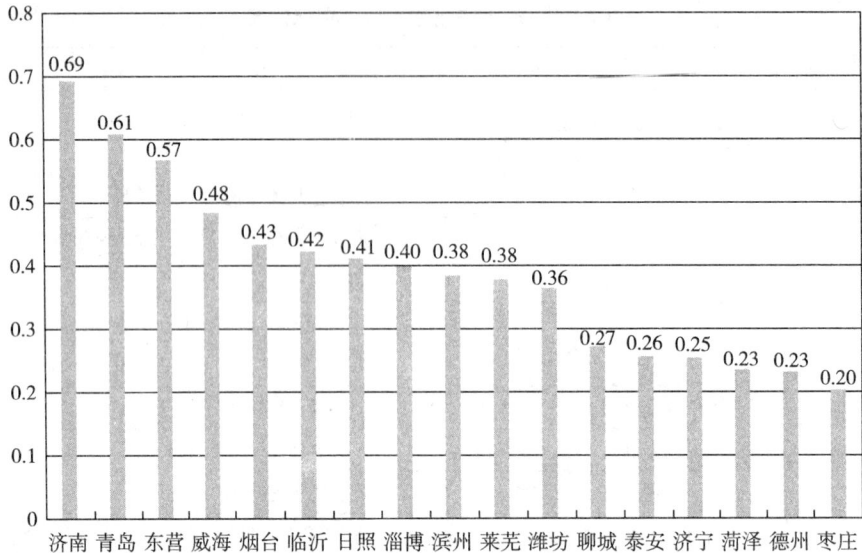

图 2-1　2017 年山东省 17 个城市现代产业体系发展指数

我们采用 2017 年的数据和评价结果，对各城市在实体经济、科技创新、现代金融、人力资源四个角度的发展进行分项评价分析：

（1）在实体经济发展方面，威海、济南、烟台实体经济发展水平较高。其中，威海主要得益于较高的人均一般公共财政预算收入、税收收入占比和对外贸易占比；济南在税收收入占比、产业结构高级化、民间固定资产投资方面表现良好，特别是产业结构高级化指数位居全省首位；烟台在民间固定资产投资、对外贸易方面优势较为明显。相比之下，枣庄在人均一般公共财政预算收入占比、对外贸易等方面表现较差，实体经济发展水平位居全省末位。如枣庄人均一般公共财政预算收入仅为 3704 元，不足青岛市的 1/3，税收收入占财政收入的比重也仅为 70% 左右，财政收入质量有待提升。

（2）在科技创新方面，各市差距较为明显，济南、青岛表现出明显的优势，对现代产业体系建设的支撑作用较强。其中，济南在科研产出水平、研发人力投入强度方面最为突出，万人发明专利授权量、科技人员占比在全省处于首位，科研投入强度和企业信息化建设也处于较高水平；青岛研发经费投入占 GDP 的比重为 2.79%，居于全省第一的位置。相比之下，菏泽科研产出水平、研发经费投入强度、研发人力投入强度、企业信息化率等方面均在全省处于末位，其中研发经费仅占 GDP 的 1.38%，尚不及青岛的一半，科技创新水平和能力亟待提升。

（3）在现代金融方面，济南在金融相关率、保险深度、保险密度方面优势突出，其中存贷款余额占 GDP 的比重达到了 4.32%，万元 GDP 和人均保费收入分别为 5.3 元和 52 元，这与济南拥有较为密集的金融机构密切相关，2017 年全市金融机构单位有 572 家。青岛在现代金融发展方面位居全省第二，金融机构存贷比达到了 95%，但在金融相关率和保险深度方面与济南表现出明显的差距，存贷款余额占 GDP 的比重为 2.68%，万元 GDP 的保费收入为 3.6 元。相比之下，枣庄市由于在金融相关率和保险密度方面在全省处于靠后位置，所以现代金融发展指数较低，其中存贷款余额仅占 GDP 的 1.32%，在全省处于末位。

（4）在人力资源方面，东营在劳动生产效率方面表现最为突出，全员劳动生产率、工业劳动生产效率均居全省首位，人力资源开发指数较高。威海人均教育经费支出水平较高，达到了 2851 元，是全省最高的城市。相比之下，菏泽是人力资源指数得分最低的城市，其人均教育经费支出仅为 1149 元，在人力资源开发方面有待加强。

在衡量现代产业体系发展水平的四个维度中，金融、科教资源的配置更多地依赖国有调控的方式，因此各城市在获取金融资源和科教资源方面存在显著的差异，进而导致各地区实体经济发展的差异。借鉴南京市建设现代化产业体系研究课题组（2019）的做法，根据金融资源禀赋（Finance）和科教资源禀赋（Science）的多（More）少（Less），将山东省 17 个城市划分为四种类型，如图 2-2 所示。

图 2-2　现代产业体系发展水平城市分类

第一类是 MF – MS 城市（金融资源禀赋多—科教资源禀赋多），包括济南和青岛，是全省经济发展的两大核心。由于省会城市和副省级城市的优势地位，集聚了全省最多的金融资源和科教资源，产业结构以服务业为主，金融和科技服务业较为发达，现代产业体系发展水平位居全省前两位。这两个城市对全省具有较强的辐射带动作用，对周边区域的人才、金融资源也有较强的"虹吸效应"。但容易产生的问题是：由于房地产业的繁荣，导致大量的流动性资金在金融系统内空转或流向房地产，对产业的资本需求产生"挤出效应"，导致现代金融与实体经济的脱节。并且，由于回报收益率较低，传统产业转型升级和新兴产业培育壮大得不到足够的资金支持，可能出现产业空心化的发展困境。在关于工业劳动生产率的评价中，这两个城市的优势并不明显。对于济南和青岛而言，如何在培育发展高端服务业和金融业的同时推动制造业的转型升级，成为该类城市现代产业体系的痛点。

第二类是 MF – LS 城市（金融资源禀赋多—科教资源禀赋少），包括临沂、日照和滨州。该类城市金融体系相对完善，在金融相关率、金融机构存贷比、保险深度等领域得分较高。但由于科教资源尤其是高等教育资源不足，在发展过程中需要大量依赖外部的人才，部分地区高等教育资源甚至存在外移的倾向。在缺乏充足的高技能人才情况下，该类城市制造业基础较为薄弱，全员劳动生产率和工业劳动生产率较低，人力资源发展水平不足。在构建现代产业体系过程中，这类城市的关键在于如何大力吸引外部的高技能人才，努力提升制造业的层次水平。

第三类是 LF – MS 城市（金融资源禀赋少—科教资源禀赋多），包括烟台、东营、淄博、潍坊、威海和莱芜。该类城市科教人才资源较为丰富，或拥有较多的高校科研院所，或邻近区域内核心城市，制造业发展相对发达，培育了大量制造业领先企业。但由于缺乏充足的金融资源支持，导致金融系统与制造业发展存在不协调的问题，影响了先进制造业竞争力的提升。这类城市在现代产业体系建设中，要着重解决现代金融发展缓慢的问题，进一步提高金融系统与科技创新的协调性，带动先进制造业向更高层次迈进。

第四类是 LF – LS 城市（金融资源禀赋少—科教资源禀赋少），包括德州、济宁、枣庄、菏泽、泰安和聊城。该类城市金融、科教资源均发展不充分，在发展过程中依赖大规模的低技能劳动力投入，并需要通过吸引大量的外部资金。在区域经济发展过程中，由于缺乏足够的金融资源和科教人才资源支撑，导致制造业发展水平较低，实体经济发展质量较差。这类城市在现代产业体系建设中，更多地需要通过深化区域内分工，挖掘自身优势等方式，着力吸引各类金融、人才资源，促进实体经济发展质量的提升。

第三节　山东省现代产业体系建设存在的问题

经过多年的发展，山东省已建立起比较完整的工业体系和国民经济体系。但与现代产业体系的发展趋势相比，与发达省份和地区的发展水平相比，产业发展面临"有产业、无体系""有链条、不畅通""有要素、不协同"等矛盾，"大而不强"问题仍然突出。要素市场化程度偏低，制约了产业体系整体竞争力和效率的提升。

一、产业发展质量和效益偏低

发展方式粗放、过分依赖传统产业、过度依赖要素驱动的现象仍然比较突出，落实创新驱动发展战略、增强科技创新成果转化能力和提升产业化发展水平、实现新旧动能转换任务还很艰巨。

（1）产业结构升级进程滞缓。全省产业结构总体偏重，传统动能仍居主导地位；新兴产业整体规模仍然偏小，中低端产品比重较高。长期以来，山东省传统产业占工业比重70%、重化工业占传统产业比重70%的局面尚未得到有效调整。2017年，山东省第三产业占比仅为48%，低于全国平均水平3.6个百分点，比广东省、江苏省、浙江省分别低5.6个、2.3个和5.3个百分点。此外，全国互联网企业百强山东省只有2家，且排名都在60名以后，滴滴打车、支付宝、微信红包等具有超前引领作用的创新模式都没原创在山东省。根据《2017年中国独角兽企业发展报告》，此次共有164家企业上榜，其中，有19家企业来自广东省，18家来自浙江省，6家来自江苏省，山东省没有企业入围。

（2）产业税收贡献能力下降。从发展质效看，山东省2017年单位生产总值财政贡献率只有8.39%，分别比江苏省、浙江省、广东省低1.12个、2.82个和4.20个百分点。从一般公共预算收入来看，2010年广东省财政收入为4517亿元，比山东省多1768亿元，差距占广东省的39%；2017年，广东省财政收入已达 11315 亿元，比山东省的 6099 亿元多 5216 亿元，差距占广东省的 46%。2013 年浙江省财政收入相当于山东省的 83%，仅仅过了 5 年，2018 年浙江省财政收入达 6598 亿元，超过山东，位居全国第四。

（3）实体经济发展趋缓。近年来，受劳动力、能源、原材料、运费等成本轮番上涨和中美经贸摩擦等外部因素影响，实体经济企业经营状况恶化，盈利能力大幅下降。此外，产业能耗水平高。山东省能源消耗占全国的 9%，其中煤炭消费量占全国的 10.6%；二氧化硫、氮氧化物、化学需氧量排放总量位居全国第一；万元生产总值能耗为 0.57 吨标准煤，高于广东、江苏等省份。

二、产业发展关键要素短板突出

在科技、金融、人力资源等要素培育方面还存在不少短板，距离协同发展产业体系的构建还有较大差距。

（1）科技创新"瓶颈"凸显。知识、技术、信息、数据等新生产要素对新旧动能转换的支撑作用仍然不够，对创新驱动发展造成障碍。2017 年，全省社会科技研发经费支出占比为 2.35%，低于广东省（2.65%）、江苏省（2.7%）和浙江省（2.43%）；规模以上工业企业中有研发活动的仅占 23.4%。据 2017 年《中国区域创新能力报告》显示，山东省创新能力综合指数为 33.77，明显落后于广东省（55.24）、江苏省（53.3）和浙江省（37.66）。从研发经费投入强度看，2017 年全省规模以上工业企业 R&D 经费支出占主营业务收入比重仅为 1.11%，首次超过全国平均水平。

（2）金融体系支撑能力不足。金融与实体经济发展脱节严重，直接融资和间接融资比例不协调，整个金融体系中传统银行占比较高，服务中小微企业、科技创新等发展的现代金融培育不足，金融供给能力不足，服务全省新旧动能转换的能力有待提升。在山东省金融体系中，商业银行占据主体地位，注册地在山东省的私募基金管理人仅占全国的 2.8%，相当于浙江省的 1/4、江苏省的 2/3；管理基金规模仅占全国的 1.4%，相当于浙江省的 1/5、江苏省的 1/3。全省境内上市企业和"新三板"挂牌企业数只相当于江苏省的 1/2、广东省的 1/3。因此，直接金融主体亟须培育，直接融资途径需要加快拓展。

（3）人力资源存在结构性供需矛盾。劳动力资源丰裕而人力资本发育不足，全部劳动力资源中人才占比较低，高端人才和专业技能人才较为缺乏。江苏省、浙江省、广东省两院院士分别达 100 人、44 人和 60 人，而山东省两院院士为 48

人，高端人才严重匮乏。技术工人缺乏尤其是高技能人才缺乏，供需矛盾非常突出，企业对技能型工人短缺的问题反应非常强烈。

（4）基础设施短板明显。省内高铁尚未实现互联互通，尤其是中西部地区以及城市群之间交通联系仍不充分。全省高速公路和高速铁路覆盖程度不高，路网密度分别居全国第 9 位和第 13 位。据交通运输部 2017 年底各省份高速公路通车里程位次显示，山东省高速公路里程又被内蒙古自治区和贵州省超过，位次由全国第 8 位下降至第 10 位，比第 1 位的广东省、第 9 位的贵州省分别少 2527 千米和 15 千米。高铁密度，山东省居全国第 13 位，时速 350 千米的高铁仅占 33%，省内通高铁城市的比例仅为 58.8%。

三、产业开放层次偏低

在吸引科技创新、现代金融、人力资源等要素禀赋方面仍存在短板，全球化资源配置能力还不高，产业核心竞争力不强，亟须提升协同发展产业体系的开放性。

（1）开放型经济规模不高。2017 年，山东省货物进出口总额为 17824 亿元，仅相当于广东省（68156 亿元）的 26.2%、江苏省（40022 亿元）的 44.5%、浙江省（25604 亿元）的 69.6%；外贸依存度比全国平均水平低近 10 个百分点。江苏省利用外资 1427.4 亿元，广东省利用外资 1383.5 亿元，分别是山东省的 1.81 倍和 1.76 倍。广东省、江苏省、浙江省对外投资额分别为 466.5 亿元、615.2 亿元和 580.7 亿元，山东省为 377.5 亿元，"走出去"全球布局的差距较大。

（2）招商引资力度有待加强。广州累计引进世界 500 强 297 家，深圳前海蛇口自贸试验区目前已经进驻世界 500 强投资项目 323 家，而山东省目前引进世界 500 强仅有 213 家。在总部经济方面，广东省近三年累计认定总部企业 370 家，江苏省累计引进 180 家跨国公司地区总部和功能性机构、287 家外资独立法人研发中心，而山东省外资研发中心目前只有 37 家，全国性经济总部只有德华安顾保险 1 家。

（3）园区综合实力较弱。山东省园区规模多而不强，产业层次不高、集群效应不好，没有真正发挥好园区的功能效率。江苏省级以上开发区数量比山东省少 44 家，但 2017 年开发区完成了全省 4/5 的进出口总额，并吸纳 4/5 的实际使用外资，开发区进出口、实际利用外资是山东省的 1.9 倍和 1.6 倍，公共财政预算收入高于山东省 2021.2 亿元。海关特殊监管区域方面，山东省 9 家进出口总额只有江苏省昆山综合保税区一家的 39.9%。

四、协同发展机制有待完善

受体制机制制约，包括在要素管理方面还有一些不合理的规定，制约了要素的合理流动，尚没有形成有利于实体经济、科技创新、现代金融、人力资源协同发展的体制机制。

（1）科技创新机制不活。科技创新激励机制不完善，科技成果转化受阻，转化渠道不畅通，知识链、技术链和产业链脱节问题较为严重，"科技成果走不出实验室"现象普遍。不同系统、部门和单位对科技资源实行封闭管理，资源共享和对外开放程度不够，导致科技资源利用效率低下，难以形成集成优势。产学研合作不够紧密。由于高校院所的科技成果与企业需求存在差异，企业承载能力不强，成果转化缺乏成熟的价格形成机制和利益共享、风险分担机制等原因，产学研各方尚未建立长期、有效、稳定的合作关系。

（2）金融生态环境有待完善。完善健康的金融生态环境是金融业健康发展的前提，也是经济快速发展的基础。一是社会信用体系仍待完善，以大数据为基础的多维数据平台和司法保障体系亟待建立；二是要素交易市场服务能力亟待提升，齐鲁股权交易中心和青岛蓝海股权交易中心是山东省两大区域性股权市场，但市场流动性和电子化程度、服务能力都亟待提升；三是高级金融专业人才短缺、金融科技实力不足，迫切需要引进高级金融人才，引进培育金融科技企业，为提升全省金融业发展水平提供人才支撑和科技支持。

（3）人才流动机制不畅。在实体经济发展过程中，先发展地区的产业发展和创新创业环境改善需要创新型人才源源不断地流入，但由于人力资源在体制间、区域间、城乡间流动的制度性障碍较多，包括户籍登记管理制度、社会保障制度、职称评定制度、工资福利制度、人事档案管理制度、身份管理制度等因素制约了人才的合理流动和有效配置，人力资本提升难以满足实体经济发展需要，以致难以实现人尽其才。

第四节　山东省加快构建现代产业体系的对策建议

构建支撑高质量发展的现代产业体系，关键要从体制机制、要素培育、企业主体、产业发展等层面发力,努力推动质量变革、效率变革、动力变革,提高全要素生产率,增强产业核心竞争力。

一、提升实体经济发展质量

(1)坚持实体经济主体地位不动摇。现代化经济体系的基础和主体是实体经济,在提供就业方位、改善人民生活、推动经济可持续发展方面发挥重要作用,一切经济活动都是围绕实体经济展开的(何玉长和刘泉林,2018)。制造业是山东省最大的基础和优势,也是最大的潜力所在,着力振兴实体经济、推动若干实体经济产业创新发展是构建协同发展产业体系的首要目标。围绕新旧动能转换"十强产业",大力促进产业链各环节的升级,促使龙头制造企业向标准制定、研发设计、销售网络、自主品牌等产业链高端环节提升。从优化全球供应链的角度看,积极推进制造业,构建以本土龙头企业为核心,上下游相关企业共同协作、良性互动的高效供应体系,培育一批具有国际竞争力的产业集群。

(2)大力推进企业技术改造升级。强化工业互联网应用,培育多级工业互联网综合服务平台,面向省内各级工业互联网平台开展运行监测、资源整合和跟踪评价。支持基础好、具有发展潜力的信息通信骨干企业、工业行业龙头企业等,培育一批跨行业、跨领域工业互联网平台,为企业级平台快速搭建提供通用赋能和共性技术支撑。以数字化、网络化、智能化为主攻方向,开展智能制造提质行动,加快建设智能车间、智能工厂,培育一批智能制造标杆企业。充分发挥人工智能在新一轮科技革命和产业变革中的技术优势及"头雁"效应,推进"现代优势产业集群+人工智能",不断完善人工智能产业生态链,推动互联网、大数据、人工智能与产业深度融合。

(3)推进先进制造业与现代服务业融合发展。建设先进制造业与现代服务业融合发展的技术服务平台,为产业融合提供研发设计、协同技术创新等公共技术服务,推动产业融合相关技术创新。强化研发设计服务和制造业有机融合,引导研发设计企业与制造企业嵌入式合作,提供需求分析、创新试验、原型开发等服务。促进现代物流和制造业高效融合,鼓励物流、快递企业融入制造业采购、生产、仓储、分销、配送等环节,持续推进降本增效。

二、提升创新驱动发展能力

当前,以新一代信息技术、人工智能、数字经济、大数据、物联网为引领的科技革命，推动产业新组织、新模式、新业态创新，成为产业发展的重要推动力量，成为各国抢占产业制高点的核心手段。只有具备足够的创新能力，才能通过自主创新掌控产业核心技术，推动产品与服务的品质升级，实现产业链、价值链位置的高端化。

（1）推进高端创新平台建设。以建设山东新旧动能转换综合试验区为突破，以山东半岛国家自主创新示范区为依托，支持济南加快建设齐鲁科创大走廊、国际医学科学中心、量子大科学中心、国家超级计算济南中心等重大创新载体，打造以信息技术、生物医药等为特色的区域性科技创新中心，创建综合性国家科学中心。支持青岛以推动青岛海洋科学与技术试点国家实验室入列和中科院海洋大科学中心建设为契机，布局建设重大科技基础设施和大科学装置群，打造以海洋、轨道交通、新能源为特色的科技引领城。支持烟台与威海协同培育以先进制造、高端装备、新材料为特色的区域科技创新中心，打造面向日本、韩国和东北亚区域的开放创新高地。

（2）加强关键共性技术攻关。加快推进高等教育高质量发展，支持驻鲁高校加快创建一流大学和一流学科。围绕新一代人工智能、量子科学、智能制造、脑科学、生物技术、生命科学、前沿材料、海洋科学等领域，组织实施一批重大基础研究项目和大科学计划，加快研发突破一批前沿引领性技术。主动对接国家重点实验室体系重组部署，聚焦八大发展战略实施和一流学科建设，重组山东省重点实验室体系，布局建设一批山东省实验室，打造若干国家重点实验室。

（3）强化科技与经济深度融合。实施创新创业共同体培育计划，加快将山东产业技术研究院打造成为示范样板，培育政产学研金服用协同联动、融合发展的创新创业生态。强化科技创新引擎作用，关键要建立激发创新活力、有利于成果转移转化的体制机制。推动建立领先用户主导的科技创新模式，鼓励各领域行业龙头企业和重大技术应用方建立以企业为主导的科研机构，通过联合设计、合作开发等方式推动建立产业技术联盟，发挥领先用户在研发和成果转化中的作用，从根本上打破科技成果转移转化的体制机制障碍。

三、提升现代金融支撑能力

金融服务实体经济，其根本要求是有效发挥媒介资源配置的功能，降低流通成本，提高金融的中介效率和分配效率（李扬，2017）。尤其是随着产业科技水平的不断提升和各类新产业、新业态、新模式的不断涌现，产业对金融要素的需求不断增长。

（1）进一步完善金融服务体系。积极引进、筹建、设立股权投资、融资租赁、融资担保等各类金融主体，加大力度吸引内外资金融机构法人及区域性总部、专营机构落户山东省。做大做强地方法人金融机构，提高地方法人金融机构获得再贷款能力。在发挥信贷融资主渠道作用的同时，全面拓宽股票、债券、私募股权、资产证券化等直接融资渠道，充分利用资本市场优化资源配置和服务创新创业的重要功能。积极发展科技银行、民营银行和外资金融机构，鼓励国有银行开展中小微企业服务，形成大中小组合、国有民营外资多元的银行体系，促进金融机构和实体企业需求衔接匹配。

（2）提高金融服务质量。深入开展"银政企保"对接活动，引导各金融机构深入开展调研，搭建金融服务信息平台，定期开展产业金融供需信息沟通、新产品推广，提高金融支持实体经济精准性。加大高端装备、物联网、大数据、智能制造、电子信息、生态环保、节能环保、生物医药、新能源新材料等战略性新兴产业、创新驱动重点项目的信贷投放力度。保持企业融资规模，避免单方面抽贷、断贷、停贷，缓释企业信贷风险。

（3）推动金融和产业深度融合。围绕实体经济产业链和产业集群的发展，支持现代金融机构通过资本纽带构建产业链上下游协作互动的产业生态圈，为产业发展提供充足的金融要素支撑。以政府拥有的税务、水电、关税等结构化数据为基础，建立大数据信用体系，同时加大金融执法力度，打击违法逃债等行为，建立健康完善的社会信用体系。以齐鲁股权交易中心和青岛蓝海股权交易中心为基础，引进社会资本和信息科技企业对其进行信息化和现代化改造，提供更加全面的股权托管和交易方面的服务。

四、提升人力资源保障能力

内生经济增长模型表明，人力资本是知识积累和技术进步的源泉，技术积累及其外部性引起的规模收益递增是经济长期持续增长的主要动力。近年来，不断激烈的城市"抢人大战"凸显了现代产业发展与现代化经济体系建设对人才的迫切需求。而人才供给与人才需求的错位，尤其是高技能人才的欠缺，正成为制约各地产业发展的重要因素。

（1）强化高层次人才队伍建设。坚持省外引进与本省培养并重，突出"高精尖缺"导向，健全专项人才引进机制，引进培养一批海外高层次人才、科技领军人才、急需紧缺人才和优秀青年人才。大力实施泰山产业领军人才工程，继续做好"千人计划""万人计划""国家百千万人才工程"以及"有突出贡献中青年专家"等人选的培养选拔工作。实施急需紧缺人才开发计划，紧扣本省未来产业发展重点，大力开发急需紧缺各类人才，引领重点产业提质增效。

（2）加强技能人才培养。围绕解决产业人才紧缺、人才培养与产业需求不匹配的问题，深化产教融合，促进教育链、人才链与产业链、创新链有机衔接。统筹职业教育与区域发展布局，健全与区域经济社会发展紧密对接的学校和专业分布，引导职业教育资源逐步向产业和人口集聚区集中，实现职业教育差别化、错位化、特色化发展。以省为单位积极创建国家职业教育创新发展试验区，在产教融合、职业教育考试招生、人才培养、"双师型"队伍、办学制度、保障机制、管理体制等方面先行先试，建设职业教育制度创新高地。

（3）持续深化体制机制改革创新。强化人才的第一资源作用，建立和完善人力资源资本化的激励机制，激发人力资源活力。打破人力资源流动的制度性障碍，建立体制内外能进能出、能上能下的人才流动新机制，加速户籍制度改革，推进城乡公共服务均等化，实现人力资源自由流动，大幅提升人力资源配置效率。通过改革传统人才评价、考核和激励机制，加大高层次创新人才培养支持力度，完善海外高层次人才引进方式，吸引一大批有经验和影响力的复合型创新创业领军人才和团队投身实体经济发展。

五、打造对外开放新高地

把握经济全球化新趋势新特点，对标国际先进规则，积极探索国际合作新模式，通过全球资源利用、业务流程再造、产业链整合等方式，不断提升本省产业发展全球位势和分工地位，以高水平开放推动产业高质量发展。

（1）深度参与共建"一带一路"。以服务"一带一路"倡议为核心，发挥山东省战略枢纽作用，大力推进与沿线国家和地区的全方位合作，加快构建东连日本、韩国，西接欧亚的国际大通道。主动融入国家开放布局，建立与国际先进规则接轨的投资贸易制度体系，以投资贸易自由化、便利化为着力点，高标准建设中国（山东）自由贸易试验区、上合组织地方经贸合作示范区，推动山东省深度融入国家开放大局，打造高水平自由贸易示范区。

（2）大力推进实施"双招双引"。坚持引资引技引智并举，深化国际产能合作，支持开发区率先复制自由贸易试验区成熟经验，打造更高水平的对外开放平台。加快构建开放型经济新体制，探索实行高水平的贸易和投资自由化便利化政策，全面实行准入前国民待遇加负面清单管理制度，扩大服务业对外开放，在全面开放上迈出更大步伐。做好体制机制创新试点、自贸试验区经验复制推广、特色园区创建、海关特殊监管区域发展"四篇提升文章"，引导开发区体制上放活、环境上做优、产业上做强、模式上创特。

（3）加快补齐交通短板。以加密、提速、扩通道为重点，着力畅通省内外综合交通通道，统筹各种交通方式协调一体发展，推动交通基础设施互联互通，构建功能完善、便捷高效、技术先进、安全绿色的综合立体交通网络。充分发挥各种交通方式的比较优势和组合效率，大力推进"公、铁、空、水"多式联运，统筹城市内外交通协调发展，提升网络效应和规模效益。建设功能完善、便捷高效、技术先进、安全绿色的铁路网、公路网、油气管线网，形成现代化沿海港口群和民航机场群，构筑综合交通大通道，形成科学合理的综合交通网络布局。通过高铁实现覆盖全省、通达全省周边主要城市的"1、2、3"小时陆上交通圈。

六、不断优化产业发展制度环境

构建现代产业体系，不仅需要推动生产要素质量变革、优化各种要素资源的配置，更需要深化改革，推动政府服务和体制机制的深层次变革，激发实体经济和要素发展活力，营造良好的实体经济发展环境。深化要素市场改革，打破制约生产要素自由流动的障碍。深入推进金融业改革，鼓励更多社会资本进入金融业，通过促进市场竞争切实降低制造业融资成本。深化土地、资源能源等领域改革，促进要素更大范围、更广程度优化配置和流动。消除地区、部门分割，清理妨碍统一市场和公平竞争的各种规定和做法，加快建立和完善负面清单制度，使生产要素能够自由流动、优化配置。加快完善现代产权制度，联动推进国有企业混合所有制改革、完善产权保护制度和激发企业家精神，最大限度激发各类市场主体活力。深化"放管服"改革，大力简政放权、减税降费，减轻企业和个人税负，大幅降低企业非税负担，全面实施市场准入负面清单制度，完善公平竞争审查制度，加快建立以信用为核心的新型监管机制。建立适应技术更迭和产业变革要求的标准动态调整和快速响应机制，营造更加适宜的创新生态。

第三章　山东省现代市场体系建设研究

第一节　现代市场体系的基本内涵与核心问题

一、基本内涵

现代市场是商品和劳务交换的场所。从交换的内容看，现代市场主要由商品市场和要素市场构成，其中要素市场主要由资本市场、劳动力市场、土地市场、技术市场、房地产市场构成。随着经济社会的发展，现代市场不断地丰富，现代市场体系不断地完善。从内容看，主要由商品市场体系、要素市场体系、市场流通体系、市场法律体系、市场监督体系、市场信用体系等构成。

党的十八届三中全会指出："建设统一开放、竞争有序的市场体系，是使市场在资源配置中起决定性作用的基础。""加快形成企业自主经营、公平竞争，消费者自由选择、自主消费，商品和要素自由流动、平等交换的现代市场体系，着力清除市场壁垒，提高资源配置效率和公平性"。这是对构建现代市场体系的战略性表述。

现代市场体系的特征主要表现在以下四个方面：一是统一性。现代市场体系是市场经济在社会分工显著细化和商品经济高度发展的基础上形成的，由各子系统构成有机统一市场，各子系统之间相互影响、相辅相成。二是开放性。现代市场体系内的商品和要素是可以自由流动，市场可以跨区域、跨行业，可以面向全国、面向全球，全方位开放，反对垄断。三是竞争性。现代市场体系按照市场竞争机制运行，是竞争性的市场，契合商品的价值规律，通过开放的市场体系进行公平竞争。四是有序性。现代市场体系是在政府的制度调控和监管下运行的，不能完全自由运行，不能违背法律法规，有序的现代市场体系才能保持市场效率和社会公平。

二、核心问题

现代市场体系创建过程是市场经济体制机制完善的过程，核心问题在于处理好市场与政府关系，切实让市场在资源配置中起决定性作用，切实发挥好政府的调控作用，努力培育"有效市场"，努力构建"有为政府"，实现"有效市场"和"有为政府"协同发展。

培育有效市场，就是让市场决定资源配置，提高资源配置效率和公平性，这是市场经济的一般规律。创建现代市场体系要牢牢抓住提高市场效率这一点，千方百计完善现代市场体系，只要不是国家法律禁止的，就可以大胆探索。重点是要建立公平开放透明的市场规则，完善商品流通市场，完善主要由市场决定的价格形成机制，健全城乡统一的用地市场，完善金融市场体系，深化科技体制改革。

构建有为政府，就是政府要不断推动市场化改革和制度创新，减少政府对资源的直接配置，促进资源配置按照市场机制实现最优配置，千方百计保持经济发展稳定，加强市场监管，维护市场有序，提供公共服务产品，保持可持续发展，维护公平正义，遏制两极分化，促进共同富裕，弥补市场失灵，化解政府干预过多问题和监管缺位问题，让政府有作为、有效力。

总之，创建现代市场体系的核心问题在于处理好市场与政府的关系，让市场有效，让政府有为，加强"看不见的手"与"看得见的手"的密切合作。

第二节　山东省现代市场体系阶段演进与现状

一、发展阶段

山东省现代市场体系的创建过程是随着我国社会主义经济体制改革向前推进的，总体具有典型的阶段性特点，可大体分为以下五个阶段。

（1）现代市场体系建设探索阶段（1978~1984年）。改革开放初期，山东省率先对农村进行改革，家庭联产承包责任制的实施，大大激发了农产品的商品化进程，占市场的比重较高，进而倒逼山东省逐渐放开城乡小商品市场。随着山东省乡镇企业的蓬勃发展，加速了小商品市场的快速发展。不过从全省看，这一阶段的市场还是在计划经济体制下的有益探索，市场上主要是以消费品为主的商品，计划经济体制的坚冰被打破，市场经济形态才破茧而出。

（2）现代市场体系建设展开阶段（1985~1991年）。随着国家经济体制改革推进，山东省的改革重心从农村转入城市。山东市场上商品日益增多，价格呈现政府定价、政府指导价、市场价格等多种形式，市场定价的机制不断在探索，这期间工业生产资料出现价格"双轨制"，即增量的工业生产资料可以市场价格进入市场。党的十三大之后，山东省推动"企业引导市场、政府调控市场"改革力度，经济市场化步伐进一步迈开。不过，总体来看，山东省市场体系的培育仍受计划体制的束缚，局限性还是存在的。

（3）现代市场体系加快发展阶段（1992~2000年）。邓小平南方谈话之后，全国掀起加快市经济体制改革的热潮，山东省的开发区率先发展，工业化和城市化加速发展，经济市场化步伐明显加快。党的十四届三中全会首次提出要构建统一、开放、竞争、有序的市场体系，为山东市场体系的建设指明了方向和重点。这一阶段，山东省在完善商品市场基础上不断加大现代企业制度、金融市场、劳动力市场、住房市场、医疗卫生等领域的改革，尤其是金融、劳动力、房地产等要素市场发展较快，市场化的商品体系和价格形成机制初步构建。

（4）现代市场体系基本形成阶段（2001~2011年）。进入21世纪之后，山东省实施了一系列市场化改革措施，市场机制对资源的配置能力显著增强，商品市场更加成熟，要素市场不断完善，市场中介组织迅速成长，市场法律法规更加健全，现代市场体系初步形成。随着我国加入世界贸易组织（WTO），山东省作为沿海开放大省积极融入国际市场，实施更高水平的对外开放战略，市场体系在开放规则上不但与国际接轨，而且正成为国际区域市场的重要组成部分。

（5）现代市场体系趋于完善阶段（2012年至今）。党的十八大以来，山东省坚持市场在资源配置中起决定性作用的战略指导，加大供给侧结构性改革，深入融入"一带一路"，实施新旧动能转换、海洋强省、区域协调发展、打造对外开放新高地等市场化发展战略，进一步加强投融资体制改革，加大开发区改革力度，加大省属国有企业改革与重组，深入推进农村集体产权制度，优化一流的营商环境，实施"双招双引"行动，在全国率先建立地方金融监管体系。总的来看，山东市场发展的体制机制更加有效，各类商品和要素市场体系进一步健全，统一开放的现代市场经济体系更加完善。

二、山东省市场体系发展现状

随着山东省市场化改革的不断推进，在城市化、工业化、信息化、农业现代化的协同发展下，山东省的市场体系日趋完善。近年来，山东省大力发展非公有制经济，不断加快商事制度改革，推进市场主体准入改革，营商环境不断被改善，市场活力不断被激发。总体上看，山东省的商品和要素市场门类较齐全，呈多样化、专业化、地域化等特点。

从市场主体看，截至 2018 年底，全省实有市场主体 905.6 万户，排全国第三位，实有企业注册资本 19.5 万亿元。其中，全省实有企业 261.3 万户。实有民营经济市场主体 889.5 万户，注册资本 15.1 万亿元，分别占市场主体的98.2% 和 71.9%。从万人拥有市场主体量看，济南、青岛、烟台、威海、潍坊超过 1000 户，其他中西部城市的万人市场主体拥有量较低。①

从消费市场看，山东省的消费市场长期平稳发展，餐饮、商品零售、粮油、服装、鞋帽、纺织品、家用电器制品、音像器、家具、建筑及装潢材料等消费指标保持较快持续增长。其中，网络零售商品销售增长速度较快，在全省出现大批的专业市场，如临沂小商品城、寿光蔬菜批发市场、济南济北国际商贸服装批发市场、菏泽林产品交易市场、青州花卉市场、金乡大蒜市场等，均具有较大影响力。每个城市都有各自的商圈、大型商业综合体、生产性和生活性批发市场等，产品的品牌多为本省内品牌。

从房地产市场看，随着城镇化的发展，房地产开发投资稳步增长，市场销售整体理性，市场呈平稳较快发展态势。近年来，随着房地产建设规模扩大，市场融资力度也在加大，企业融资渠道呈现多元化，同时随着信贷政策收紧，企业自筹资金力度加大。从投资和销售城市看，济南、青岛仍是投资的热点区域，山东半岛城市的房子投资和销售面积较大，西部城市的投资额和销售量相对少些。从政策执行看，山东省认真落实国家房地产调控政策，坚持"房住不炒"调控方向，稳地价、稳房价、稳预期，房地产市场平稳运行。

---

① 中华人民共和国国务院新闻办公室．山东举行 2018 年全省市场主体发展情况新闻发布会［EB/OL］．http：//www.scio.gov.cn/xwfbh/gssxwfbh/xwfbh/shandong/Document/1649406/1649406.htm.

从劳动力市场看，随着劳动力及人才的流动，各市县已基本形成有固定场所的劳动力市场，并且有互联网劳动力市场，劳动力能够按照法规进行合理流动，全省劳动力市场不断成熟。在年龄结构上，劳动力以青壮年为主体。在产业结构上，劳动力主要集中在制造业、建筑业、批发零售业、交通运输业等行业。从劳动力流向看，山东省西部地市的劳动力向中东部流动，以农村劳动力为主，济南和胶东半岛城市是全省劳动力流入的主要区域。从全国来看，近年来山东省劳动力呈向省外净流出的趋势。

从金融市场看，随着经济社会发展的需求，地方金融改革逐步深入，山东省基本形成了门类比较齐全的金融业市场结构。近年来，山东省金融环境持续改善，银行信贷市场扩大，资本市场比较活跃，保险市场平稳发展，其他金融机构不断发展，已建立省、市、县三级地方金融监管体系，济南区域性金融中心和青岛财富管理中心的金融格局正逐渐形成，全省现代金融市场更加健全，金融业正不断壮大。

从市场流通性和合作性看，随着电子商务的发展和交通条件的改善，特别是高铁及动车的开通，山东省内的商品流通性较好。从市场布局看，以济南为中心的全省3小时通勤和生活圈基本形成。面向京津冀、长三角、珠三角经济圈，山东省与这些区域有较密切的经济往来，尤其是对接北京、上海、广州、深圳、香港、澳门等区域和城市的商务活动比较频繁。

从山东市场的国际化看，山东是商品出口大省，商品进出口的重点是欧盟、东盟、美国、韩国、日本等区域和国家，出口的主要是机电产品、纺织产品、农产品等；进口的主要是机电产品等。对"一带一路"沿线国家的出口规模还不算大。

从市场法规看，为推动市场发展，国家和山东省都出台了不少法律法规，以维护市场的稳定与发展。例如，贯彻执行国家的《反垄断法》《食品安全法》《疫苗管理法》《药品管理法》《行政处罚法》等法律，同时山东省也出台了《消费者保护条例》《物业管理条例》《食品小作坊小餐饮和食品摊点管理条例》《技术市场条例》《土地整治条例》《劳动合同条例》等法规，支撑现代市场的法律法规体系不断健全。

第三节　山东省现代市场体系建设存在的问题

一、现代市场体系不健全

市场体系是一个庞大的系统工程，山东省在市场体系形成中仍有部分市场优势不明显、潜力未挖掘到位、发展滞后等问题，突出的几个市场问题表现如下。

（1）文化产业市场滞后。山东省是儒家文化的发祥地，是中华文化的重要组成部分，是典型的文化大省。山东人多以忠诚、厚道、仁义的形象展示给国人，不过，"君子喻于义，小人喻于利"的思想长期束缚了山东人的经济头脑和创新意识。就文化而言，山东人对高尚文化的孜孜追求，远远大于对文化效益的追求。然而，在培育文化产业市场、创新文化产业上，山东省的认识、步伐、手段都落后于不少省份。虽然山东省实施经济文化强省的战略推进了多年，但文化产业并未有大的突破，"文化搭台，经济唱戏"多是保留在口号上，真正运作文化产业的地市较少，在文化创意、演出市场、影视基地、电视栏目等方面的投入与北京、浙江、湖南、江苏等省份差距很大。山东省的儒家文化、红色文化、海洋文化、黄河文化、运河文化、黄金文化等资源非常丰富，但挖掘不够，市场产业化运作滞后。因此，还需要深耕文化市场，培育全国性的文化产业高地。

（2）金融市场不健全。山东是经济大省，但金融业发展与其地位不匹配。从全国看，山东省地方金融机构不健全，难以满足日益增长的金融需求，一定程度上抑制了地方经济的发展。就山东省金融市场发展看，与金融市场发育较好的省份相比，其金融产品创新不够，创业投资、风险投资等各类股权投资发展相对不足，技术、环境、文化创意等各种新型产权交易市场尚未形成规模，期货市场培育不足，汽车金融、黄金经纪、金融租赁等新型金融业态刚开始起步。山东省与广东省、江苏省、浙江省金融市场的主要指标比较如表 3-1 所示。

表 3-1　2019 年山东省、广东省、江苏省、浙江省主要金融指标比较

省份　金融指标	山东	广东	江苏	浙江
本外币存款（亿元）	104738.9	232458.6	152837.3	131299
本外币贷款（亿元）	86325.6	167994.6	133329.9	121751
上市企业（家）	310	618	428	458
保险费收入（亿元）	3238.9	5496.70	3750.2	2627

　　山东是全国人口大省和地域大省，但通过比较发现，2019 年山东省的各类金融机构本外币存款和贷款金额尽管规模不算小，但都低于广东省、江苏省、浙江省，存款和贷款市场规模表明山东省的信贷市场还不够活跃。2019 年山东省的上市公司数量是 310 家，与广东、江苏、浙江三省有不小的差距，低于江苏省、浙江省 100 家以上，不足广东省的一半。从保险费收入看，低于广东省和江苏省。总体判断，山东省金融业相对滞后于经济发展，金融市场化要有很长的路要走。

　　（3）技术市场不健全。技术市场是从事技术中介服务和技术商品经营活动的场所。2019 年山东省技术合同交易额为 1152 亿元，尽管超过千亿元，但在全国排名第 8 位，分别低于北京、广东、江苏、上海、陕西、湖北、四川 7 省（市）。从全国看，山东省的技术交易额排名与经济大省的排名不相称，山东省的技术市场相对滞后，不能满足山东省科技和经济发展的需求。从山东省内看，技术市场发展的区域不平衡，各地市之间的差距比较大，2019 年山东省技术市场交易额排在前 5 位的是济南、青岛、烟台、淄博、潍坊，占了全省的 65%，其他每个地市不到全省的 5%，其中，济南占全省的 25%，青岛占全省的 14.8%，烟台占全省的 9.6%，淄博占全省的 9.2%，潍坊占全省的 6.7%，济宁占全省的 4.5%，泰安占全省的 3.7%，日照、聊城占比在 3.2%~3.4%，威海、东营分别占 4.9%，德州、菏泽、枣庄占比在 2.2%~2.4%，临沂和滨州低于 1.7%。山东省技术市场发展中存在的主要问题是：技术市场专业机构和队伍弱，技术市场的监管体系也弱，技术中介机构少，技术经纪人职业水平不高，扶持技术发展的政策力度不足，有些政策落实不到位，技术交易平台供给不足，技术交易信息传递不及时。

二、市场监管不到位

（1）网上产品销售问题。随着互联网的发展，电子商务的兴起，很多企业都纷纷通过电商平台、微信支付等手段进行销售，极大地促进了产品的销售，不过也带来了一系列问题。如近年的滴滴约车、美团外卖、共享汽车等网约商务平台的出现会产生人身安全、产品质量、网络欺诈等问题。2019年，山东省市场监管局就餐饮服务业问题召开全省网络餐饮行业约谈会，重点公开约谈了"美团"和"饿了么"两家餐饮服务第三方平台，就餐饮企业资质、食品安全、外卖人员服务等问题提出整改措施。这表明新业态出现后，如果市场监管机制不到位，漏洞就会随之出现。

（2）市场存在恶性竞争。竞争是市场经济的常态。山东省是经济大省，地域广阔，地市较多，不少地市的产业结构相似，市场上的产品具有相似性和替代性，势必会加重"同行是对手"境况，从而会引发不合规的市场恶意恶性竞争，这种恶意恶性竞争现象在农产品、服装、汽车、白酒、手机等销售行业和银行、保险、证券、基金等金融行业比较突出。例如，通过损坏对方商业信誉、商业倾销、商业贿赂、窃取商业秘密等手段进行恶意竞争，可能就会增加同一行业内部、同一市场之间、不同城市之间的恶性打压，从而增加交易成本，降低生产效率。

（3）对市场价格监管不到位。价格是市场很重要的信号。由于市场上的商家数量太多、品种多样，导致一些商户不参照政府的指导价格和商品的市场价值进行定价，从而出现盲目定价行为，甚至有欺行霸市现象。这种现象重点发生在服务行业，如餐饮、旅游、出租车、药品流通等服务行业盲目要价，或哄抬物价。2019年，青岛某烧烤店出现了"38元大虾事件"，店主对外地游客漫天要价，此事在全国炒得沸沸扬扬，严重影响了青岛的形象和口碑。这一问题表明政府部门的市场监管缺位，而市场价格监管不到位在根本上是全方位、动态化的监管机制没有形成。

（4）市场垄断现象存在。部分企业利用产品市场优势、知识产权优势、联盟垄断等对某些行业和产品实行垄断，控制市场价格，影响行业发展，尤其在跨国公司、部分城市的房地产企业、特色产品、医药企业、保险、燃气、供电、广电电视等方面垄断现象严重。从近年来，山东省反垄断的案例看，还有部分行业协会、中介服务机构参与，它们对某个领域故意助推和协同涨价，打压和分割其他市场，形成行业内垄断。从短期看，垄断对垄断企业和地方政府能够带来巨大回报，但从长期看会严重扭曲该行业市场，甚至导致腐败行为。例如，近年来，山东省有3家医药公司对葡萄糖酸钙原料药在经销中进行市场垄断，性质严重，2020年4月被国家发展和改革委员会进行严厉处罚，罚金超过3.2亿元。市场垄断行为在山东省长期存在，反垄断势在必行。

三、统一开放的市场还未真正形成

（1）市场国际化程度不高。山东是沿海经济大省，对外贸易发展与经济地位还不匹配，经济开放水平还低于沿海不少省份，外贸依存度低于上海、广东、浙江、江苏等省（市）。不少企业国际合作意识不强，有些出口企业对国际规则不熟悉，山东中部和西部城市的企业出口规模较小，全省出口产品的附加值总体不高，市场国际化水平还需加快提升。例如，山东是农业大省，近年来一些农产品出口经常受阻，表明应对国际市场的经验和准备不足。

（2）全国市场占有率不高。山东省不少地市的产品具有特色和优势，省内市场占有率高，但在省外市场占有率低，原因在于省外的知名度不够。例如，山东省的白酒市场，每个地市都有若干白酒厂，省内有不少品牌，包括景芝、孔府家、趵突泉、泰山、兰陵王、古贝春、琅琊台等都是省内有名气的白酒品牌，但从全国看，在省外市场的占有率较低，几乎没有在全国叫得响的品牌，问题就在于中高端白酒企业培育不足，全国龙头引领的白酒企业少。再如，山东省的日照绿茶、崂山绿茶，都是本省的知名品牌，品质上乘，在省内普遍受到消费者的青睐，但是从全国的茶业市场来看，山东省的绿茶在全国的知名度和市场占有率都偏低，不少南方省市对山东省的绿茶都鲜有听闻。这表明，山东省有些优势产品在销售方式、市场开拓、品牌宣传等方面做得还不够，"走出去"力度也不够。

（3）城乡市场差异性大。山东是个经济大省，但也是个农业大省、农民大省，城乡差距较大。二元经济体制的刚性约束是山东省统一开放市场构建的一大障碍。一般情况下，城市规模越大，商品市场就越发达，商品种类就越多，销售方式就越多样化。但是，山东省乡村市场由于受地理、物流、人口等因素限制，呈现出分散、杂乱、单一、短期等特点，并且由于信息不对称、市场监管缺位，导致很多假冒伪劣产品经常被输送到城乡集市、农村市场，价格普遍较低，受到老百姓的青睐。"山寨版"食品、电器、种子、化肥等商品经常在乡村市场上出现，"劣币驱逐良币"现象不断在乡村市场上演，这就导致城乡市场的差距越来越大。

（4）地区市场差异大。在空间经济技术梯度上，山东省自东向西呈现典型的区域差异性，商品、要素在空间分布上基本呈现这样的特征，说明市场的统一性不够。在商品市场上，区域价格差异较大，总体看经济实力越大的城市，商品物价水平偏高，经济欠发达城市的物价偏低一些。在劳动力市场上，由于东部沿海地区经济发达，需要大量的劳动力，自然劳动力市场多一些，劳动力价格偏高些，故而劳动力市场更规范、更健全些，如西部的聊城、菏泽、济宁都是劳务输出大市。在资本市场上，由于"钱随物走"，所以经济越发达区域，往往越需要大量配套资金运转，如青岛、烟台、济南等城市上市的企业较多，银行、证券公司、基金公司等金融机构也多些。

四、市场发展受政府行为影响

市场机制尽管对资源配置起决定性作用，但其前提条件是市场体系运行必须在法制与合规的政府制度下进行。而在市场体系建设实践中，地方政府既存在宏观经济干预，又存在微观经济干预。

（1）重投资轻消费。山东省长期以来是以投资拉动为主导的经济增长模式，由于投资是拉动经济快速增长的手段，而消费对经济的贡献不愠不火，拉动缓慢，所以长此以往，政府官员对投资工作产生了偏好和青睐，常常把客商的投资作为重要考核指标。同时，对消费经济重视不够，对市场的消费性项目投入不够。思路决定出路，长期形成的"重投资、轻消费"决策势必对市场体系构建产生重大影响，山东省的消费市场不应长期受此工作思维和决策影响。因此，这种发展方式思维和决策需要扭转，否则会影响山东省现代市场体系的战略构建。

（2）干预企业生产活动。由于政府具有抓考核、树典型、搞调研等需求，所以时常通过政府指令让企业参与。例如，有的企业不缺乏资金，相关部门却要迫使企业争取上级政策性资金，后续的检查、审计等对其形成一定的负担；有些企业驻地在某县市区，时常在生产经营中遇到相关主管部门的"吃拿卡要"现象，企业苦不堪言；有些企业经常要接待上级安排的调研任务，其实企业并不乐意被参观调研，尤其是外资企业和合资企业，而政府部门时常到企业调研，影响了企业生产活动和商业机密。

（3）乱摊派、乱收费。政府相关部门、下属单位经常为某事项对下级、对相关企业进行摊派任务。例如，产业主管部门、行业协会、研究会等经常对下属和相关企业拉捐助费、赞助费，提高标准，扩大范围，严重干扰企业活动。不少行政部门和带有行政色彩的单位违规收费，以"店大欺客"的姿态压制市场上的弱者。例如，在城乡集市经常看到相关部门对商贩们进行乱收费，严重干扰了商品的交易和流通。

五、"官本位"思想长期影响

山东是我国的文化大省，传统文化影响深远。长期以来，"官为上，民为下"文化意识和思想长期存在，即"官本位"的思想在山东省根植较深。山东省受以官为尊、以官为贵文化的长期影响，即使到现在，官与民、官与商之间还是存在一定社会认知差别，老百姓的普遍共识为：官的地位要高于其他职业的地位。表现最突出的是职业选择，多数父母希望子女首先选考国家公务员，其次选考事业单位，最后选择去企业等其他单位工作，尤其是在行政单位有个一官半职的，是不少父母对孩子的期盼。"官本位"文化和意识在山东省比较盛行，浓厚的"官本位"思想对发展市场体系有较重的负面影响。

（1）项目运作"官本位"化。现代市场体系的项目多数是以市场为导向的诞生与运营，而山东省不少项目是"政府供给式"诞生。即项目的谋划、考察、审批是以政府行为为主导，长官意志强，这样项目很快就能审批立项。实践表明，很多"政府供给式"项目经常遇到市场"瓶颈"，前期投资较大，产品市场面窄，吸引消费者少，导致市场经营惨淡。例如，山东省不少城市的商业步行街多为"政府供给式"项目，经营效益较低或亏损者不见少数。

（2）产品销售"官本位"化。山东省有些企业过分相信官员而不相信市场，在产品销售方面，不善于运用市场营销手段，而是乐此不彼地找官员帮忙，试图通过政府官员的权威和信用帮着开辟市场、消费者、人脉关系，其实这种营销模式难以为继。

（3）融资"官本位"化。有些企业不注重企业上市，从市场上进行直接融资，而是希望从政府资金上获取资助，通过官员赋予行政"路条"获取大量政府资金，甚至有些项目存在违规、"打擦边球"或手续不全的情况。这些不依赖市场而过多依靠政府关于的"官本位"思想和行为严重制约了山东省现代市场体系的构建。

第四节　加快山东省现代市场体系构建的制度创新

构建山东省现代市场体系，是随着国家和山东省经济体制改革进行的，在本质上是山东省经济体制的变迁过程。新制度经济学观点认为，制度由非正式制度、正式制度构成。非正式制度主要体现在意识文化环境等方面，正式制度主要体现在法律规章等方面。为此，要从非正式制度和正式制度两个方面加快制度创新。

一、树立建设现代市场体系的全民意识

思想意识是形成制度创新的重要土壤。作为常住总人口超过 1 亿的山东省，全省上下应真正树立一个统一竞争有序的市场体系意识。在政府层面，政府官员尤其是领导干部要坚决贯彻现代市场体系的理念，拓展国际视野，尊重市场规律，善于发挥市场机制作用，在制定政策、管理协调、工作执行中要处理好市场和政府的关系，强化营商意识，增强商业氛围，为创建和维护山东现代市场做好牵头表率作用。在企业层面，企业家要不断强化市场竞争意识、机遇意识、法制意识和诚信意识，以市场论英雄，积极紧跟市场制定发展战略，注重企业创新，完善企业的产业链和供应链，按照市场原则生产，寻求最优生产和销售路径，促进形成合理的市场价格。消费者层面，要树立科学的市场消费意识，理性进行消费，不盲目追涨商品，不违规囤积商品，尽力维护市场价格稳定，积极推动消费市场发展与繁荣。

二、完善市场监管制度

围绕健全山东省现代市场体系和推动山东省高质量发展，认真落实国家一系列关于《行政许可法》《行政处罚法》《行政强制法》等市场监管的法律，针对存在的市场不合法现象和问题，有法必依、依法办事、依法处理。围绕老百姓反映的食品、药品、疫苗、网购问题商品、电视虚假商品等要高度监管，对存在的违规现象和产品问题，要严格落实《食品安全法》《疫苗管理法》《广告法》，科学引导，及时纠正或依法惩治，绝不手软、绝不姑息。对市场中部分行业或企业

垄断等行为，要严格执行《反垄断法》，尽最大限度削减垄断行为。消费者或群众可以通过 12315（工商部门）、12365（质检部门）、12331（食品药品部分）、12358（物价部门）热线平台维权，维护和落实《消费者权益保护法》，准确举报消费领域侵权行为，还市场一个公平阳光的环境。对金融欺诈问题要高度重视，尤其是网上金融机构的经营活动及交易行为要监督。严格落实《经济法》《银行法》《保险法》《证券法》等相关法律，依法打击金融诈骗，治理区域金融市场，防范金融市场风险。要依法规范企业直销行为，严厉打击传销团伙，维护统一有序市场。

三、完善市场诚信制度

加快完善山东省信用建设的地方性法规，在山东省关于信用建设法律法规基础上，研究出台一批地方性法规、规章或政策性文件，确保对信用信息采集、查询、共享、公开、应用以及信息安全保障有法规可依。对在山东省内注册的企业尽可能纳入全省监控体系，对省外企业和跨国公司在山东的分支机构也要分类别纳入诚信监控体系。按照信用信息属性保护企业隐私和商业秘密，依法推进信用信息在采集、共享、使用、公开等环节的分类管理。建立信用主体奖惩机制，围绕行业、职能、区域等信用建设，对企业信用主体奖惩办法，建立守信激励和失信惩戒机制。科学划分监管对象的信用性质、类别、级别、程度等，制定守信与失信标准，制定诚信"红黑榜"，对守信和失信企业和个人行为进行奖惩。加强对守信企业和个人的奖励和激励，加大对守信行为的表彰和宣传力度。按规定对诚信企业和模范个人给予表彰，通过新闻媒体广泛宣传，营造守信光荣的舆论氛围。建立失信行为有奖举报制度，制定失信举报奖励办法，提高群众举报积极性，多举报、多奖励，尽可能地让失信者无处藏身。

四、健全农村市场体制机制

为促进快速要素自由流动，推动城市市场与农村市场协同发展，重点是继续推动城市反哺农村、工业支持农村，健全农村市场发展机制，加快城乡融合。

（1）加快健全农村金融市场制度。不断推动地方农村信用社和农商行回归根本职能，改革村镇银行培育发展模式，创新中小银行和地方银行金融产品提供机制，加大开发性和政策性金融支持力度。按照法规开展农村集体经营性建设用地使用权、农民房屋财产权、集体林权抵押融资，探索开展承包地经营权、集体资产股权等担保融资。加快推动已入市集体土地与国有土地在资本市场同地同权。

（2）探索集体经营性建设用地入市制度。在符合法规和规划条件下，允许农村集体经营性建设用地入市，允许就地入市或异地调整入市；推动城中村、城边村、村级工业园等可连片开发区域土地依法合规整治入市；推进集体经营性建设用地使用权和地上建筑物所有权房地一体、分割转让。科学引导农业转移人口就近向乡村劳动力市场转移，积极构建乡村劳动力市场，向服务城乡、小城镇及现代农村发展。发挥政府引导推动作用，建立健全农业科研成果产权制度，建立有利于涉农科研成果转化推广的激励机制与利益分享机制。①

第五节　加快山东省现代市场体系建设的有效路径

一、健全山东省现代市场体系

（1）健全劳动力市场。围绕新型城镇化和新旧动能转换，加快营造良好的劳动就业环境，完善城乡一体、自由竞争、公平有序的劳动力市场。加快劳动力人口自由流动，省内除济南、青岛等特大城市外，其他城市全面放开人口进城管理，坚持可放可控，推动劳动力市场化流动，实行劳动力登记户口制度管理。构建统一的人力资源市场管理体系，完善省内城市之间的人才衔接和流动机制，完善人才档案信息化、规范化、人性化管理，促进人才合法自由流动。各城市对外来务工人员，保障公平竞争的劳动就业权利，尽可能地杜绝性别、身份、地域等就业歧视现象。劳动力需求大的城市，要建立农民工就业专场，引导农民进城就业，加强农民培训，指导企业依法招工，尽量解决农民的社会保障问题。

（2）壮大金融市场。围绕山东省新旧动能转换、经略海洋、自由贸易区建设、乡村振兴等工作重点，引导各类银行信贷资金向这些领域倾斜，提升金融市场服务实体经济质量。积极发展资本市场，围绕山东省"十强"产业中的龙头

---

① 中华人民共和国中央人民政府网站．中共中央国务院关于建立健全城乡融合发展体制机制和政策体系的意见［EB/OL］．http：//www.gov.cn/zhengce/2019－05/05/content_ 5388880.htm.

骨干企业、"四新"企业和科技型企业，支持和辅导企业到境内外资本市场上市挂牌，扩大山东省中西部城市企业上市规模。优化私募基金发展环境，规范制度建设，培育一批省内有较大影响力的本地基金品牌。推动山东省市场占有率高的大宗商品、主要农副产品、海洋产品等期货交易品种上市，引进国内期货公司分支机构，培育发展期货市场，规范省内期货公司发展。尽快培育金融租金、汽车金融、海洋金融、绿色金融等新业态发展。

（3）扶持发展技术市场。围绕技术开发、技术转让、技术咨询、技术中介、技术入股等方式，以市场化为导向，在省级和地市级两个层面政策上扶持全省技术市场培育和壮大，逐步提高技术交易额。注重培育技术市场发展专业管理人才和中介服务人才，规范行业人才行为，提高专业队伍监管和服务水平。依托全省科技创新平台、科技创新企业和科技团队，加大资金、人才和政策扶持力度，重点打造好山东技术成果交易中心这一个重要平台，并扶持各地市培育好本市的技术交易市场，多模式推动科技成果向现实生产力转化。

（4）注重发展文化产业市场。坚持以市场化为导向，善于发挥地方文化特色与优势，挖掘不同地域的文化资源，积极引入外地文化企业与资本，运用现代技术与管理模式注入山东省文化市场，逐渐激活山东文化这盘"大棋"。加大地方政府对文化产业的投入，重在文化资金和文化人才扶持，重在特色和优势的提升水平，重在对地方文化的市场化引导，切实打造丰富多元的山东文化产业市场。

二、增强市场治理能力

市场治理能力是地方政府治理体系的重要组成部分。要加强山东省市场的治理能力建设。

（1）推动市场改革。推动市场"放管服"改革，支持市场公平竞争发展的政策出台，打破各类行政型市场垄断，废止阻碍统一、开放、公平、有序市场发展的规定，依法依规切实减少政府行为对市场尤其是微观市场的干预。进一步完善省内国有企业改革，按市场化法则完善法人治理结构，推动所有制企业公平竞争、公平获取要素。

（2）加强市场价格治理。引导市场主体依法对商品和要素进行动态定价。及时关注国内外商品和要素价格更新信息，完善山东省市场的价格公示和预警动态体系，健全价格信息发布机制。对扰乱市场秩序、群众反映强烈、违法违规、节假日期间等市场价格领域问题，如餐饮、医药、教育、旅游、房地产等领域的价格乱象进行有效治理，打击市场违法违规行为，营造一个公平竞争的市场环境。

（3）加强产品溯源工作。监管省内所有企业，对产品实行"一品一码"制，施行产品信息化和网络化管理，构建"生产者—流通者—消费者"的信息追溯与追责体系，对违法、低劣产品有效追溯，坚决杜绝"毒大姜""毒疫苗"类似事件再次出现。支持和奖励群众举报假冒伪劣产品，尽力让这类产品无处藏身，依法严厉查处生产者与中间商。

三、提升市场国际化水平

山东是沿海经济大省，加快构建融入国际市场的市场体系势在必行。

（1）对外经济合作要与国际规则接轨。围绕 WTO 规则和山东省重要贸易伙伴国家的国际贸易规则，对省内经济贸易政策进行合规性评估，进一步完善经济贸易规章制度，重点研究美国、韩国、日本、东盟、欧盟的贸易规则，尽快完全融入国际市场。

（2）加大商品出口力度。顺应国际市场需求，坚持以质取胜，抓牢重要国际合作伙伴，千方百计扩大全省主导产业、民生行业、重点产品的出口。同时以地方政府为主导，抓好一批出口大户，积极加强国际贸易磋商，降低国际贸易壁垒，减少国际贸易摩擦，扩大国际出口市场份额。

（3）优化贸易结构。引导外资投向高端制造业和现代服务业。实施品牌出口增长行动，扶持骨干外贸企业创新发展，建设加工贸易转型示范基地，不断提高自主品牌产品出口占比。创新发展服务贸易，培育跨境电商、外贸综合服务、市场采购贸易等新业态。

（4）建设好开放园区。将国家级和省级经济技术开发区作为对外开放的龙头，切实引领对外开放。要抓好济南、青岛、烟台三个自贸区片区建设，将自贸区打造成国内商品、贸易和金融市场的新高地。

四、增强市场创新能力

着力削减"官本位"思想，强化市场和企业家创新行为，通过市场创新加快推动现代市场体系建设。增强市场创新能力重在打破官商勾结关系，健全亲清新型政商关系。

（1）加强政府服务市场和企业的创新。加强政府营造营商环境，搞好市场和产业规划，重视企业贡献，尊重企业家，制定以市场为导向的优惠营商政策，吸引企业投资，支持市场兴旺。政府要为企业创造科学的法制环境、生态环境和人文环境，让企业安心投资、积极生产，不断形成亲和互助、尊德守法的合作关系。

（2）强化企业自身创新。政府和企业要高度重视企业是市场微观经济创新的主体地位。要强化企业创新发展，基于市场产品和要素需求，瞄准产业链、价值链，积极融入地方产业发展战略，围绕技术、市场、品牌、营销、管理等环节加大创新力度，积极推动新产品、新服务、新业态、新商业模式出现，积极推出拳头产品、开辟新的市场、提升品牌知名度，不断增强市场活力和竞争力。同时，坚决杜绝政府与企业之间相互寻租，倒逼企业不断加大创新力度。

（3）加强供应链创新。支持市场产品的设计、研发、生产、流通、消费供应链环节的创新，鼓励政府、企业、中介机构、居民积极参与供应链建设。重点瞄准全省市场资源配置，积极构建以企业、行业和市场为主体的供应链服务平台，提高全要素参与活动，降低交易成本，增加市场交易效率。借助现代信息手段，以加快产品和要素交易为重要任务，推动零售、连锁经营、物流配送、电子商务等多模式流通业态发展，推动市场供应链的数字化、网络化、制度化发展。

五、扩大消费市场

山东省是重投资、轻消费的市场，要加快扩大全省消费市场，繁荣山东省的市场经济。

（1）完善合理消费政策。针对不同层次的消费群体进行适度引导，尤其是在新冠肺炎疫情过后，各地市都要出台有利于扩大消费的政策，在投资、财税、货币、信贷等方面引导和刺激消费需求扩大，对消费环境、消费权益进行净化与维护。继续实施优惠的财政税收政策支持消费，如采取增加财政补贴、降低税率等手段，增加对家电、汽车、手机、电脑等产品消费。合理引导居民对消费产品和服务的需求，增加对子女教育、旅游、住房、家庭汽车、手机的信贷消费。

（2）培育消费热点。政府与企业应加强合作，研究需求市场，积极培育消费热点，推出适合不同年龄和收入群体的消费热点导向，积极扩大其示范效应，不断推出交替持续的消费热点。要更加重视文化娱乐领域的消费，重视"互联网＋"带来的消费，如对智能手机、智能手表、汽车、租车出行、外卖服务、医疗服务等消费新载体新亮点的培育，通过消费示范点建设，不断推广成功经验。

（3）改善消费结构。依托山东省产业和贸易结构，不断调整市场消费结构，积极提供适合城乡居民所需求的产品和服务。稳步发展生活服务，如商业、餐饮、修理、医疗、家政、保健等，并拓宽新的服务领域，如清洁卫生、洗涤、安全、家教、种养花卉等。全方位提供低中高档的商品和服务，既要满足中低收入家庭的食品、日用品等生活需求，又要为高收入阶层提供高档商品、国际旅游、文化休闲、娱乐健身等消费需求产品。不断整合教育和医疗资源，为老百姓提供实惠的消费产品和服务。

第四章　山东省现代化收入分配体系建设

第一节　现代化收入分配体系的内涵

一、现代化收入分配体系的定义

1. 党中央关于建立现代化收入分配体系的论述

现代化收入分配体系的建立，离不开党中央的一系列决策（见表 4-1）。从党的十八大到十九大，再到党的十九届四中全会，党中央一直在为建立现代化收入分配体系而努力。

表 4-1　近年来党中央关于收入分配体系的一系列决策

时间	会议	关于收入分配的核心思想	新举措
2012 年 11 月	党的十八大	兼顾效率与公平，再分配更加注重公平	提高居民收入在 GDP 中的比例
2017 年 10 月	党的十九大	取高补低，扩大中等收入阶层群体	2020 年贫困人口全部脱贫
2019 年 10 月	党的十九届四中全会	取高补低，且提出了第三次分配思想	建立解决相对贫困的长效机制

党的十八大报告指出，提高居民收入在国民收入分配中的比重，提高劳动报酬在初次分配中的比重。初次分配和再分配都要兼顾效率和公平，再分配更加注重公平。

党的十九大报告指出，要坚持按劳分配原则，完善按要素分配的体制机制，促进收入分配更合理、更有序。鼓励勤劳守法致富，扩大中等收入群体，增加低收入者收入，调节过高收入，取缔非法收入。拓宽居民劳动收入和财产性收入渠道。履行好政府再分配调节职能，加快推进基本公共服务均等化，缩小收入分配差距。

2019 年 10 月 31 日，党的十九届四中全会《中共中央关于坚持和完善中国特色社会主义制度推进国家治理体系和治理能力现代化若干重大问题的决定》指出，坚持按劳分配为主体、多种分配方式并存。完善相关制度和政策，合理调节城乡、区域、不同群体间分配关系。重视发挥第三次分配作用，发展慈善等社会公益事业。鼓励勤劳致富，保护合法收入，增加低收入者收入，扩大中等收入群体，调节过高收入，清理规范隐性收入，取缔非法收入。

党中央关于收入分配核心思想的理念是一脉相承的，即第一次分配和第二次分配（再分配）都兼顾效率和公平，而第二次分配更加注重公平。党的十九大报告还明确指出了"取高补低"的思想，即调节过高收入、扩大中等收入阶层、增加低收入阶层收入。进一步地，党的十九届四中全会创造性地提出了"第三次分配"概念：它是指"看不见的手"（市场）、"看得见的手"（政府）之外的另外一只手——社会之手，即通过民间捐赠、慈善事业、志愿服务等形式来扶危济困、调节分配差距。

此外，针对贫困人口，党的十九大报告指出，确保到 2020 年我国现行标准下农村贫困人口实现脱贫，贫困县全部"摘帽"，解决区域性整体贫困，做到脱真贫、真脱贫。党的十九届四中全会也指出，要坚决打赢脱贫攻坚战，巩固脱贫攻坚成果，建立解决相对贫困的长效机制。

2. 现代化收入分配体系的内涵

根据党中央关于现代化收入分配体系的历次论述，我们可以将现代化收入分配体系的内涵表述如下：以按劳分配为基本原则，形成完善的要素分配的体制机制；形成以功能体系的调整以及利益格局的纠偏为基础的收入分配优化模式，从而使其配备经济的开放性、城乡发展的统筹性、产业体系的市场性等发展特性，以此建立解决中国收入分配失衡问题的长效、现代化收入分配体系。

（1）基本原则。我国坚持按劳分配的基本原则，并逐步完善按生产要素分配的体制机制，其背后的理论基础实际上是马克思主义的劳动价值论。马克思主义认为，只有活劳动才能创造价值，即使资本在创造价值中做出了贡献，但资本仍然可以表述为物化的劳动。也就是说，资本不是天上掉下来的，它是劳动的结晶。同样，土地从荒地变为耕地、变为建设用地，同样离不开劳动的作用。

（2）再分配和第三次分配。随着经济的发展，我国贫富差距拉大，2018 年估算的基尼系数为 0.455 左右，虽然比前几年略有下降，但仍然在国际公认的 0.4 警戒线以上，这意味着政府通过税收、转移支付等手段的调节职能仍然需要进一步加强。然而目前的问题是，收入越高，则隐瞒自己收入的能力越强；工薪阶层收入位于中等，但纳税覆盖面较大。因此，应进一步强化针对高收入阶层的税收调节，减小社会贫富差距。此外，随着社会财富的积累，通过民间捐赠、慈善事业、志愿服务等手段进行第三次分配的重要性日益凸显。这一做法，既符合国际流行趋势，也符合我国实际。

（3）扶贫机制。我国的扶贫工作经历了小规模救济式扶贫、大规模开发式扶贫、精准扶贫等阶段。大规模开发式扶贫的功效虽然很明显，但在目前贫困发生特征背景下，精准扶贫显然是成本较低、效果较好的扶贫方式。进一步来讲，精准扶贫还要与乡村振兴工作紧密结合，通过产业扶贫形式，培育、壮大农村相关产业，在帮助贫困人口摆脱贫困的同时，推进农村居民收入整体增加。

二、现代化收入分配体系的逻辑结构

任何经济体系背后都有其理论基础，新时代中国的现代化收入分配体系也不例外。笔者认为，分配体系实际上是公平观念的现实反映，有什么样的公平观念，就有什么样的分配体系。从这个意义上说，新时代中国特色社会主义市场经济背景下的分配体系体现了覆盖全部经济过程的公平观。

任何一个经济过程，某个主体最后得到的产品多少取决于什么因素？显然，经济中涉及分配的环节一定且只能抽象为：要素所有者提供要素、参与生产，然后参与产品分配，最后政府或其他力量加以调节。那么，这些因素就是要素的多少、产品分配的原则、政府和社会力量的参与程度。这些因素进一步可以抽象为起点公平、过程公平和结果公平。如果这三个环节都能够实现让所有人都满意的目标，那么它一定是一个公平的社会。

从我国的实践看，针对起点公平的手段主要有：农村土地制度变革，基本公共服务均等化，政府税收中针对遗产与赠与等规定。针对过程公平的手段主要有：以按劳分配为基本原则，多种分配方式并存，拓宽居民财产性收入渠道等。针对结果公平的手段主要有：政府再分配职能，如个人所得税、第三次分配以及精准扶贫制度等。

起点公平背后的理论基础是马克思主义分配观念。马克思主义认为，分配问题不仅仅包括产品的分配，还包括生产条件（生产资料）的分配，一个一无所有的人只能出卖劳动力，而拥有大量资产的人通过资产本身就可以获得收入，这显然是不公平的，因此，在生产的起点处就要做到公平。以遗产为例，如果一个人的上一代留给他大量遗产，那么他就有可能失去努力工作的动力，这不仅仅是不公平，也是一种社会资源的浪费。

过程公平背后的理论基础实际上是市场主义的公平观，简单来说就是"多劳多得"，主要用于防范生产过程中的机会主义和"偷懒"思想。在以前的"大锅饭"时代，努力工作和偷懒没有什么区别，于是大家就会失去努力的动力，结果导致生产能力低下。改革开放实际上主要是市场主义公平观的外在体现，以农村土地家庭承包责任制为例，这项制度极大地释放了对生产力的束缚，激发了农村居民的积极性。

结果公平背后的理论基础是马克思主义消费理论和罗尔斯主义公平观。马克思主义消费理论认为，导致社会总需求下降的重要原因之一就是分配不公，高收入阶层边际消费倾向较低，低收入阶层边际消费倾向较高。简单来说，就是有钱的消费少，没钱的想消费却没钱，这样社会总需求就会降低，因此需要"取高补低"。罗尔斯主义公平观认为，评价一项制度是否有效的标准是它能否改善社会中状况最糟糕的那群人的状态，如果能，那么它就是好（善）的。我国的扶贫制度实际上就是基于罗尔斯主义公平观，导致贫困的原因很多，除了绝对懒惰、身体原因之外，任何贫困都不应该存在，如表 4 - 2 所示。

表 4 - 2　公平类型、经济过程、理论基础与具体手段

公平类型	经济过程中的阶段	理论基础	具体手段
起点公平	要素占有量	马克思主义分配观	农村土地制度变革，基本公共服务均等化，政府专项税收制度
过程公平	产品分配原则	市场主义的公平观	以按劳分配为基本原则，多种分配方式并存
结果公平	政府和社会力量的参与程度	马克思主义消费理论和罗尔斯主义公平观	直接税、第三次分配以及精准扶贫制度

那么，这一切的目的是什么？我们认为，新时代我国建设现代化收入分配体系的目的就在于建立一个具备阶层流动性的橄榄型社会。橄榄型社会是一个静态目标，而阶层流动性是一个动态目标。相比之下，后者更加重要。因为即使建立了橄榄型社会，如果阶层固化问题严重，低收入阶层永远处于最下层，那么这个社会就不是值得向往的；反之，即使目前的社会不是橄榄型社会，只要具备足够

的阶层流动性，那么就有可能实现橄榄型社会。

第二节　山东省收入分配体系存在的问题与评价

根据现代化收入分配体系的内涵——以按劳分配为基本原则，形成完善的要素分配的体制机制；形成以分功能体系的调整以及利益格局的纠偏为基础的收入分配优化模式，从而使其配备经济的开放性、城乡发展的统筹性、产业体系的市场性等发展特性。梳理山东省的发展现状可知，该省面临着资源要素分配不均衡导致的发展失衡、功能体系不健全、利益格局模糊的问题，具体体现在城乡发展的不统筹、经济发展的不开放导致的居民收入偏低、产业体系的不健全等方面。具体问题可以通过横向与全国均值、发达以及同体量省份对比来透析发展的不统筹；通过纵向的居民收支分配结构、第三次分配机制的分析来深度了解山东省收入分配体系的功能、产业不健全。

一、山东省收入分配体系现状

1. 经济体量较大，存在较大回旋余地

山东省地域广阔、人口众多，经济总量长期位居我国各省份前列（见表4-3）。从GDP总量看，连续5年居全国第3位，仅次于广东省和江苏省。从人均GDP来看，2014年排名全国第10位，此后几年稳定上升，2018年上升到第8位，落后于北京、上海、天津、江苏、浙江、福建和广东7个省（市）。这7个省（市）中除3个直辖市外，其余全部是南方发达省份，而山东省是唯一的北方省份。

表4-3　近年来山东省经济总量指标

年份	GDP总量（亿元）	GDP总量排名	人均GDP（万元）	人均GDP排名
2014	59426.6	3	60707.52	10
2015	63002.3	3	63981.24	10
2016	68024.5	3	68386.94	9
2017	72634.2	3	72590.60	8
2018	76469.7	3	76111.94	8

2. 人均可支配收入较高

在收入分配体系中,更为重要的指标不是 GDP 和人均 GDP,而是可支配收入,可支配收入越高,说明在 GDP 总量中分配于国民的比例越大。自 2014 年以来,山东省人均 DPI 均超过全国均值,且在全国的位次不变,始终稳定在第 9 位,排在前面的是上海、北京、浙江、天津、江苏、广东、福建和辽宁。如表 4-4 所示。

表 4-4 近年来山东省人均可支配收入指标

年份	人均 DPI 全国均值(元)	山东省人均 DPI(元)	山东省人均 DPI 全国排名
2014	20167. 12	20864. 21	9
2015	21966. 19	22703. 19	9
2016	23820. 98	24685. 27	9
2017	25973. 79	26929. 94	9
2018	28228. 05	29204. 61	9

3. 财政收入较高,为政府履行再分配职能奠定了基础

基于雄厚的经济实力,山东省财政收入也位居全国前列(见表 4-5)。2014~2018 年,财政收入增长了 29.03%,略高于 GDP 增长率(28.67%),在全国排名中居第 5 位。财政收入占 GDP 比例也比较稳定,近几年处于小幅下降通道。[①] 需要说明的是,山东省 GDP 总量始终居全国第 3 位,而财政收入却居全国第 5 位,这如何解释?唯一的解释就是山东省从 GDP 中拿走的税收要少于其他发达省份。以广东省为例,2018 年广东省 GDP 为 97277 亿元,预算收入为 12105 亿元,财政收入占 GDP 的比例为 12.44%,几乎是山东省的 1.47 倍。

表 4-5 近年来山东省财政收入指标

年份	财政收入(亿元)	财政收入全国排名	GDP(亿元)	财政收入占 GDP 比例(%)
2014	5026. 83	5	59426. 6	8. 46
2015	5529. 33	5	63002. 3	8. 78
2016	5860. 18	5	68024. 5	8. 61
2017	6098. 63	5	72634. 2	8. 40
2018	6485. 40	5	76469. 7	8. 48

---

① 近几年采取了大幅减税的政策,因此财政收入占比处于下降通道。

4. 社会保障机制较为健全

（1）城镇基本医疗保险指标。山东省 2018 年总人口为 1.0047 亿，城镇基本医疗保险年末参保人数为 9437.1 万人，占比为 93.93%。这个指标虽然略低于全国的比例（96.35%），但需要解释的是，山东省总人口统计的是全部常住人口，这些常住人口中有一部分并非山东省户籍，而这些人口在异地已经参加了城镇基本医疗保险，在山东省并未统计，而全国层面并不存在这个问题，因为全国层面的常住人口与户籍人口差别很小。存在同样问题的还有广东等流动人口较多的省份，广东省 2018 年总人口为 1.1346 亿，城镇基本医疗保险年末参保人数为 1.061 亿，占比为 93.57%，同样低于全国水平。

（2）城乡居民社会养老保险指标。2018 年末，山东省城乡居民社会养老保险参保人数为 4552 万，占总人口比例为 45.30%，而 2018 年全国总人口为 13.9538 亿，参保人数为 5.24 亿，占比为 37.54%，山东省高出全国近 8 个百分点。同期，广东省参保人数为 2661 万，占总人口比例为 23.45%。由此可见，山东省几乎是广东省的 2 倍。原因在于广东省的私营企业、个体经营企业、家庭经营企业比例要远高于山东省，尤其是个体经营企业和家庭经营企业，几乎不雇用员工，家庭成员既是老板、经理又是工人，购买养老保险的动机并不强，因此这项指标较低。如表 4 - 6 所示。

表 4 - 6   2018 年山东省社会保障指标

指标	山东省	广东省	全国
城镇基本医疗保险参保人数占总人口比例（%）	93.93	93.57	96.35
城乡居民社会养老保险参保人数占总人口比例（%）	45.30	23.45	37.54

5. 初步建立了第三次分配机制

目前，即使在全国范围内，第三次分配机制尚不够健全。例如，社会捐赠包括社会捐物、社会捐款、民政部门社会捐赠款、社会组织社会捐赠款、社会捐赠其他物资折款、接收社会捐赠衣被数量等分项指标，但在国家统计局网站中这几项数据仅提供到 2015 年，没有 2016 年至今的数据。山东省同样如此，我们只能根据现有数据略加整理，可用的指标为最低生活保障和福利彩票。

从社会救助角度看（见表 4 - 7），2014 ~ 2018 年，城市居民低保人数减少了近 2/3，农村居民低保人数减少了 54%，相比之下，2018 年广东省城市居民低保人数（17.3 万）要高于山东省，农村居民低保人数（123.8 万）同样高于山东省。这在一定程度上说明：广东省虽然经济发达，但穷人数量同样较多。

表 4 – 7　2014 ~ 2018 年山东省社会救助指标

指标 / 年份	2014	2015	2016	2017	2018
城市居民最低生活保障人数（万人）	44.6	37.2	30.9	23.8	15.9
农村居民最低生活保障人数（万人）	258.2	237.4	217.7	181.6	117.1
农村集中供养五保人数（万人）	16.8	14.3	12.3	6.2	5.6
农村分散供养五保人数（万人）	5.8	7	8.7	14.9	16.8

表 4 – 8 提供的是 2014 ~ 2018 年山东省社会福利彩票指标情况。[1] 从表 4 – 8 中可以看出，近几年来山东省社会福利彩票销售额一直在缓慢增加，但值得担心的是，福利彩票提取公益金以及福利彩票公益金支出额并没有增加，而是在逐年下降。这其中的原因是什么？一种可能是山东省人民生活都非常富足，不需要利用福利彩票筹集的资金来救助；另一种可能是福利彩票所提取的公益金并没有找到合适的渠道用于社会救助。显然，第一种可能性基本是不存在的，可能存在的是第二种。这就需要我们进一步深入研究，发挥福利彩票的真正功能。

表 4 – 8　2014 ~ 2018 年山东省社会福利彩票指标

指标 / 年份	2014	2015	2016	2017	2018
福利彩票发行单位（个）	18	18	18	18	18
福利彩票销售额（亿元）	147.8	144.9	146.9	151.5	153
福利彩票提取公益金（亿元）	58.8	39.4	41	42.9	42.8
福利彩票公益金支出（亿元）	15.4	16.9	17.3	15.4	10

6. 扶贫工作卓有成效

我国规定的贫困标准为每年纯收入不高于 3000 元（2016 年标准），而山东省的标准为 4600 元。[2] 在此标准下，2016 年山东省的贫困人口在 242 万左右，

---

① 一般来说，社会福利彩票的 50% 返回彩民，35% 提取公益金，15% 作为发行费。

② 目前世界银行制定的标准是：每人每天收入不足 1.25 美元为绝对贫困，小康社会的标准是每人每天收入 2 美元。

主要集中在西部地区，占全省的比例为80.8%，菏泽和临沂是贫困人口大户，分别占37.7%和18..2%。当然，与我国西部的一些省份连片贫困不同，山东省没有贫困县，不存在区域性贫困，更加适合进行精准扶贫。

针对具体情况，山东省的对策是把重心下移到村、户甚至到人，每个村适合发展什么产业、每户贫困户适合什么政策，一村一策、一户一案，让贫困人口真正享受到政策红利。总结起来，山东省扶贫的主要手段是通过发展生产、转移就业、异地搬迁、生态补偿以及社会保障兜底等方式。以沂水县为例，该县因地制宜，制定了六条扶贫工作线，包括现代农业和旅游扶贫、金融和电商扶贫、光伏扶贫、五通十有扶贫、社会力量扶贫、易地搬迁扶贫。

截至2019年2月，山东省还剩余省标以下17.2万贫困人口尚未脱贫。也就是说，已经实现了225万人脱贫，完成了计划的92.98%。①

二、山东省收入分配体系存在的问题

1. 城乡收入差距还较大

（1）山东省与全国层面的比较。表4-9提供的是2013~2018年全国及山东省城镇居民与农村居民人均DPI的比较。

表4-9　2013~2018年全国与山东省城镇及农村人均DPI比较

年份	全国均值			山东省均值		
	城镇人均DPI（元）	农村人均DPI（元）	城镇DPI/农村DPI	城镇人均DPI（元）	农村人均DPI（元）	城镇DPI/农村DPI
2013	26467.00	9429.59	2.81	26882.39	10686.86	2.52
2014	28843.85	10488.88	2.75	29221.94	11882.26	2.46
2015	31194.83	11421.71	2.73	31545.27	12930.37	2.44
2016	33616.25	12363.41	2.72	34012.08	13954.06	2.44
2017	36396.19	13432.43	2.71	36789.35	15117.54	2.43
2018	39250.84	14617.03	2.69	39549.43	16297.00	2.43

从表4-9中可以发现以下几点：

第一，山东省城镇居民人均DPI及农村居民人均DPI均略高于全国均值。

---

① 参见2019年2月14日山东省省长龚正同志在山东省第十三届人大第二次会议上所作的《政府工作报告》。

　　第二，山东省城镇居民人均 DPI 及农村居民人均 DPI 的比值略小于全国均值，近几年来虽然处于缓慢下降趋势，但都处于较高水平。

　　第三，山东省城镇居民人均 DPI 与农村居民人均 DPI 的比值下降速度略微慢于全国均值，6 年间全国下降了 11%，而山东省下降了 9%。

　　（2）山东省与其他发达省份的比较。与预载经济体量上同一级别的省份相比，山东省城镇居民 DPI 较低，农村居民 DPI 也较低。相较于 2019 年江苏省的城镇居民人均 DPI 51056 元，农村居民人均 DPI 22675 元；广东省的城乡居民人均 DPI 48118 元及 18818 元，山东省仅为 42329 元及 17775 元。与此相比，山东省呈现低可支配收入，高城乡收入差异的特性。即使是与经济体量略微弱一些的省份比较，山东省城乡差别也略大。典型的例子是邻近的河南省，河南省 2018 年城镇居民人均 DPI 为 31874 元，农村居民人均 DPI 为 13830 元，两个指标均低于山东省，但城乡收入比为 2.30，山东省为 2.43 略高。如表 4 - 10 所示。

表 4 - 10　2013～2018 年若干省份城镇居民 DPI/农村居民 DPI

年份	山东省	江苏省	浙江省	广东省
2013	2.52	2.34	2.12	2.67
2014	2.46	2.30	2.08	2.63
2015	2.44	2.29	2.07	2.60
2016	2.44	2.28	2.07	2.60
2017	2.43	2.28	2.05	2.60
2018	2.43	2.26	2.04	2.58

　　（3）山东省 17 个地市的城乡收入差别比较。[1] 山东省 17 个地市的城乡收入差别也有所差异（见表 4 - 11）。例如，城镇居民和农村居民收入最高的都是青岛，但其收入差距也达到 2.44 倍。济南的城镇居民收入排在第 2 位，但其城乡收入差别是最大的。

　　由表 4 - 11 可知，城乡收入差别高于全国均值的只有一个城市——济南。

————————————

　　① 2019 年莱芜并入济南，但我们的数据截至 2018 年，因此仍按 17 个地市来分析。

表4-11　2018年山东省17个地市城乡收入差异

城市	城镇居民人均 DPI（元）	农村居民人均 DPI（元）	比值
济南	50146	17924	2.80
青岛	50817	20820	2.44
淄博	42277	18273	2.31
枣庄	32001	15345	2.09
东营	47912	17485	2.74
烟台	44875	19425	2.31
潍坊	39042	18179	2.15
济宁	34796	16055	2.17
泰安	35196	16959	2.08
威海	45896	20423	2.25
日照	33280	15785	2.11
莱芜	37401	17468	2.14
临沂	35727	13638	2.62
德州	26562	14564	1.82
聊城	27276	13492	2.02
滨州	35049	16061	2.18
菏泽	26176	12848	2.04

高于全省均值的有济南、东营、临沂和青岛，均在2.43以上。

其他地市城乡收入差别均低于全国均值和全省均值，其中城乡收入差别最小的城市为德州，比值为1.82。

2. 城乡公共服务差别

城乡差别实际上是各种经济因素或地域政治因素交织运行后的结果，在这些因素中，城乡基本公共服务差别（如公共卫生、教育医疗、福利保险）是衡量收入分配体系是否合理化、现代化的一个重要体现。现代化收入分配体系要促进公平的收入，实现收入分配合理、社会公平正义、全体人民共同富裕，而有效的公共服务与设施的建设是经济发展的载体。目前，困扰中国的公平、合理、公正、共同富裕的正是城乡不平衡公共服务水平的发展水平，这种不平衡使城乡收入差距越拉越大，呈现恶性循环。

（1）卫生服务差别。我们选择3个指标，分别是每万人拥有城市卫生技术人员与每万人拥有农村卫生技术人员的比；每万人拥有城市执业医师与每万人拥有农村执业医师的比；每万人拥有城市注册护士数与每万人拥有农村注册护士数的比。为简单起见，以上6个基础指标分别简写为A1、B1、A2、B2、A3、B3（单位为个），这样一来，3个指标就简写为A1/B1、A2/B2和A3/B3。限于篇幅，我们仅选取江苏省为比较对象。如表4-12、表4-13所示。

表4-12 山东省城乡卫生服务差别

年份	A1	B1	A1/B1	A2	B2	A2/B2	A3	B3	A3/B3
2010	66	40	1.65	27	16	1.69	27	12	2.25
2011	69	42	1.64	27	16	1.69	29	13	2.23
2012	76	47	1.62	30	17	1.76	32	15	2.13
2013	91	50	1.82	34	20	1.70	40	19	2.11
2014	93	48	1.94	35	19	1.84	42	18	2.33
2015	98	47	2.09	37	18	2.06	44	18	2.44
2016	102	47	2.17	38	18	2.11	47	18	2.61
2017	111	48	2.31	42	19	2.21	51	19	2.68
2018	109	53	2.06	42	21	2.00	51	21	2.43

表4-13 近年来江苏省城乡卫生服务差别

年份	A1	B1	A1/B1	A2	B2	A2/B2	A3	B3	A3/B3
2010	66	33	2.00	25	13	1.92	27	11	2.45
2011	65	36	1.81	24	15	1.60	27	13	2.08
2012	79	39	2.03	29	17	1.71	34	14	2.43
2013	89	39	2.28	32	17	1.88	40	14	2.86
2014	90	43	2.09	32	18	1.78	40	16	2.50
2015	100	43	2.33	36	19	1.89	45	16	2.81
2016	98	47	2.09	36	21	1.71	46	18	2.56
2017	101	50	2.02	37	22	1.68	47	19	2.47
2018	101	57	1.77	37	24	1.54	48	23	2.09

比较表 4 – 12 和表 4 – 13 可以发现以下几点：

第一，近年来山东省每万人拥有城市卫生技术人员与每万人拥有农村卫生技术人员已经超过了江苏省，但两者的比值则不同，2018 年山东省为 2.06，江苏省为 1.77。也就是说，山东省城市和农村都在增大，但差距却在增大，而江苏省则在逐步缩小。

第二，近年来山东省每万人拥有城市执业医师数量一直高于江苏省，但每万人拥有农村执业医师数量却增加缓慢，一开始较高，最后低于江苏省。同样，两者比值也不同，山东省 2018 年为 2.00，江苏省为 1.54。也就是说，山东省城市指标增加较快，农村指标增加较慢，差距在不断增大。

第三，近年来山东省每万人拥有城市注册护士数增加较快，而每万人拥有农村注册护士数增加较慢。最终，2018 年两者比值为 2.43，而江苏省为 2.09。

总体而言，山东省城乡卫生服务差别要高于江苏省。

（2）文化信息服务差别。限于资料，我们收集了两个指标，第一个指标是城市家庭有线电视占城市家庭总户数比例（%）除以农村家庭有线电视占农村家庭总户数比例（%），为简单起见，这两个基础比例指标简写为 C1 和 D1，两者的比为 C1/D1；第二个指标是考察电视节目及广播节目在农村的覆盖率。限于篇幅，我们仅选取江苏省为比较对象。如表 4 – 14 和表 4 – 15 所示。

表 4 – 14　山东省与江苏省在有线电视方面的城乡差别

年份	山东省指标			江苏省指标		
	C1（%）	D1（%）	C1/D1	C1（%）	D1（%）	C1/D1
2010	76.42	47.4	1.61	89.11	71.9	1.24
2011	79.02	52.9	1.49	88.50	78	1.13
2012	90.69	45.2	2.01	97.02	84.7	1.15
2013	79.92	52.2	1.53	98.16	89.4	1.10
2014	83.03	23.4	3.55	97.54	92.3	1.06
2015	86.34	42.6	2.03	94.40	89	1.06
2016	93.49	41.6	2.25	98.03	63.8	1.54
2017	83.37	36.8	2.27	63.38	67.4	0.94
2018	87.22	41	2.13	87.42	50.6	1.73

表4-15　山东省与江苏省在广播、电视覆盖率方面的差别

年份	山东省指标		江苏省指标	
	E1（%）	F1（%）	E1（%）	F1（%）
2010	97.6	97.4	100	99.9
2011	97.7	97.4	100	99.9
2012	97.9	97.5	100	99.9
2013	98.1	97.8	100	99.8
2014	98.4	98.2	100	99.8
2015	98.5	98.3	100	100
2016	98.6	98.3	100	100
2017	98.9	98.8	100	100
2018	98.9	98.9	100	100

针对第一个指标，由表4-14可以发现：

第一，山东省C1指标略微小于江苏省，但近年来差别不大。

第二，山东省D1指标明显小于江苏省，差别较大。

第三，山东省C1/D1指标明显高于江苏省，说明山东省在有线电视安装方面，城乡差别大于江苏省。

针对第二个指标，我们把广播节目在农村的覆盖率（%）简写为E1，电视节目在农村的覆盖率（%）简写为F1。

由表4-15可以发现：

第一，山东省E1指标略微小于江苏省，江苏省广播节目在农村自2010年以来一直是100%覆盖。

第二，山东省F1小于江苏省，自2015年起，江苏省电视节目在农村的覆盖率一直是100%。

第三，山东省在农村广播、农村电视节目覆盖率方面还可以进一步提高。

3. 城乡社会保障差别

在城乡社会保障方面，可以找到的数据资料不多，我们所能找的公开数据只有城市居民最低生活保障人数和农村居民最低生活保障人数。考虑到最近几年国家在居民低保方面的努力，笔者认为，无论是在城市还是在农村，应该享受低保人群的几乎都得到了保障。也就是说，如果在农村享受低保的人数越多，说明（与城市相比）农村穷人越多；反之，则说明农村穷人越少。

为简单起见，我们用 G1 表示农村居民最低生活保障人数，H1 表示城市居民最低生活保障人数。G1/H1 比值越大，说明城乡差距越大。需要解释的是，如果山东省的这个指标（G1/H1）较大，不能被解释为山东省在农村社会保障方面所做的工作较差，只能说明目前山东省农村穷人较多。限于篇幅，我们仅选取江苏省为比较对象。如表 4 - 16 所示。

表 4 - 16   山东省与江苏省城乡最低生活保障人数比较

年份	山东省指标			江苏省指标		
	G1（万人）	H1（万人）	G1/H1	G1（万人）	H1（万人）	G1/H1
2011	239.3	60.6	3.95	141.7	40.9	3.46
2012	250.7	53	4.73	138.1	37	3.73
2013	259.9	48.7	5.34	130.1	33.8	3.85
2014	258.2	44.6	5.79	119.1	30.7	3.88
2015	237.4	37.2	6.38	114.8	28	4.10
2016	217.7	30.9	7.05	109.9	24.8	4.43
2017	181.6	23.8	7.63	97.2	20.5	4.74
2018	117.1	15.9	7.36	74.8	14.5	5.16

由表 4 - 16 可以发现，山东省无论是农村低保人数还是城市低保人数都超过江苏省，且农村低保人数超出的更多。

4. 收入结构不尽合理

目前来看，不仅是山东省，全国层面都存在收入结构不尽合理的问题，主要表现为：第一，工资性收入占总收入比例偏高，财产性收入占总收入比例较低。第二，城镇居民财产性收入占总收入比例要高于农村。第三，同一省份，收入越高，转移净收入反而越高，这样会使收入差距变大。

表 4 - 17 和表 4 - 18 分别给出了 2018 年山东省与浙江省在城镇、农村可支配收入结构方面的比较。

表 4 - 17   2018 年山东省与浙江省在城镇可支配收入结构方面的比较

收入种类	山东省指标		浙江省指标	
	数额（元）	占比（%）	数额（元）	占比（%）
可支配收入	39549		55574	
工资性收入	25041	63.32	31148	56.05

收入种类	山东省指标		浙江省指标	
	数额（元）	占比（%）	数额（元）	占比（%）
经营性收入	5584	14.12	8316	14.96
财产净收入	3337	8.44	7586	13.65
转移净收入	5588	14.13	8524	15.34

表 4-18　2018 年山东省与浙江省在农村可支配收入结构方面的比较

收入种类	山东省指标		浙江省指标	
	数额（元）	占比（%）	数额（元）	占比（%）
可支配收入	16297		27302	
工资性收入	6550	40.19	16898	61.89
经营性收入	7194	44.14	6677	24.46
财产净收入	429	2.63	784	2.87
转移净收入	2124	13.03	2943	10.78

由表 4-17 可以发现以下几点：

第一，无论是山东省还是浙江省，城镇居民工资性收入占总收入比例均较高，且山东省更高，说明山东省城镇居民更加依赖工资收入。

第二，经营性收入略有不同，浙江省占比略高。

第三，财产性收入占比方面均较低，但山东省明显低于浙江省。

第四，转移净收入占比方面，山东省略低于浙江省。

由表 4-18 可以发现以下几点：

第一，农村居民工资性收入占总收入比例有了较大差别，山东省农村居民对工资性收入的依赖程度低于浙江省，说明浙江省农村的稳定就业程度要明显高于山东省。

第二，经营性收入占比同样差别较大，这与工资性收入正好相反。其原因是因为农村居民主要收入来源要么是工资，要么是经营。

第三，财产性收入占比方面均较低，几乎可以忽略不计，但浙江省略高于山东省。

第四，转移净收入占比方面，山东省略高于浙江省。

进一步比较表 4-17 和表 4-18，可以发现以下两点：

第一，城镇居民的收入本来就高于农村，但却得到了更多的转移性收入，转移性收入主要包括养老金或退休金、医药费报销、外出从业人员带回收入及赡养收入等，其中养老金或退休金为最多。

第二，城镇居民的收入高于农村，而财产净收入占比也高于农村。以浙江省为例，2018 年城镇居民可以获得 7586 元财产净收入，而农村只能获得 784 元，几乎是 10 倍的差别。山东省同样如此，几乎是 9 倍的差别。也就是说，收入越多，财产净收入就越多，这显然会拉大收入差距。当然，财产净收入中有一项自有住房折算净租金，几乎占一半左右，城镇居民并没有真正获得这项收入，它属于隐性成本。当然，如果没有住房，或者外地人或农村居民到城镇租房居住，这项支出就必须付出。

5. 第三次分配机制仍待完善

山东省基于社会救助、民间捐赠、慈善事业、志愿者的第三次分配机制需要强化。由于受数据收集来源所限，所以我们只收集到近年来福利彩票指标和社会捐赠方面的数据。表 4－19 和表 4－20 显示的是山东省与若干发达省份在福利彩票销售额及公益金提取方面的比较。

表 4－19　近年来山东省与若干省份福利彩票销售额比较　　单位：亿元

年份	山东省	广东省	浙江省	江苏省
2010	89.8	113.6	73.4	72.3
2011	109.7	140.7	92.7	117.9
2012	122.4	169.6	102.4	134
2013	134.4	189.9	124.5	128.5
2014	147.8	206.8	137.8	139.1
2015	144.9	205.1	146.9	144.5
2016	146.9	211.3	151.3	148.8
2017	151.5	228.8	156.4	153.8
2018	153.0	242.7	167.8	159.8

表 4－20　近年来山东省与若干省份福利彩票提取公益金比较　　单位：亿元

年份	山东省	广东省	浙江省	江苏省
2010	25.8	34.4	21.3	21.5
2011	31	41.8	27.3	34

续表

年份	山东省	广东省	浙江省	江苏省
2012	34.4	50.4	29.9	38.1
2013	37.2	64.6	24.6	35.8
2014	58.8	10.2	37.6	38.2
2015	39.4	57.7	40.1	39.6
2016	41	60.5	42.6	41.9
2017	42.9	65.8	45	43.5
2018	42.8	68.1	47.6	44.4

　　由表 4-19 和表 4-20 可以发现，山东省在福利彩票销售额方面远低于广东省，略低于浙江省和江苏省；福利彩票提取公益金方面同样如此。值得注意的是，2018 年山东省福利彩票提取公益金数额下降了 1000 万元，① 这不是个良好的趋势。

　　社会捐赠方面，我们设社会捐赠款为 J1，民政部门社会捐赠款为 K1，国家统计局网站及各省统计局均未提供最新数据，数据仅仅更新到 2015 年。从表 4-21 可以看出，2010 年山东省与江苏省在社会捐赠款方面差别不大，仅相差 1.2 亿元，但到了 2015 年，却相差了 68.4 亿元，江苏省是山东省的 3 倍以上；民政部门社会捐赠款同样如此，虽然两省均处于下降趋势，但山东省下降更为明显，2015 年下降到了 0.9 亿元。

表 4-21　近年来山东省与江苏省在社会捐赠方面的比较　　单位：亿元

年份	山东省		江苏省	
	J1	K1	J1	K1
2010	35.7	8.4	36.9	13.7
2011	33.3	7.3	38.5	14
2012	35.2	9.2	76.2	13.2
2013	32.8	11.1	82.3	18.1
2014	26.2	1.9	86.1	14.8
2015	33.1	0.9	101.5	9.9

---

①　前文已经有所分析，不再赘述。

第三节　构建与完善山东省现代化收入分配体系

一、以乡村振兴为抓手，提高农民收入，缩小城乡收入差距

实施乡村振兴战略，要坚持党管农村工作，坚持农业农村优先发展，坚持农民主体地位，坚持乡村全面振兴，坚持城乡融合发展，坚持人与自然和谐共生，坚持因地制宜、循序渐进的工作思路。

1. 加强基层领导班子的"能人效应"

在发达地区省份，如江浙一带的农村，村民们很多都有自己的家族企业，这种情况对村"两委"的依赖程度不高。而在山东省农村，从事企业的村民不多，这就需要村"两委"的推动。目前，农村的情况出现了分化，至少可以分为三种情况：第一种，村民人数较多，"两委"班子搭配合理，村里各项事业蒸蒸日上。第二种，村民人数较少，平常都见不到成年男性，都是留守的老人、女性和孩子，村"两委"即使想有所作为，也难以开展工作。第三种，村里人数不少，但村"两委"领导不力，要么是忙于自己赚钱，要么是不够团结，没有明确的工作思路，各项工作处于瘫痪状态。我们主要针对第三种情况。

我们在调研中发现一个案例，一名村民常年从事自己的企业经营，积累了较大规模的资产，生活稳定下来以后想为村里做贡献，带领大家致富，因为没有党员身份，不能进入村支部班子。于是他申请入党，申请书写了若干份，各方面条件也都具备，但好几年都未能成功。这一事件严重打击了他的积极性，最终放弃了念头。我们认为，有关部门和负责人在入党问题上把关较严，这是对党建工作负责，本无可厚非，但任何事情都要具体情况具体分析，要准确地把握原则性和灵活性，类似这样的村民应该鼓励，而不是用冷冰冰的规则和条例来对待，最后影响的是村里的工作。

2. 以农村土地制度改革为突破口

农村土地制度改革涉及法律法规层面和实践层面两方面内容，从法规变化的方向来看，农村土地制度改革倾向于市场化、开放化，但法律法规的变化落后于现实的实践。我们要用一种包容性心态来看待一些看起来并不是很合法的事情，当然一

定要坚持"三个有利于"的标准。具体来说，农村土地制度改革主要涉及农用地征收、集体经营性建设用地、承包地、宅基地和住房等。如表4-22所示。

表4-22　农村土地制度变革涉及的主要内容

改革内容	问题	目标	困难
农用地征收改革	价格与分配不合理，农村居民利益受损	改变征收制度，增加农村权益	如何提高村民谈判能力
宅基地制度改革	乱批乱建，闲置严重，但流转受限	扩大流转范围	法规层面
集体经营性建设用地	闲置严重	进入市场	收益归属
农村居民承包地	闲置、废弃、破坏、随意改变用途	规范流转，尽量避免浪费	法规层面
农村住房处置权改革	闲置较多，但流转受限	扩大流转范围	法规层面

（1）农用地征收。因地制宜、因事制宜，形成灵活的、具有地域地理特性、符合当地经济情况、兼具地方人文文化的土地征收与赔偿制度农用地征收实际上是一个利益分配问题。一块土地，原来的用途多数是耕地，征收后变为建设用地，其价值增加很多。那么，如何对土地定价，如何补偿？我们可以想象，如果扣除土地被征收后的整理费用，那么土地本身几乎没有任何变化，但仅仅因为"用途"的变化就会实现价值增加。这个价值增加应该分配给谁呢？目前的征收赔偿标准是按耕地产量的若干倍来实施的，显然有违公平原则，除非被征收土地的人明明知道价值会增加，但依然选择按较低标准来接受赔偿。当然，在现实中不存在这种可能。我们应该想到：如果现实中频频出现纠纷，那么就不是纠纷本身的问题，而是我们法律规定的问题。我们建议：土地征收的补偿标准应该按"就高不就低"原则，即比较按耕地标准的补偿额与按建设用地标准的补偿额，哪个较高就按哪个标准补偿。当然，也可以通过协商留出一部分补偿资金作为村集体发展基金，在村民监督下用于村集体的公共用途。

（2）集体经营性建设用地。集体经营性建设用地指原来的一些村办企业、村集体的一些机构及其他单位占用的土地，有的已经长期闲置，造成资源浪费。从理论上看，这些土地入市看起来似乎没有什么问题，因为本身就是建设用地。[1] 集体经营性建设用地入市可以增加土地供给，平抑土地价格，但仍然存在

---

[1]　这里既有合法的经过批准的建设用地，也有未经批准、事实上的建设用地，但官方一般是默认的。

一个入市后的利益分配问题。有的是将入市收益全部收归村集体，有的给原来被占用耕地的居民增加一些补偿，做法并不一致。我们认为：对于历史遗留问题，要协商解决，必要的时候请律师参与协商，以免产生纠纷。

（3）农村居民承包地。加强土地治理、明确土地产权、建立土地市场，从而促进农村居民承包地的流转，实现土地的规模化经营以及生产组织方式的现代化转变。承包地的问题主要在于流转的规范性和土地使用用途的改变。第一，当前政策是土地承包年限30年到期后再延30年，时间上是有保证的，但也会带来一些问题，如土地流转给别人，签订了数十年合同，在这数十年间，如果出租人（原土地承包人）改变为城市户籍或出租人死亡，土地流转依然有效。国家政策的目的在于保护农民的权益，出租人转为城镇户口后仍然拥有土地流转收益，但在若干年前，很多地方的农村居民为了获得城镇户口而放弃了土地承包权。也就是说，现行的政策对那些"土地换户口"的人是不公平的，这在一定程度上说明我们在制定政策时要有长期眼光和战略性。第二，土地流转以后，土地使用用途的随意改变非常常见，在现实中常常是"民不告官不究"。这里要分为两种情况：第一种，有的用途改变虽然不符合合同，但也是合理的，此时可以协商修改合同或增加附加条款。第二种，有的是明显不合理的，如改变耕地为污染物露天堆放场所，这种改变应该得到纠正。

（4）宅基地与农民住房。完善农村土地利用与流转制度。目前法律规定，农村居民拥有宅基地的使用权，但没有所有权。农村居民转为城镇户口以后，"地随房走"，即宅基地及住房依然可以使用（房屋可以出租），但如果房屋倒塌以后，则宅基地要收归村集体。我们认为，这样的规定是值得商榷的，因为很难从细节上判断究竟什么是"倒塌"，从理论上讲，只要房屋还在，哪怕经过1000年，房主仍然拥有宅基地使用权。这样，农村居民转为城镇户口以后，拥有原宅基地使用权的时间就取决于所建房屋的质量，这无疑是不合理的。

另外，现行规定不允许宅基地向村集体以外的人流转，也不允许城市居民到农村购房，实际的结果是限制了农村宅基地及住房的价值实现（增值的可能性）。第一，宅基地流转不应该仅限于村集体内部，应该适当扩大范围，至少在同一乡镇可以流转。① 第二，农村居民可以到任何一个城市买房（限购的除外），

---

① 例如，同一个乡镇，有的村人口较多，宅基地紧张；而有的村人口很少，宅基地大量闲置，这些闲置的宅基地在本村几乎无法实现流转，因为根本没人要，为此，这些宅基地只能闲置。我们允许宅基地流转的目的就在于增加农民收入，流转到外村只不过增加了管理上的细微成本，这些成本仅仅是小节，无关大局。

城市居民在一定条件下也应该可以到农村购置房产。例如，我们可以规定，城市居民到农村购房，对购置房产所做的改变必须符合村里的整体规划，不得用于某些用途（如重污染、噪声行业）等。

3. 以产业振兴为主要手段

山东省一些较为发达的县区，一个大企业就可以吸纳上千人就业，这无疑是很好的典范。当然，这样的大企业不会凭空出现，现实中无非是两种途径：一种是从小企业成长而来，另一种是通过招商引资而来。而在一些欠发达县市，由于条件所限，即使招商引资力度很大，也难以吸引大企业，因此，培育当地企业带动农民就业就成为主要手段。这些企业至少可以分为这样几种类型：[①] 一是通过建设农村新社区，带动建筑材料业及相关服务业，这些企业通常需要较大规模资本。二是本地中小型粮食加工类企业，如酒厂、面粉厂以及植物油企业等，通过延长产业链条带动就业。三是通过土地流转形成种植业或养殖业大户，吸纳农村居民灵活就业。四是一般制造业企业，如钢材、三轮车厂等。如表4-23所示。

表4-23　山东省农村地区部分原生企业类型

企业类型	发展途径
建筑材料相关企业	通过农村新社区、新农村建设推动
服务业	通过农村新社区、新农村建设推动
粮食加工企业	通过延长产业链条带动就业，应加以扶持
种植业或养殖业	通过促进土地流转扶持
一般制造业	通过金融支持等手段进行扶持

有的县市对规模以上的企业较为关注，而对小微企业关注、扶助不够，这是错误的。我们在调研中发现一家生产电动三轮车的企业，最早是一个木匠铺，后来开始生产家具，2000年前后开始专业生产人力三轮车，随后转为电动三轮车，目前已经是一家较大规模的企业，雇用员工数百人。通过这个案例可以看出，通过产业振兴增加农民收入，不能急功近利，要从小处入手。

4. 因地制宜、循序渐进

因地制宜意味着要发展自身的特色产业，但并不是时下很时髦的"特色小

---

① 对于那些需要专业人才的企业我们不予考虑，只考虑那些稍培训就可以上岗的企业。当然，也不考虑那些原有的国有企业。

镇"。有的地方有一定的旅游资源，就一拥而上开办"农家乐"（或渔家乐），实际上在山东省，多数地方是冬冷夏热，旅游的黄金时间也就是几个月，把全部精力投入到旅游上显然是不可靠的。一拥而上必然会带来以压缩成本为手段的激烈竞争，而压缩成本也会降低服务质量。我们认为，发展本地的特色产业，要做好以下几点：一是有传统，有传统意味着有发展基础。二是低成本，农村居民难以承担过高的成本，简单说就是几乎不能承受失败。三是有市场，市场不一定是现有的，也可以进一步开拓。四是有支撑，如果有政府或其他实力较强的机构作为支撑，特色产业的发展将会加快。

以小吃为例，胶东一带流行好几种风味小吃，如蓬莱小面、福山拉面、郭城摔面等，这些小吃在本地很有名气，但离开本地马上就变得无人知晓。而值得对比的是福建沙县小吃，同样也是传统手艺，但在当地政府的强力支持下，全国已经有了数千家店面。政府不下力气，人们通常不敢冒险，特色产业也难以壮大。

二、提高农村公共产品供给水平

1. 基础设施与社会服务

与城市相比，农村基础设施还是非常落后的。实地调研可以发现，现实中的农村与统计数字体现的农村有很大区别。例如，统计数据显示农村自来水覆盖率为100%，但实际上三天两头停水也是很正常的。有些地方负责人看起来对当地情况很熟悉，实际上熟悉的仅仅是数字，真正了解情况的是村干部，而村干部又没有多少发言权。因此，要想了解真实情况，必须走进农户家中。

山东省丘陵山地面积占总面积的1/3左右，有些地方山高路远、道路崎岖，改善基础设施、提供普遍性公共服务难度较大，与其说为几户人家修路、通水、拉光纤，不如直接搬迁，通过建设农村新社区来改善基础设施和社会服务。改善基础设施和社会服务会带来一部分就业，增加收入，同时也会减少农村居民在某些方面不必要的支出。①

2. 社会保障与医疗保障

与基础设施、社会服务相比，更为重要的社会保障和医疗保障。目前来看，

———————

① 农村居民常常会有一些城市居民想象不到的各种意外支出，包括各种交通事故，由于自然条件导致的人身伤害等。例如，在城市中，摔到山沟里、被蜱虫或蛇咬伤、被马蜂蜇伤等的概率是非常小的，而在农村则概率较大。其中，交通事故是最常见的，其原因很多，如交通规则意识淡薄等，但农村公路常常没有固定的车道及人行道隔离带，也是重要原因之一。

山东省全民医保基本上已经实现，2017 年开始实行医保改革，将新农合与城镇居民医保并轨，推行全国统一的城乡居民医疗保险。不过随着时间的推移，保费也在逐渐增加。对于收入较低或没有固定收入的农村居民，不应该增加其保费，或者由政府负担其保费。同时令人诟病的是异地就医结算系统，在今天如此发达的互联网时代，这项变革推进速度依然缓慢，因此，应加快异地就医结算体系的建设，全面解决居民异地就医结算难题。

农村居民与城镇居民差别最大的是社会保障，有正式职业的居民，企业为其缴纳养老保险（当然，自己也缴纳一部分），而农村居民自谋职业，多数没有缴纳养老保险。山东省总人口超过 1 亿人，截至 2019 年，参加城乡居民社会养老保险的人数仅为 4552 万人。那么，那些没有参加养老保险的人（多数是农村居民）到了老年或丧失劳动能力以后应该怎么办？为此我们建议，为农村 60 岁以上的老人发放退休金，以每月 500 元为底线基数，各地区可以在此基数上向上浮动。因为农村老人多数存款不多，边际消费倾向很高，可以估算为 0.9。也就是说，政府给老人 100 元，他会消费 90 元，如果社会平均消费乘数为 5，则会带来 450 元的国民收入增加，即使平均税率为 15%，政府收入就会增加 67.5 元，政府净支出为 32.5 元。假设山东省有 1000 万 60 岁以上的老人，每月 500 元退休金，则政府每年净支出为 16.25 亿元，这个数额并不算巨大的负担。

三、改善收入结构

1. 增加财产性收入占比

山东省农村（也包括城镇）居民财产性收入占可支配收入比例很低，几乎可以忽略不计。这其中原因很多：一是财产积累缓慢，在农村普遍存在逆向代际歧视现象，村民积累财富的不是为了自身消费，而是为了下一代的"幸福"，而下一代并不在意上一代的幸福。二是不良消费观念流行，包括盲目自建房屋、婚丧嫁娶大操大办、参与赌博、爱面子、重攀比等，这些习惯消耗了农村居民大部分财富。三是缺乏通畅合法的投资渠道，资产配置不合理，信息缺失、从众心理严重，缺乏合法理财的信息渠道，也容易被各种诈骗手段误导。

首先要加大宣传力度，合理引导，加强示范效应，逐渐改变山东省农村（城镇）居民财产积累观念。要认识到财产增值并不是为了财产增值本身，也不能全部为了（老人）孩子，而主要是为了自身生活质量的提升。其次要通过制定村规民约等方法，移风易俗，逐步纠正不良消费观念。最后要为农村居民提供合法理财渠道，并进一步拓宽财产增值的方式方法（如农村合作金融等新模式）。

2. 增加农村居民工资性收入

增加山东省农村居民工资性收入，其背后的含义就是将农村居民向职业化发展，职业化并不一定是指职业农民，而是广义上的职业化。我们现在所说的职业化是指全年均可以带来稳定收入的工作，这一点实际上很难保证，即使是种植大户，雇用工人也是季节性的，这是农业本身的限制。那么，我们目前能做什么呢？

我们认为，目前在农村推广的应该是用工合同的规范化。很多农村居民的临时性雇佣合同都是不完整的，一旦出现工伤事故等现象，就会陷入长期纠纷甚至是暴力冲突。要认识到，规范的用工合同对于雇主和工人都是一种保护，而且并不影响农村传统以来人与人之间的温情。例如，如果在合同中规定了工伤的处理办法，而雇主也购买了工伤保险，那么即便出现了工伤，也有保险公司来理赔。总的来说，农村居民职业化并不仅是个名词，它是一种思想和行为方式的改变。

四、完善第三次分配机制

目前，第三次分配（尤其是慈善领域）的国际主流是"小政府、大社会"，这也应该是我们的改革方向之一，我们也应该大力弘扬"回报社会、造福社会"的价值观。事实上，中华民族从来不缺"一方有难，八方支援"的精神，我们缺乏的是一种长期稳定存在的运行机制。这些年来发生的大型灾害、疫病事件已经清楚地说明了这一点。

具体来说：第一，优化慈善机构机构。官方机构可以存在，但不应该成为慈善（捐赠、救助）的唯一主体。社会组织、民间机构完全可以成为替代者，官方、媒体、民众可以担负监督职能。其中原因很简单，官办慈善的主要问题就是监督困难。第二，要充分发挥民间运营主体的作用。在网络时代，完全可以由专业的数据公司来解决慈善（捐赠、救助）需求，由专业的基金平台、物流公司、金融机构、救助机构来解决慈善（捐赠、救助）供给渠道。第三，从法律法规建设层面鼓励广大群众参与慈善，每个人提供一滴水，就可以构成爱的海洋。例如，从物质层面，只要参与慈善、捐赠和社会救助，就可以获得相当数额的免税金额；从精神层面，可以凭借参与活动的金额、频次参与各类奖励性称评选等。第四，第三次分配涉及所有的活动必须完全公开、透明。

五、巩固扶贫成果

对于山东省来说，国家制定的 2020 年扶贫任务已经基本完成，但要认识到，相对贫困会永远存在。扶贫不是一项运动，而是一种长期存在的机制，也是党联系群众的一种重要手段。

扶贫并不仅仅是政府部门的工作或任务，亲友、邻居、村集体、企事业单位、社会组织都可以成为多元扶贫机制的一部分，尤其是针对相对贫困的群体，可以分门别类、多方面进行扶助。例如，孤寡老人可以享受低保待遇，可以住进村里免费的养老院；残疾人可以给予残疾补助金，身体条件允许的可以到企事业单位从事力所能及的工作；因病返贫的可以给予医疗救助，同时可以为其申请或购买额外的大病保险，建档立卡后为这部分特殊人群设置医疗信息员，代为办理各种医疗保险、医疗报销事宜；对于独居（非孤寡）贫困老人，可以建立邻里帮扶团队，由村里给予团队一定补偿。所有这一切的目的就在于不让扶贫成为一次性过程，而是形成一种自动运转的机制。

扶贫工作不是独立的，而是乡村振兴战略（也是一项系统工程）的一部分。乡村振兴战略实施顺利，扶贫工作就会事半功倍。如果整个村庄的村民收入都不高，都仅仅高于贫困线，那么使一个贫困户脱离贫困线的意义也不太大。反之，如果一个村庄的绝大多数村民收入都较高，只有为数很少的贫困户，那么帮扶工作就非常容易展开。因此，以乡村土地整理为抓手，以空间格局重置来进行产业整合，实现空间—产业—社区的长效发展模式。

政府工作应当将社区发展模式从点到面进行扩展。帮扶贫困户发展进而保障农村发展是目前普遍的社区发展手段。然而，这个发展模式仅仅限于点的发展，需要以点成线、以线成面，实现全面发展。例如，一个村庄多数村民收入都不高，但包村单位、保户干部把全部精力都放在村里的几个贫困户上，因为贫困户脱贫，政府刚性任务得以完成，脱贫也很见成效。但摆脱贫困的方法实际上完全可以在全村推广，带动多数村民致富。例如，一个村庄位于山脚下，适合家禽家畜养殖，几个贫困户通过这个方法摆脱了贫困，但如果能够想办法在村里培育几个养殖大户，其意义将会更加深远。

农村的贫困不仅体现在收入差距上，与城市相比，农村基础设施、社会服务、精神文化、信息娱乐等方面也存在较大的差距。因此，要从以收入为主的单方面扶贫走向社会经济的全面扶贫。例如，农村一到过年，外出打工的人群就会大量回家，而农村娱乐形式缺乏，于是大家就不约而同地打麻将，有的已经涉嫌赌博。我们建议，利用农村地域较开阔的有利条件，多建设一些健身场所、广场舞场地或运动场等，鼓励村民多参加体育运动。村里也可以组织一些关于体育、文化方面的比赛，丰富业余生活。

积极取缔农村违法组织，构建保障农村权益，有助于农村经济发展有序机制。农村存在一些非常危险的趋势，即宗教势力的扩张、非法传销组织及诈骗团伙的横行：第一，虽然说我国国民有宗教信仰的自由，但之前被取缔的非法宗教多数从农村开始发展，需要引起我们的足够重视。通常情况下，经济越落后，文化知识越欠缺，非法宗教滋生的可能性就越大。第二，在国家的严厉打击下，非法传销组织及诈骗团伙在城市的生存空间越来越小，于是就把目光转向了农村，且以欺骗农村老人为主。针对这两个趋势，除加大打击力度外，一方面要加大社会主义核心价值观的宣传力度，用健康向上的文化娱乐形式丰富村民的业余生活，让广大村民在分享改革成果的同时增强文化自信；另一方面要经常性地通过发放宣传选料、广播等形式宣传非法传销及诈骗的形式与危害。只有最广泛地发动人民群众，才能从根本上清除非法宗教、非法传销及诈骗团伙存在的土壤；只有采用疏而不漏的人民战争手段，新时代有中国特色社会主义思想才能牢牢占领农村阵地。

第五章　山东省现代化区域
发展体系建设

第一节　现代化区域发展体系的目标与要求

一、现代化区域发展体系的内涵

党的十九大报告指出，要建立更加有效的区域协调发展新机制，要以城市群为主体构建大中小城市和小城镇协调发展的城镇格局，加快农业转移人口市民化。2019年12月16日出版的第24期《求是》杂志发表了习近平总书记的重要文章《推动形成优势互补高质量发展的区域经济布局》。① 文章分析了当前区域经济发展的新形势，明确了新形势下促进区域协调发展的思路，并提出了促进区域协调发展的主要举措，为新时代区域协调发展提供了科学指导。

习近平总书记对于区域协调发展的指示阐述了现代化区域发展体系的内涵，也可以进一步总结为四个方面的内容，即尊重客观规律、发挥比较优势、完善空间治理、保障民生底线。其中，"尊重客观规律"是指在当前各地区发展不尽平衡的前提下，允许或鼓励生产要素向优势地区流动，减少人为阻碍；"发挥比较优势"是指各区域要利用自身的优势，实现各自的功能，例如，发达区域以集聚产业和人口为主，生态功能区域要着重提供生态产品，这意味着要破除之前"小而全"的思想；"完善空间治理"是指主体功能区要实现差异化发展，也需要不同的政策安排，政策要进一步精准细化；"保障民生底线"是指在发展过程中要

---

① 习近平. 推动形成优势互补高质量发展的区域经济布局 [J]. 求是，2019 (24)：1-3.

以公共服务均等化为目标，在提高效率的同时兼顾公平。

进一步阐释，现代化区域发展体系的内涵可以理解为：通过精细化的政策安排，鼓励要素合理流动，实现各区域差异化发展，同时在发展过程中要提供相对均等化的公共服务。以农村居民进城落户为例，第一，要为农村居民落户提供便利，减少户籍约束等阻碍，在子女教育、就业培训等方面提供帮助；第二，农村居民进城后，要促进农村释放土地资源的合理流动；第三，要对进城农村居民一视同仁，提供相应的社会保障。

二、现代化区域发展体系的运行机制

一般认为，一个经济体系的运行机制应该包括市场主体、资源配置机制以及政策干预机制（包括法律监督机制）。从微观经济角度看，市场主体无疑是权责明确与产权清晰的企业；而从区域发展角度看，究竟哪一级区域可以作为市场主体尚且存在一些争议。有的专家认为城镇应该成为最小的区域经济主体，有的认为是县城或地级市。我们知道，究竟哪一级区域可以作为市场主体与思考问题的角度或经济区划范围有关，并不存在一定之规。

区域经济学认为，区域经济由点、线、面各种层次的经济活动构成。[①] "点"是指人口（产业）聚集区，既可以是城镇（村镇）、县，也可以是县级市（区）、地级市。"线"是指点与点之间的经济联系，它以交通网络为基础，也可以发展为经济带、经济走廊。"面"是指点与点的汇集，既可以是县域、县级市（区）、地级市，也可以是城市群（都市群）。因此，由点、线、面构成的区域经济形态有很多种。如表5-1所示。

表5-1 不同层次的区域经济形态

序号	区域经济形态	备注（示例）
1	点-线-点	最简单的区域经济形态，如两个村镇以公路相连
2	点-带-点	一条经济带上存在很多城镇或县市
3	点-线-面	一个城镇通过交通线连接一个地级市
4	点-带-面	一个城镇通过经济带与大都市连接

---

① 李仙，刘勇."十四五"我国区域经济发展总体战略的基本思路——构建高质量现代化城乡区域经济新体系 [J]. 重庆理工大学学报（社会科学版），2019, 33（10）：1-7.

续表

序号	区域经济形态	备注（示例）
5	面—线—面	两个大城市或大都市通过交通线连接
6	面—带—面	两个大城市或大都市通过经济带连接

从全国范围来看，区域经济发展的主体可以是城市群或大城市。从省域层面（或类似的次级经济区划）看，区域经济发展的主体既可以是城市群或大城市（地级市），也可以是县域、县级市（区）。如果从更小的经济区划看，如考察地级市或县级市规模的区域经济发展，那么县区甚至村镇都可以成为发展主体。

我们知道，无论是哪一级的区域经济区划，其内部运行机制应该是基本统一的，即在政府统筹协调的前提下，以城乡融合、城乡联动为基础，发挥经济轴、经济带的引领作用，实现经济区与城市群的耦合发展。其逻辑关系如图 5－1 所示。

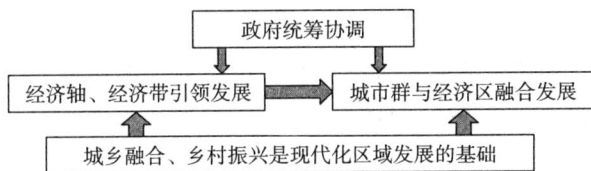

图 5－1　现代化区域发展体系的运行机制

考虑到我国尚存在较为明显的城乡差异，现代化区域发展体系的构建一定要以缩小城乡差异为重要目标。要构建现代化区域发展体系，必须以城乡融合、城乡联动为基础。无论多么伟大的区域发展规划，最终都要落实到具体的人、土地、资本、技术等生产要素，而忽略了农村的规划无疑是空中楼阁，这就意味着现代化区域发展体系必须要与乡村振兴战略牢牢地结合在一起。进一步地，现代化区域发展体系既与国家层面、省级层面的各级规划有关，在更大程度上是农村经济变革的自然结果。

三、现代化区域发展体系的发展趋势

1. 农村向小城镇、卫星城发展

农村发展的基础是人口、土地、资本等要素合理的流动。随着城镇化进程的

深入，农村居民迁移到城市的速度会逐步下降，最终稳定下来。在此过程中，随着人口向城市转移，耕地大规模的流转成为可能；同时，"空心村"现象也为农村新社区（农民集中居住）的建设提供了便利条件，而农村新社区会带来耕地面积的增加，也为城市、城镇建设用地指标的增加提供了可能，这也是建设用地增减挂钩政策的目的。目前的关键是"三块地"的变革，如果能够合理安排农村集体建设用地、宅基地、农用地外加承包地、农村住房处置权改革，那么农村居民的资本产量就会转变为现金流量，从而为农村向小城镇、卫星城发展提供条件。

从现实情况来看，并不是所有的农村居民都会进入城市，留在农村的居民逐渐会从偏远村镇、非宜居地域向中心村镇、宜居地区流动，而这种流动无疑会为提高公共服务水平创造条件，因为集中供暖、卫生条件改善、用水、用气成本都会随着人口集中程度的提高而大幅下降。中心村镇会成为未来支撑农村发展的核心力量，而中心村镇的布局并不完全是一种自发生长的过程，它与交通设施完善程度、政策支撑力度等密切相关。这就为合理规划以促进中心村镇向小城镇、卫星城转变提供了空间。

2. 经济轴、经济带向城市带、城市群发展

最初经济轴、经济带的形成也与交通密切相关，随着高速铁路、高速公路、机场建设的完善，人流、物流的时间成本会下降，而人口居住点之间的经济联系（产业分工与合作）会逐渐增加，这也为城市规模扩大、城市之间距离缩短提供了可能性。典型的例子是长株潭城市群，从长沙到株洲只需要不到30分钟的高铁，长沙到湘潭最快只需要15分钟，株洲到湘潭同样不超过半小时，即使是开车，也仅仅需要1小时左右。长沙、株洲、湘潭本来是三个独立的"点"，现在则是融合成了一个城市群。

当然，经济轴、经济带向城市带、城市群发展，同样需要合理的规划，在规划中既要考虑人口、资源的集中，也要考虑人口、资源的疏散。目前最尴尬的是：从一个城市到另外一个城市可能只需要1个小时，但从居民的居住地到达出发地可能需要2个小时。也就是说，城市内部的交通便利程度远远没有达到城市群的要求，我们的城市群在宏观上略具雏形，但微观上问题太多，要达到理想程度，还需要付出巨大的努力。

3. 城市群向大规模、一体化方向发展

目前，我国城市群数量非常多，但实力并不强，有些城市群仅仅停留在概念上，城市群里面城市之间的联系并不密切。有一种看法认为，城市群里面一定有

一个核心城市或特大型城市作为支撑，其他城市围绕其发展，但这只是城市群的一种形态。考察世界各国的城市群，有的是单核带动，如美国大西洋沿岸城市群，明显以纽约为中心；也有双核驱动，如日本关西地区城市群，以大阪和神户为双核；个别城市群里的城市成员实力相当，虽然没有明确的核心，但也可以分工合作。基于以上的误解，很多地方开始谋划或争取特大型城市的资格，强行通过行政的力量扶植某一个城市（通常是省会或其他核心城市），但这种努力未必符合市场演化规律，事倍而功半。

此外，在城市群发展上，同样存在一些矛盾的观点：一方面在宏观上提出要把城市群做大，把核心城市做强；另一方面又担心核心城市太大了、房价太高了，于是采用各种手段限制人口的正常流入。这种宏观支持、微观限制的想法实际上源于对城市规模的误解。城市规模并不是越大越好，且其合理规模同样不是我们预测和控制的结果，政策永远是对市场的补救而不是替代。如果一个城市有持续性的人口净流入，那么说明其规模未达到极限，我们就应该顺势而为，为增量人口提供各种便利；如果人口开始流出，那么说明其规模已经太大了，流出也是正常的。总之，人口是否持续流入城市，是人们基于成本收益而做出判断的结果，它在很大程度上是一种自发的现象，我们尽量不要加以干涉。

四、山东省现代化区域发展体系的目标与思路

2017 年 6 月，山东省第十一次党代会报告指出：要深入实施区域发展战略，开展"两区一圈一带"提升行动，强化规划对接、政策协同、产业协作，促进区域在更高水平上协调发展。[①] 2018 年 3 月，山东省第十三届人大第二次会议《政府工作报告》指出：要聚力区域发展，构建新旧动能转换总体格局。全面落实主体功能区战略，深化多规合一，促进东中西协调发展。山东省主要领导同志的讲话为山东省现代化区域发展体系的构建指明了战略方向。

1. 山东省区域发展战略的变化

与全国格局类似，山东省区域经济也呈现东部、中部、西部梯次分布格局。改革开放以来，在不同的发展阶段，山东省区域发展的战略思路也在不断进行调整，先后实施了东西结合共同发展、东中西梯次推进、"一群一圈一带"竞相发

---

① 刘家义. 紧密团结在以习近平同志为核心的党中央周围　奋力开创经济文化强省建设新局面［N］. 大众日报，2017 － 06 － 15.

展、"一体两翼"统筹把握、"两区一圈一带"全域覆盖，最终形成了"三核引领、多点突破、融合互动"的横跨东西、统筹陆海、纵贯南北、覆盖全省的新旧动能转换重大战略布局。

（1）改革开放初期的差别发展阶段（1978～1984年）。这一阶段，国家实行的是东部地区优先发展的战略，山东省也实施了类似的差别发展思路，在宏观经济快速增长的同时，区域间不平衡程度也逐渐加大。

（2）以"东部开放"促进"西部开发"发展阶段（1985～1991年）。这一阶段，山东省委、省政府意识到了差别发展思路带来的问题，提出了"东西结合，共同发展"，以东部开放带动西部开发的区域发展战略。

（3）东西结合、加快发展阶段（1992～2001年）。这一阶段，国家区域战略由非均衡发展转向非均衡协调发展，全面实施区域协调发展战略。山东省区域发展由东部开放转为全面开放，继续推动东西结合联动发展，逐渐形成了"四四三二"为特征的区域经济布局。①

（4）龙头带动、协调发展阶段（2002～2005年）。这一阶段，支持东部地区继续领跑，强调东部对中西部的协助，促进中部快速崛起和西部跨越式赶超，站上区域统筹发展的新起点。同时，全面启动山东半岛城市群建设，编制了城市群发展总体规划。2005年出台了《山东半岛城市群发展规划》，青岛被列为半岛城市群八座城市的龙头城市。

（5）"一群一圈一带"及"一体两翼"战略（2006～2007年）。"一群"是指东部地区的半岛城市群，"一圈"是指省会都市圈，"一带"是指鲁南城市带。一体两翼中的"一体"是指山东半岛城市群、济南省会城市群经济圈乃至海洋经济的整合，"两翼"是指与环渤海地区接壤的北翼及与华东地区接壤的南翼。其中，2007年山东省发布了《山东半岛城市群总体规划（2006～2020年）》，包括青岛、济南、淄博、东营、烟台、潍坊、威海和日照在内的8个城市，成为半岛城市群建设的首批参与者。

（6）"两区一圈一带"战略（2008～2016年）。"两区"是指山东半岛蓝色经济区和黄河三角洲高效生态经济区，"一圈"是指省会城市群经济圈，"一带"是指西部经济隆起带。这标志着全省区域发展迈入了一个新的历史时期。

---

① 胶济、新石、德东、京九四条产业聚集带，发展胶东沿海、鲁中南山区、鲁西北平原三个各具特色的现代化农业区，推进"海上山东"建设和开发黄河三角洲两个跨世纪工程。

2013 年 8 月，山东省发布了《省会城市群经济圈发展规划》，该规划的重点是做大做强省会经济，辐射带动周边区域，优势互补，联动发展，成为山东省中西部崛起的战略平台和经济发展新的增长极，规划范围包括省会济南及周边的淄博、泰安、莱芜、德州、聊城、滨州 7 个城市。2013 年 8 月，山东省发布了《西部经济隆起带发展规划》，规划范围主要包括枣庄、济宁、临沂、德州、聊城、菏泽 6 个城市和泰安市的宁阳县、东平县，共 60 个县。这两个规划实际上体现了"两区一圈一带"的发展思路。

（7）三核引领、多点突破、融合互动发展阶段（2017 年至今）。这一阶段的思想以新旧动能转换为背景，"三核引领"是指充分发挥济南、青岛、烟台三市经济实力雄厚、创新资源富集等综合优势，先行先试，率先突破、辐射带动；"多点突破"是指积极支持其他 14 市依托区域内国家和省级经济开发区、高新区、海关特殊监管区等优势，明确突破方向，壮大特色经济和优势产业集群，打造区域经济增长点。"融合互动"就是推动新旧动能转换形成大合唱，奏好同心曲。

从城市发展规划来看，2017 年 1 月，山东省批复了《山东半岛城市群发展规划（2016—2030 年）》，提出了"两圈四区、网络发展"的总体格局。"两圈四区"即济南都市圈、青岛都市圈，烟威、东滨、济枣菏、临日四个都市区。同时加快提升沿海城镇发展带，优化培育济青聊、京沪、滨临、烟青、德东、鲁南等发展轴线，构筑"一带多轴"网络体系。2019 年 12 月 25~26 日，山东省委经济工作会议提出，2020 年山东一项重点工作是推进省会、胶东、鲁南三大经济圈一体化发展。综上所述，山东省不同时期的区域发展战略如表 5-2 所示。

表 5-2　山东省不同时期的区域发展战略

序号	时间	战略思路	规划重点
1	1978~1984 年	差别发展战略	重点发展东部地区
2	1985~1991 年	东西结合、共同发展	以东部开放带动西部开发
3	1992~2001 年	东西结合、加快发展	"四四三二"区域布局
4	2002~2005 年	龙头带动、协调发展	出台《山东半岛城市群发展规划》，青岛被列为半岛城市群八座城市的龙头
5	2006~2007 年	"一群一圈一带"及"一体两翼"	重点发展半岛都市群与省会都市圈

序号	时间	战略思路	规划重点
6	2008～2016年	两区"一圈一带"	半岛蓝色经济区、黄河三角洲生态经济区及省会都市圈、鲁南经济隆起带
7	2017年至今	三核引领、多点突破、融合互动	从"两圈四区"演变为省会、胶东及鲁南三大经济圈

由表5-2可以发现，山东省区域发展规划实际上体现了以下思路的变化：首先是发展较为发达的沿海城市，其次提出两个城市群概念，最后加入了西部经济隆起带。而随着经济发展的进程，城市群上升为都市圈，最终提出了三核引领及三大经济圈概念。

2. 山东省现代化区域发展体系的目标与思路

从目前来看，山东省现代化区域发展体系应该顺应国家重大区域战略实施，以及山东省自身支撑条件、发展现状和趋势，重点发展主体功能突出、产业布局特色明显、内部联系紧密的省会经济圈、胶东经济圈和鲁南经济三大圈层。即全面对接融入国家区域发展战略，做大做强做优胶东都市圈和济南都市圈，支持青岛和济南建设成为国家中心城市；鲁南经济圈重点发展高效生态农业、商贸物流、新能源新材料等产业，打造乡村振兴先行区、转型发展新高地、淮河流域经济隆起带；提升沿海城镇发展带，催生中小城市群，提高济青聊、京沪、滨临、烟青、德东、鲁西等发展轴线的要素聚集水平，增强带轴网络重要节点支撑能力，构建、巩固、优化提升"三大经济圈一体化发展"的总体格局。

从发展思路来看，我们可以分为企业层面、区域内层面、区域间层面、政策层面四个层面。

（1）企业层面，要坚持政企合作、有序竞争的发展思路。我们知道，所有的发展规划最终要落实到企业行为上。规划给了企业机会，同时企业的选择也决定了规划的成败。例如，山东省某企业准备投资某个项目，有两个选择，一个在省外，一个在省内，那么究竟选择哪一个就要取决于政府和企业的互动程度。实际上，有时候决定企业投资方向的并不仅仅是政策的优惠程度，而在更大程度上取决于政府与企业之间交流的顺畅程度。只要把"放管服"真正落到实处，企业就会安心经营，并不需要太多的优惠。

（2）区域内层面，要坚持突出特色、鼓励创新的发展思路。例如，同样都是都市圈，青岛都市圈的重点产业与济南都市圈的重点产业就存在很大差异。进一步地，每一个区域内的次级区域也不能贪大求全，而是要因地制宜，选择适合自己的产业和重点发展方向。这种选择并不源于政府规划，而是政府对市场选择进一步推动的结果。例如，国内甚至世界闻名的义乌小商品市场一开始完全是一些经营者简单地自发聚集在一起，但政府审时度势，提供了有力的帮助，才使其迅速发展壮大。

（3）区域间层面，要坚持城乡融合、区域协调的发展思路。习近平总书记在党的十九大报告中指出，要坚持农业农村优先发展，其原因在于长期以来农村改革的滞后。在实际工作中，仍然要以农村改革为主线，但发展思路不应该是简单地把农民变成市民，或者仅仅是劝说农村居民到城市买房。总之，我们的目的应该是：愿意进城的鼓励进城，留在农村的同样幸福。同时，党的十九大报告还指出，要建立更加有效的区域协调发展新机制，以城市群为主体构建大中小城市和小城镇协调发展的城镇格局。这个提法实际上是城乡融合的宏观版本。城乡融合的原因是由于城市和乡村之间存在差异，区域协调是进一步从区域内、区域间合理配置要素资源。可以说，城乡融合是区域协调的微观基础，区域协调是城乡融合的宏观体现。

（4）政策层面，要坚持规划对接、政策协同的发展思路。第一，要实现"三规合一"乃至"多规合一"。"三规合一"是指国民经济和社会发展规划、城市总体规划、土地利用规划的统一，而在山东省的现实中，还存在新型城镇化规划、前文提到的各阶段城市群规划、蓝黄经济区规划、新旧动能转换重大工程实施规划等，这些规划在战略方向上无疑是一致的，但在个别细节上可能存在不一致，甚至是相互矛盾、相互替代的，因此需要我们适时加以调整。第二，要做好政策宣传，各级政府部门和企业要理解规划的连续性，才能真正落实到位。例如，2013 年公布的《西部经济隆起带发展规划》与当前的《山东半岛城市群发展规划（2016 - 2030 年）》并不矛盾，济宁、枣庄、菏泽三市无论是被划为西部经济隆起带还是被划为济枣菏都市区，都不影响其未来的发展目标。

表 5 - 3 显示了山东省现代化区域发展体系的目标与思路。

表5-3　山东省现代化区域发展体系的目标与思路

目标	战略：三核引领、多点突破	内容：三大经济圈一体化发展
思路	企业层面	政企合作、有序竞争
	区域内层面	突出特色、鼓励创新
	区域间层面	城乡融合、区域协调
	政策层面	规划对接、政策协同

第二节　山东省区域发展体系现状及存在的问题

一、山东省区域发展体系现状

1. 发展基础

（1）山东省较强的经济实力为现代化区域发展体系提供了强大的支撑。近10多年来，山东省GDP一直居全国第3位，仅次于广东省和江苏省。2019年实现国民生产总值7.11万亿元，同期广东省为10.77万亿元，江苏省为9.96万亿元。从人均GDP来看，近年来山东省一直居第8位，落后于北京、上海、天津、江苏、浙江、福建和广东。如果去除三个直辖市，则山东省是在人均GDP排名前8位中唯一的一个北方省份。

山东省人口数量近年来一直排在全国第2位，仅次于广东省。同时，人均增长率也排在全国第8位，而前7位中除了江西省外，均是少数民族集中居住的省份，这也充分说明了山东省未来的经济潜力。值得担忧的是城镇化率，2018年山东省常住人口城镇化率仅为61.18%，居全国第11位，这与经济实力不尽相称，还需要进一步努力。表5-4为2019年山东省各项总体经济指标。

表5-4　2019年山东省各项总体经济指标

指标	数值	全国排序	备注
GDP（万亿元）	7.11	3	落后于广东、江苏
人均GDP（万元）	7.06	8	落后于北京、上海、天津、江苏、浙江、福建和广东

续表

指标	数值	全国排序	备注
人口数量（亿人）	1.007	2	落后于广东
人口增长率（‰）	4.27	8	落后于西藏、海南、青海、广西、贵州、江西和宁夏
城镇化率（%）	61.51	11	落后于上海、北京、天津、广东、江苏、浙江、辽宁、福建、重庆和内蒙古

（2）较为完善的基础设施。山东省基础设施各项指标均排在全国前列。例如，2018年山东省铁路营业里程为0.63万千米，仅次于黑龙江省和辽宁省，居全国第3位；公路里程为27.56万千米，仅次于四川省，居全国第2位。当然，值得注意的是高速公路里程，山东省为0.61万千米，落后于河北、内蒙古、河南、湖北、湖南、广东、四川和贵州八个省份，仅排在第9位。运输工具指标，以民用汽车拥有量来看，2018年山东省为2128.29万辆，居全国第1位。

城市建设方面，城区面积指标，2018年山东省为22784平方千米，高居全国第1位，排在第2位、第3位的广东省和江苏省分别为16634平方千米和15536平方千米；建成区面积指标，2018年山东省为5164平方千米，仅次于第1位广东省的6036平方千米；城市建设用地指标，2018年山东省为4885平方千米，仅次于第1位广东的5210平方千米。但值得注意的是城市人口密度指标，2018年山东省为1622人/平方千米，居全国倒数第3位，仅高于北京和宁夏，如表5-5所示。

表5-5　2018年山东省基础设施指标

指标	数值	全国排序	备注
铁路里程（万千米）	0.63	3	仅落后于黑龙江和辽宁
公路里程（万千米）	27.6	2	仅落后于四川
高速公路里程（万千米）	0.61	9	落后于河北、内蒙古、河南、湖北、湖南、广东、四川和贵州
民用汽车拥有量（万辆）	2128.29	1	
城区面积（平方千米）	22784	1	
建成区面积（平方千米）	5164	2	落后于广东
城市建设用地（平方千米）	4885	2	落后于广东
城市人口密度（人/平方千米）	1622	29	仅高于北京和宁夏

2. 三大经济圈一体化发展现状

（1）经济圈核心城市。2014 年 11 月 20 日，国务院发布了《关于调整城市规模标准的通知》，规定城区常住人口在 500 万～1000 万人的城市为特大城市，城区常住人口在 1000 万人以上的为超大城市。当然，这里规定的是城区常住人口，而不是辖区内所有人口。也就是说，在青岛和济南城区人口均为未超过 400 万人的前提下，这两个城市还不能称为特大城市，但具备了成为特大城市或都市圈核心城市的潜力。

城市规模不能仅看人口指标，还要看其他指标。从 GDP 来看，2019 年青岛是山东省唯一一个 GDP 总量过万亿元的城市，济南紧随其后。人均 GDP 也是如此，青岛和济南均超过了 10 万元，这两个城市的城镇化率也排在山东省前两位，均在 70% 以上。此外，青岛和济南城镇居民人均可支配收入均超过 5 万元。也就是说，多数指标可以证明青岛和济南在山东省的地位，也应该成为经济圈核心城市的备选。如表 5 -6 所示。

表 5 -6　2019 年青岛和济南基础指标

指标	青岛	山东省排序	济南	山东省排序
GDP（亿元）	11741.00	1	9443.40	2
人均 GDP（万元）	12.36	1	10.61	2
城镇化率指标（%）	74.12	1	71.21	2
城镇居民人均可支配收入（元）	54484	1	51913	2
人均预算收入（元）	12456.40	1	9251.37	4
常住人口（万人）	949.98	2	890.87	6

（2）三大经济圈其他城市。第一，胶东经济圈：核心是烟威都市区，为山东省最东端的都市区，海岸线漫长，同时也是沿海城镇带建设的主要地段。近期规划是以烟台和威海为核心城市，纳入蓬莱和荣成；远期规划则将莱州、龙口、栖霞、招远、文登、乳山并入都市区。从 2019 年统计数据看，烟威地区 GDP 超过 1 万亿元，人口接近 1000 万人，既有优越的沿海地理位置，也有广阔的内陆纵深，应该是山东省最有活力的地区，也是未来"青烟威大都市圈"的重要组成部分。

第二，省会经济圈：东滨都市区，以东营市区、滨州市区为核心，近期将利津、无棣等县纳入都市区范围。该区虽然经济实力不算领先，人口数量也少于烟威地区，但拥有全国独一无二的黄河三角洲，东滨都市区实际上也是黄河三角洲高效生态经济区的主战场。不同于以工业开发为目的的长三角和珠三角，黄河三角洲开发主要以环境保护为主，发展潜力巨大。同时，东滨都市区也是沿海城镇带建设的一部分。

第三，鲁南经济圈：济枣菏都市区，以济宁、枣庄、菏泽为核心城市，近期将曲阜、邹城、嘉祥、滕州、微山、巨野纳入都市区范围；远期将台儿庄、山亭区、东明等县区纳入。该都市区目前人口数量超过 2000 万人，是山东省人口最多的都市区，同时也是西部经济隆起带的主要成员。目前来看，虽然济枣菏都市区经济基础略弱，但随着若干主要交通线建设的完成，向北、向东、向南都有广阔的发展空间。

第四，临日都市区，以临沂市区、日照市区为核心，近期将莒南纳入都市区范围；远期将沂南、费县、临沭等县纳入。该区人口数量较大，经济基础较好，具有良好的资源禀赋和明显区位优势。临沂市的优势是商贸物流集散，而日照的优势是港口和临港产业，分工合作、优势互补。临沂是鲁南内陆地区最重要的节点城市，临日都市区也构成了鲁南地区重要的物资输送通道。特别需要说明的是，虽然在规划上日照属于胶东经济圈，而临沂属于鲁南经济圈，但并不代表要减弱临沂和日照之间的经济联系，临日都市区建设不仅不能减速，反而应该得到更大的支持。

（3）其他发展带轴选择。沿海城镇发展带包括青岛、日照、烟台、威海、潍坊等地市。山东省大陆海岸线长达 3124 千米，占全国大陆海岸线总长度的 1/6，可以说是得天独厚，气候条件良好，是我国同纬度、高纬度地区居民定居的最佳选择，未来有很大发展潜力。济青聊发展轴以胶济铁路、青烟威城际铁路、济聊铁路为结合高速公路通道为支撑，带动通道沿线城镇发展。京沪通道发展轴以京沪高铁、京沪铁路和京福高速公路为依托，联系长三角和京津冀两大世界级城市群。鲁南发展轴由日照、临沂、枣庄、济宁、菏泽等城市组成，依托日菏通道，向西对接中原经济区，是国家陇海—兰新城镇发展轴和新丝绸之路经济带的组成部分。

3. 县域经济提供有力支撑

山东省区域经济的一个特色就是县域经济实力较强，为区域发展体系构建提供了强有力的支撑。在 2019 年全国综合实力百强县中，山东省占据 13 席，仅次于江苏省和广东省。百强县依次为龙口、荣成、滕州、招远、莱州、广饶、新泰、肥城、青州、桓台、昌邑、齐河、禹城。在 2019 年全国综合实力百强区中，山东省占据 12 席，落后于江苏省、浙江省和广东省。

以龙口（县级市）为例，全国综合实力百强县第 11 位、绿色发展和科技创新百强县市均为第 9 位、新型城镇化质量百强县市第 15 位。作为渤海湾全面领先的县级市，龙口已第 15 次摘得山东省百强县市的桂冠。龙口聚集了一批国营企业如胜利油田、浅海基地、中海油龙口基地等，还有南山集团、道恩集团、隆基集团等大型民营企业。目前龙口市拥有 8 家包括南山铝业、朗源股份、道恩股份、恒通股份、中际旭创、隆基机械等在内的 A 股上市公司。这些公司多数起步于 20 世纪 80 ~ 90 年代的集体企业、村办企业或家族企业，经历了改革开放的大部分阶段而经久不衰。县域经济的强大也给区域经济发展模式提供了更加丰富的选择，这意味着区域经济区划的核心单元并不一定是地级市，县级市同样可以作为核心单元。仍以龙口为例，如果能给予更多的政策支撑，一定会加强它与周边地区如栖霞、招远、蓬莱等地的经济联系，形成一个新的经济增长点。

4. 城乡融合仍有较大潜力

第一，山东省城镇化率还未达到预期目标。2019 年山东省常住人口数量为 1.0071 亿，其中城镇人口为 6194 万，城镇化率为 61.51%。而根据《山东省新型城镇化规划（2014 ~ 2020 年)》提出的目标，2020 年全省城镇化率要达到 62% 左右，这个目标可以完成。存在的问题是地区差异较大，经济较为发达的地市如青岛、济南、淄博、东营等地的城镇化率达到了 65% 以上（青岛、济南已经达到 70% 以上），但日照、滨州、临沂、枣庄、济宁、德州、聊城、菏泽等地市城镇化率尚未达到 60%，还有很大发展空间。

第二，随着乡村振兴战略的实施，农村释放的生产力和经济活力将给予区域经济更多助力。目前的区域发展规划侧重于城市群的建设，但城市群实力增加、规模扩大一方面要依赖于政府规划的推进，更重要的一方面是需要人口增加，而人口增加显然不能依赖人口自然增长率，而是要依赖人口流入。以青岛为例，2020 年城镇人口规划为 1400 万，2030 年规划人口为 1800 万，10 年内要增加 400 万人，相当于一个大型城市。同样，其他都市圈、都市区、发展带都要增加人口，这些人口从哪里来？人口增加最终要来自农村居民的迁出。也就是说，城市群规划的落脚点实际上是农村。

二、山东省区域发展体系存在的问题

1. 核心城市竞争力较弱

核心城市的发展水平在很大程度上可以决定城市群的发展水平。目前我们所确定的经济圈、都市圈、发展带的核心城市都存在人口偏少、实力偏弱的问题。以经济最为发达的城市如青岛、济南，其城区人口都不足 400 万。这个问题在整个山东省都存在，即城市人口密度非常低，每平方千米仅 1600 多人，而同期河南省为 4903 人，是山东省的 3 倍以上。也就是说，山东省的所有城市都有一个共同特征：摊子很大、人口很少。

表 5-7 为济南与部分省会城市若干指标的比较，从中可以发现以下问题：

（1）与郑州相比，总人口、城镇人口较少，城镇化率基本相当。GDP 总量较低，人均 GDP 基本相当。城镇居民人均可支配收入明显高于郑州，农村居民可支配收入较低。

（2）与广州相比，各项指标全面落后。

（3）与杭州相比，各项指标全面落后。

（4）与南京相比，各项指标全面落后。

（5）与石家庄相比，总人口、城镇人口较少，城镇化率较高。GDP 总量和人均 GDP 较高。城乡居民人均可支配收入均较高。

（6）与合肥相比，总人口较少、城镇人口较多，城镇化率较高。GDP 总量和人均 GDP 基本相当。城镇居民人均可支配收入较高，农村居民可支配收入较低。

表 5-7　2019 年济南和部分省会城市若干指标比较

指标	济南	郑州	广州	杭州	南京	石家庄	合肥
总人口（万人）	890.87	1014	1490	774.10	833.50	1088	758
城镇人口（万人）	634.39	744	1281.4	575.93	685.89	670.64	379
城镇化率（%）	71.21	73.32	85.97	74.28	82.5	61.64	50.04
GDP（亿元）	9443.3	10143	22859	13509	12820	6460.9	7823
人均 GDP（万元）	10.61	10.00	15.34	17.45	15.38	5.94	10.32
城镇居民人均可支配收入（元）	51913	39042	59982	61172	59308	32929	41484
农村居民可支配收入（元）	19454	21652	26020	33193	25263	13345	20389
城镇 DPI/农村 DPI	2.69	1.80	2.31	1.84	2.35	2.47	2.03

也就是说，与广东、浙江、江苏等较发达的省份相比，山东省省会城市各项指标全面落后；与那些与山东省发达程度相当的省份如河南、河北、安徽相比，山东省省会城市仍有部分指标落后，其中城乡差别指标最为明显，济南市城镇居

民人均可支配收入与农村居民可支配收入的比值是七个省会城市中最高的，达到2.69，而最低的郑州仅为1.80。因此可以说，无论是在效率上，还是在公平程度上，山东省核心城市与其他地区相比还有一些差距。

2. 城乡之间存在差距

2019 年，从全国层面看，城镇居民人均可支配收入为 42359 元，农村居民人均可支配收入为 16021 元；而山东省城镇居民人均可支配收入为 42329 元，农村居民人均可支配收入为 17775 元。前者城镇 DPI/农村 DPI 为 2.64，后者比值为2.38。也就是说，山东省城镇居民可支配收入略低于全国平均水平，农村居民略高于全国平均水平，城乡收入差距比值略低于于全国平均水平。若比较绝对数值之差，全国是 26338 元，山东省是 24554 元，差别不大。

城乡之间不仅是收入存在差距，更重要的是公共服务水平。以济南为例，2018 年济南城镇居民在教育文化娱乐方面的支出为 3411 元，而同期济南农村居民的该项支出为 1109 元；2018 年济南城镇居民在卫生保健方面的支出为 2047 元，而同期济南农村居民的该项支出为 927 元。这种差距非常明显。

城乡差距较大并不可怕，更加令人担心的是工作重心是否放在了缩小城乡差距上。中央提出的乡村振兴战略的根本目的就在于缩小城乡差距，实现共同富裕。乡村振兴战略不是一项"轰轰烈烈"的运动，而是一项艰巨而细致的长期工作，要尽可能利用市场的力量，而不是由政府亲力亲为。农村工作要从细微处入手，不一定需要运动式的"轰轰烈烈"和"热火朝天"。例如，我们可以鼓励农村居民创业就业，为农产品销售建立和完善电商平台，为农村小微企业提供金融支持，从规划层面推进农村新社区建设，为乡村建设公共墓地以取代占用大量耕地的分散埋葬，扶助建设养老机构以推进农村养老体制变革等。

3. 快速交通体系还需完备

快速交通体系对于区域经济的重要性不言而喻。美国在第二次世界大战以后斥巨资修建的州级高速公路系统，支撑了该国数十年的经济增长。改革开放之初，山东省也曾经以交通快捷、道路质量优良闻名全国，但近年来该省的交通体系已经落后了。这种落后不仅体现在省内交通上，也体现在与外省的联系上，可以说是全面落后，值得加倍关注。

省内交通方面，以济南、青岛为中心的高速公路、高速铁路网络基本成型，目前济南到青岛铁路最快 2 小时到达（耗时最短的 1 小时 40 分钟），高速公路则需要4.5 小时。然而，除这两个核心城市外，山东省几乎任何一个城市到另一个城市都不算快捷，有的甚至还停留在时速100千米以下的绿皮车时代。例如，从胶东重要的核心城市烟台，距离青岛仅200千米出头，铁路需要1.5小时以上；从烟台到省会济南，最快需要2.5小时以上，一般的列车在3小时以上；从烟台到鲁南重要的节点城市临沂距离450千米，最快的铁路要3小时开外，且目前只有一趟快车，其他的均在6小时以上。从烟台到菏泽700千米，直达铁路最快需要11小时，省内交通几乎需要花费一整天时间，这与山东省经济在全国的地位极不相称。

省际联系方面，从济南到周边的省会城市，除京沪高铁沿线，其他的都不算方便快捷。济南到石家庄，距离仅300千米，最快仍然需要运行2小时左右，应该说，这条铁路是济南连接京广铁路的主要连接线，但仍然不尽如人意。从济南到京广线另一个城市邯郸，距离250千米，但邯济铁路开通后仍然需要运行5小时。① 从济南到郑州，距离450千米，目前最快的铁路需要3.5小时以上。② 由于省会城市未能构建快速便捷的省际交通网，山东省除青岛外的其他城市到外省均很不方便，这种不方便直接带来了较大的交易成本。

4. 区域经济特色不明显

（1）产业结构趋同。我们可以粗略地把山东省16个地市分为半岛地区、鲁中、鲁北、鲁西和鲁南五种类型。即使是山东省发展最快的半岛地区，也存在区域内城市之间产业结构趋同等类似的问题，并未完全体现各自的优势。以港口为例，2019年港口货物吞吐量排名中，青岛港位居第5位，日照和烟台分居第8位和第9位。前10位中山东省占据了3个，但这3个港口（群）的货物吞吐量总和（14亿吨）才略微超过宁波舟山港（11亿吨），而集装箱吞吐量唯有青岛港进入了前10位。可喜的是，山东省港口集团已经着手组建，有利于整合青岛港、烟台港、日照港和渤海湾港四大港，此举措有利于统筹全省港口发展。其他地区同样如此，如鲁中地区（含济南、淄博、泰安）为全省政治、文化中心，区域交通便捷、信息网络完整，鲁中平原物产丰富，也富有文化气息。但鲁中地区若干城市的工业结构均不尽合理，在新旧动能转换中处于不利地位。

（2）未充分发挥区域经济特色。可以说，半岛地区、鲁中、鲁北、鲁西和鲁南各有各的特色，如能充分发挥，将会有更好的发展。例如，半岛地区海岸线漫长，沿海城镇带也是区域长期规划之一，如果能够好好地利用这一优势，在长

---

① 邯济铁路对于聊城地区所辖县区加强与邯郸、安阳、濮阳等地的联系颇为重要，因这一地域位于三省交界处，文化相近，经济联系密切，但该铁路建成后却令人失望。

② 当然，随着郑济高铁的开通，这种尴尬局面会得到缓解。

期将会带来稳定和持续的经济增长。然而一些地区仅仅热衷于卖房子，服务不完整、配套设施匮乏大大降低了外地购房者的生活质量，其中个别地方已经被称为"鬼城"。有的地方小农意识严重，把最好的公共海滩、公共海域圈起来，建上一堆不伦不类、不符合整体规划的建筑，卖票收钱，结果导致严重亏损。有的沿海区域，各种设施、建筑看起来很漂亮，但隔上几千米都找不到一个公共厕所，即使找到了也处于封闭状态，游客无奈只能随地便溺。这些问题看起来不大，但实际上却严重降低了游客的旅游体验。

鲁南、鲁北和鲁西也有类似问题。鲁南地区矿产资源丰富，但不能依赖初级矿产资源，而应该着眼于矿产资源的深加工，拉长产业链条以提高产品附加值。鲁北和鲁南的粮食产量较高，但目前初级农产品价格仍较低，难以起到支柱产业功能，应该着力于粮食加工，并进一步构建现代农业体系。

5. 区域经济一体化程度需要进一步提高

（1）区域经济不平衡问题依然存在。区域经济的不平衡是山东省长期以来存在的问题，2019 年济南、淄博、东营、潍坊、烟台、威海、青岛、日照 8 个地市 GDP 之和超过了全省的 2/3，其他 8 个地市仅占 1/3 左右。区域经济不平衡的原因很多，包括经济基础差异、政策支持差异、动力差异等。经济基础的差异难以改变，能够改变的是政策支持与发展动力。如果中西部地区（含鲁北地区）能够得到更多的政策性投资以及一定程度的优惠政策，则这些地区的后发优势将会进一步体现。同时，更为重要的是通过提高劳动生产率、促进创新来增强自身的发展动力。

（2）人才流动政策需要进一步完善。2019 年，山东省人口净流出 19.93 万人，加上 2017 年和 2018 年的净流出人口，三年来山东省人口净流出约 80 万人，且流出者多数为学历较高者，这一点要引起我们足够的注意，这也提醒我们要进一步完善人才与人口政策。我们以济南和青岛为例，这两个城市目前规划为经济圈核心城市，也在为成为国家中心城市而努力。我们可以看一看这两个城市的落户政策。青岛的落户途径共有 8 种，分别是住房落户、积分落户、留学生落户、人才引进、技工落户、新生儿落户、投靠落户、应届生落户。以积分落户为例，35 周岁以下的积 50 分，本科以上学历积 50 分，100 分达到落户标准。也就是说，对于 35 岁以下、本科学历以上的人才是敞开落户的。但我们思考一下，如果没有本专科学历，也没有专业技术技能，也没有购买住房，那就要在青岛租房且办理居住证 10 年左右才能落户。济南的情况基本类似，但济南没有积分落户政策。也就是说，济南的落户政策更为严格。从以上的落户政策可以看到，宏观上是为了增加人口，微观上则是筛选性地选择高学历、高技能的年轻人。我们仔细地想一想，如果我们把全山东省高学历、高技能的年轻人都聚集到青岛和济南，这两个城市一定会获得快速发展，那么其他城市怎么办？落后地区怎么办？农村地区怎么办？

第三节　建设与完善山东省现代化区域发展体系

我们知道，建设与完善山东省现代化区域发展体系，要从基础层面和规划层面两个方面入手，其中，基础层面的工作更为重要，又包括存量改革和增量改革两方面。存量改革即目前在做的"双招双引"（招商引资、招才引智）工作、促进进城人口落户、"城中村"（棚户区）改造等；而增量改革主要包括体制变革、改变工作作风、推进乡村振兴、新型城镇化（农村新社区及新农村建设）以及加快交通线建设等方面。相比存量改革，增量改革更为重要，因为前者不过是经济资源、生产资料的二次调配（也可能带来一定程度的经济增长），而后者则会直接带来新的经济增长点。

规划层面，我们了解到应该立足于山东省省情，重点推进胶东一体化、省会都市圈及鲁南经济圈建设工作。边缘地区则要加强同京津冀、中原经济区、苏北经济区的对接与联系。如表5-8所示。

表5-8　建设完善山东省现代化区域发展体系的发力点

		具体对策	作用机制
基础层面	存量改革	招商引资、招才引智	立足本地实际情况，提供配套服务
		促进进城人口落户	放宽落户条件，促进人口迁移
		"城中村"（棚户区）改造	要提供就业机会，否则仅仅是推高房价
	增量改革	体制变革	促进创新，为经济增长提供动力
		改变工作作风	降低制度性交易成本
		推进乡村振兴及新型城镇化	为农村经济提供新的经济增长点
		快速交通线建设	加强内外联系，降低物理成本

续表

		具体对策	作用机制
规划层面	胶东一体化	青烟威都市圈	胶东半岛成为山东经济的龙头
	省会都市圈	一个核心、多个圈层	省会向北向南，辐射其余地区
	鲁南经济圈	多中心发展	生产资料、人口资源战略储备
	邻近外省地区	与外省经济区接轨	对接京津冀、中原、苏北经济区

一、基础层面工作

1. 存量改革

（1）"双招双引"工作。我们知道，无论是招商引资还是招才引智，都要立足于本地实际情况，符合经济规律要求。第一，在实际工作中既要加强对新业态、新模式、新技术、新产业的招引，同时还要对本土成长的一些名牌企业、有潜力的老牌企业做好进一步引导和规划工作，以促进这些企业发展壮大。第二，企业、人才引进来仅仅是一个开始，后续的政策落地更加重要。很多城市出台了相关的政策文件，但有的文件规定不够详细、可操作性不强，不同的职能部门对政策的解读不一致，这些都将会影响"双招双引"的实际效果。第三，"双招双引"工作必须要以改善营商环境为基础。企业家、科研人才需要的不仅仅是当地提供的优惠政策，更加关注的是当地政策的诚信精神、经营环境、配套设施、生活质量、配偶工作、子女教育等方面。因此，必须持续不断地改善营商环境，才能真正留住企业、留住人才。

（2）促进进城人口落户。我们知道，当前山东省（乃至全国）都存在户籍人口城镇化率与常住人口城镇化率不一致的情况。一般而言，常住人口城镇化率要高于户籍人口城镇化率，这里面有两个原因：一是来自外地的常住人口并不想落户，这部分人口多数为农村户籍。一旦到城市落户，就意味着可能要失去农村的部分土地。① 二是外地的常住人口想在城市落户而不得。针对第一种情况，我们应该尊重其选择的权利，而第二种情况则有大量工作可做。山东省目前的政策是：城区常住人口300万以下的城市要取消落户条件，城区常住人口300万～

---

① 根据目前的法律，户口离开后，承包期内承包地可以保留，但宅基地会被村集体收回。

500 万的城市要全面放开放宽落户条件。① 国家的要求是 I 型大城市要放宽落户条件，但放宽到何种程度并无要求，因此，我们建议可以基本取消山东省所有城市的落户条件。人口不是累赘，即使是老人和儿童，只要他们消费，就会带来乘数，就会带来经济增长和就业机会，因此取消落户条件并无不妥。

（3）"城中村"（棚户区）改造。不可否认，通过"城中村"（棚户区）改造能够改善原住居民的生活环境，提高生活质量，对市容市貌整洁度也有很大提升作用。然而，"城中村"（棚户区）改造也存在一些问题。第一，原来的租户安置不尽如人意，租住在"城中村"（棚户区）的人群多数为外来（少量本地）低收入阶层，正是因为较差的环境带来了较低的租金。改造完成后，租金提高，这部分人群难以承担。第二，"城中村"（棚户区）在未改造前，实际上是一个微循环商业系统，一些人在此就业，同时当地的居民也享受各种低价的服务。改造完成后，这些业态由于租金问题将消失很多。也就是说，在改造的同时也要考虑当地居民的就业问题。这就要求我们在"城中村"（棚户区）改造时不能仅仅考虑商业利益，而是要把工作做实做细，建议每一个项目都要留出来相对比例的廉租房、公租房、低租金商业用房，供原来的低收入租户使用，或留出一定的过渡期，过渡期内低租金过渡期结束后恢复正常租金。"城中村"（棚户区）改造应该是一项帕累托改进，它的目的应该是让涉及的所有人的状态都变好，至少不能变坏。

2. 增量改革

（1）体制变革，促进创新。党的十九大报告指出，要使市场在资源配置中起决定性作用，更好发挥政府作用。其目的在于政府不仅不能对企业合法经营设置困扰和阻碍，同时要为合法经营的企业提供各种便利，为企业保驾护航。尤其是在制度变革期，政府要敢于承担责任，督促和引导企业合法经营。此外，政府要主动引领企业进行创新活动。我们很容易发现，山东省经济的问题之一在于创新能力不足，2018 年广东省规模以上工业企业有效发明专利数为 328467 件，而山东省则为 63496 件，几乎是云泥之别。而创新能力不足的原因有很多，其中之一是因为国有企业占比过大、民营企业占比过少。国有企业规模较大，有创新能力但缺乏创新动力；民营企业普遍规模较小，有创新动力但缺乏创新能力。为此，我们建议：在当前经济景气程度低迷、外部环境恶化的背景下，政府政策应

---

① 2019 年 4 月 8 日，国家发改委发布文件《2019 年新型城镇化建设重点任务》，文件中有上述要求。

该一方面进一步加大减税力度，提供金融支持，扶持中小民营企业渡过难关；另一方面应该组建民营企业创新基金，鼓励民营企业转型升级，通过科技创新寻找新的利润增长点。①

（2）稳步推进乡村振兴（新型城镇化）。一是农村土地制度变革。我们知道，乡村振兴的焦点不在于寻找项目，而在于盘活沉睡的土地资本。在"三块地"改革中，较为容易推进的是农村集体建设用地的上市，因为它不涉及土地使用用途的改变，有难度的是农村土地征用改革和宅基地制度改革。前者的难点在于农村土地的集体所有性质以及土地用途转变，一方面，集体所有的性质很容易变成村委说了算，从而侵害农民的利益；另一方面，土地征收时是按照原土地用途（如耕地）的价值征收的，但变为建设用地后价值无疑要增加很多。因此，我们认为，失去土地的农民应该参与土地增值收益的分配，虽然分配比例难以一概而论。一个可以考虑的思路：如果说土地的价格由市场决定，则可以将征用土地进行招标，招标所得全部分配给被征地农民。宅基地制度改革的难点在于：宅基地究竟可以在多大范围内流通？如果宅基地只能在本村集体内流转，则必将大大限制其潜在价值。让宅基地在更大范围的市场（如适当扩大到乡镇、县域、地区等）流转，并不违背市场经济规律和国家的基本法律，因为流转的仅仅是使用权而不是所有权。②

二是农村新社区、新农村建设。虽然在前两年，由于建设质量良莠不齐，很多农村新社区被叫停，但并不能掩盖此项工作的意义。农村新社区的意义在于：通过重新规划实现集中居住，从而为集中供暖、卫生条件改善等公共服务质量提升提供基础。当然，在推进过程中，要尊重所涉及农村居民的意愿，最忌讳"一哄而上""一刀切"的强制式、运动式行为。要把工作做细，农村工作本来就琐

---

① 青岛于2020年2月3日紧急发布了《关于应对新型冠状病毒感染的肺炎疫情，支持中小企业保经营稳发展若干政策措施的通知》，通知共18条，内容以降低企业经营成本、减税缓税、金融支持为主。文件序号为青政办发〔2020〕5号。其他城市也在2020年2月纷纷发布了类似的通知。

② 根据《中华人民共和国宪法》第10条规定，农村土地一般归集体所有。宪法如此规定的含义是农村土地不能归私人所有，而并不一定要归某个具体的村集体所有。目前，随着城镇化的深入，一些村庄几乎完全成了"无人村"，村里一个人都没有了，集体又在哪里？实际上，这一条也容易引起误解：城市的土地归国家，农村的土地归集体，这样国家和集体就成为一个并列的关系。宪法中的国家所有就是全民所有，就是全体国民，而集体呢？再大的集体也不会包含全体国民。因此，误解就产生了，城市土地归全民（包括全部农民），农村土地归集体（部分农民构成为集体）。也就是说，农民既拥有城市土地的一份权利（因为城市土地的全民性质），也拥有农村土地的一份权利，而城市居民则仅仅拥有城市土地的一份权利。当然，在现实中，城市土地的收益与城市之外的农民没有什么关系。最终，国有或全民所有实际上就演变为当地政府所有，集体所有也就成为村集体所有。本来，这样似乎也无不妥，但村庄的消失使问题产生了，我们需要认真对待此问题。

碎而细致，能够整村改造的就进行整村改造，不能整村改造的可以一条街巷、一条街巷分步改造。我们知道，有这样一个村庄，整体改造、街巷改造都不能实现，于是就先从公路边的几户人家开始，建设了两栋楼房，搬迁户都非常满意，这就起到了较好的示范效应。后来，村民们纷纷签署协议，除了几栋新建民房不予拆除保留他用外，整村都实现了新社区改造。①

在农村新社区、新农村建设中，要注意合理安排商业利益和公共利益之间的关系。在公共资金不足的情况下，引入社会资本参与新社区建设也无可厚非，但不能是完全以营利为目的。在实践中，通过商业运营获得的收益要用于补偿公墓、公厕、养老机构、乡村教育机构等的运营成本。以公墓建设为例，目前农村的殡葬方式并不统一，虽然基本上能够事先火化，但有的村有公墓，有的村则没有。没有公墓怎么办？多数村民倾向于将逝者葬到祖墓（祖坟）中，但祖墓可能在别人的土地上，于是就产生了很多纠纷，结果村民就把祖墓迁到自家承包地中，起了很多坟头，浪费了很多耕地。我们建议，应该把公墓建设作为考核村民自治质量的一个重要指标，也应该是新农村建设工作的一个突破口。有的地方强行把村民的祖墓铲平，同时又不提供公墓，引发了很大争议。实际上，多数村民愿意接受公墓这种埋葬形式，但就是没有人去带头做这项工作。②

三是农村推进农村各项产业的发展。与前两项工作相比，这项工作更为基础，也更为重要，也是乡村振兴的主要途径。有的学者常常哀叹：农村衰败了，农村不存在了，接着浓重的乡愁就扑面而来。其实这是一个客观事实，也是一个必经的过程。城镇化在深入，很多村民进城居住，那么农村人口减少是必然的结果，大可不必过于忧愁。假如有 10 个村庄，7 个村庄没有了居民，那么剩下的 3 个村庄完全可以集中到一个中心村镇，这个村镇依然会很繁荣。目前最大的问题是，村民离开村庄的决策、数量、时间是完全不可控的。当然，这也不能成为我们在农村各项产业发展上减少努力的原因。例如，一个行政村有 3 个自然村 A、B、C。其中 A 邻近交通要道，发展较好，B 和 C 较差，很显然，即使这 3 个村人口减少的速度和比例是一样的，也应该选择 A 作为中心村镇，B 和 C 的人口可以向 A 集中。

---

① 有的村民新盖的房屋上下两层或三层，耗资数十万元，拆除实在可惜，于是保留下来，稍加改造，成为村委办公用房或其他公共用房，也是因地制宜、因时制宜之举。

② 一些村民存在迷信观念，认为自家的祖坟风水较好，迁到公墓可能会影响风水，因此会有抵触情绪。虽然有这样迷信观念的村民不多，但这可能是农村公墓建设滞后的原因之一。

当然，农村各次产业的振兴离不开强有力的领导班子。村"两委"班子如何配置？从年龄段来说，"60后"有经验，但年龄偏大，精力下降；"80后""90后"有年龄优势，但未必愿意在农村立足。而现在很多农村都有一批这样的中（青）年人，他们普遍出生于20世纪70年代前后，当过兵或上过学，有一定的知识水平、社会经验及从事商业企业及生产性企业的经验，也积累了一定的资产。这批人年富力强，是农村的中坚力量，有为村民做事的热情，也有一定的政治抱负。我们建议，要尽快吸收这样的人进入村"两委"班子，如果再晚一些，这些人可能就会离开农村到城镇居住，对乡村振兴极为不利。

（3）快速交通线建设。高速铁路、高速公路网络的建设很多已经在国家规划及山东省规划之中，我们短期内难以改变其发展格局。此处仅讨论一个问题，即关于快速交通网络对于人口的"虹吸效应"。

一部分人认为，在落后地区建设高铁，反而会加速落后地区人口流向发达地区，这样落后地区会更落后。我们认为，这种思想归根结底还是出于较为狭隘的GDP政绩观，因为人口流出可能会拉低流出地的GDP（如消费会减少），但我们要有全国（全省）一盘棋的思想，只要全国（全省）的人民得到实惠，那么就是好事。另一部分人认为，即使流出地的GDP略微下降，流出地的人均GDP并不一定会下降。

举例说明，假如在某省落后地区只有一份工作，年薪3万元。甲乙二人去竞争这个职位，则必然一人会失业，那么，这份工作产生的GDP总量为3万元，人均为1.5万元。而如果甲流动到该省发达地区就业，得到一份更好的工作，年薪5万元，乙得到当地的这份工作，那么整个省份的GDP会增加5万元。此外，落后地区的GDP增量仍然为3万元，但落后地区的人均GDP则为3万元。可见，人口流动不仅会增加总量GDP，也会增加落后地区的人均GDP。这就是一个简单的经济模型：在一定条件下人口流出会拉高流出地的工资水平。

最后，我们知道，无论是否进行快速交通网络建设，落后地区的人口流出都是客观事实，没有快速的交通网络，不过是增加了些许出行成本，不会改变大局。落后地区还是应该着力改善当地的经济环境、生态环境、营商环境以吸引人口流入。也就是说，不能把人口流失作为反对快速交通线网络的理由。

二、规划层面工作

当前的主要工作是胶东一体化、省会经济圈以及鲁南经济圈建设。

1. 胶东一体化

从长远来看，我们应该有更广阔的视野，也就是要通过胶东一体化建设，组建胶东都市圈，涵盖青岛、烟台、威海、潍坊、日照5个地级市。

（1）青岛与烟威地区融合发展，提高胶东都市圈的整体地位。胶东半岛城市群广义上包括上述5个地级市，这5个地级市应该融合发展。而之前的规划则倾向于青岛向西发展，但青岛向西对接的城市为潍坊一个地级市，即使日后建成了青潍都市圈，也不会提升胶东半岛城市群的整体地位，反而割裂了胶东半岛诸城市之间的联系。目前提出的山东半岛城市群概念，虽然与胶东半岛城市群仅有一字之差，但含义差别甚大。目前提出的山东半岛城市群概念包含了山东省全部16个地级市，实际上就是以一个省的实力打造一个城市群，而在这个城市群中，东部半岛地区的城市与鲁南、西部城市的城市差别甚大，经济联系薄弱。前文有述，目前从烟威地区到西南部菏泽、聊城等地，动辄10个小时以上，很难称得上一个城市群。

（2）胶东一体化建设符合山东省乃至全国人口流动的大趋势。我们不要急于规划出某个城市群以融入全国重大区域发展战略。国家之所以推出京津冀、长江经济带、大湾区等区域战略，是因为这些地区本身的经济实力足以吸引国家的重视，我们要做的是自身做大做强，强大之后自然而然就会成为战略之一。目前，从全省看，人口流动的趋势无非是两个：一个是向济南流动，另一个是向胶东各城市流动；从全国来看，总趋势是从西北部跨胡焕庸线向东南流动。而胶东半岛靠近大海，气候宜人，同时半岛内陆也有较广阔的腹地，足以容纳庞大数量的人口。另外，从生活习惯来看，胶东半岛最高纬度为38°，最低为34°，而我国高纬度地区的人口并不适应纬度过低地区的气候。也就是说，从天水、宝鸡、西安、洛阳、郑州、商丘、徐州一线以北的人口更加适宜在胶东半岛生活，可以说胶东半岛足以吸引全国1/3以上的人口，这应该是我们的努力方向。

（3）胶东一体化有助于挖掘新的经济增长点。如果青岛向西发展，即使成为国家中心城市，因为泰山等山地的地理阻隔，其影响力也不会到达济南，仅能辐射潍坊。而如果实现胶东一体化，则可以建立一个涵盖沿海城镇带在内的"菱形风筝"框架，辐射整个半岛地区。"菱形风筝"的左上边为蓬莱—龙口—莱州—昌邑—潍坊轴线；左下边为潍坊—高密—胶州—青岛轴线，右下边为青岛—即墨—海阳—乳山—荣成轴线；右上边为荣成—威海—烟台—蓬莱轴线；两条对角线分别为潍坊—平度—莱西—莱阳—文登—荣成轴线以及烟台—莱阳—莱西—

即墨—青岛轴线,而"菱形风筝"的线则是日照—青岛轴线。该框架其实已经初具规模,也符合《山东省沿海城镇带规划(2018-2035年)》的要求。目前来看,"菱形风筝"的四条边发展较快,但两条对角线位于内陆,且有丘陵地形为阻碍,发展缓慢。考虑到半岛的地形,应该加强南北之间的快速通道建设,深度沟通烟威地区内部以及烟威与青岛的联系。

2. 省会都市圈

(1)北跨与南越。这些年关于济南的总体发展方向一直存在争议,例如,"东拓、西进、南控、北跨、中疏"等提法很多,但在现实中东拓西进相对容易,而南北方向难度较大。于是,济南就变成了一个东西跨度极大,南北相对狭窄的"油条型"城市(南北不到15千米,东西近100千米)。这种布局严重影响了济南的交通效率,从而使其成为全国闻名的拥堵城市。而根据最新的城市规划,跨越黄河的济南新区已然在建;同时,济南与莱芜的行政合并已经完成,北跨和南越同时进行。

(2)明确重点及突破方向。第一,关于向北发展。很明显,济南新区的目标是成为国家级新区,而能够成为国家级新区必须要有足够的产业集聚(要实现完整的城市功能),这些产业要么是引进、培育的新产业,要么是老城区转移的原有产业。目前来看,济南新区的产业种类主要有新材料、物流业、现代农业及文化旅游等产业,这些产业吸引人口能力明显不足,而济南老城区的产业资源已经所剩无几。如果没有新的突破,则成为国家级新区会有一些难度。为此,我们建议,如果要决定发展济南新区,就要有足够的勇气,也要选择衡量。如有人建议搬迁政府部门或医疗机构,我们认为这样会加大老城区人民的办事成本,不可取。可以考虑搬迁的单位应该是金融机构和剩余的高等教育机构,在新区建设一个以金融、高校、高端商务为主的知识密集产业区,高校毕业生可以在本地就业,构成一个良性循环。十年之内,当有所成效。

第二,关于向南发展。从山东省层面看,向南同样是有利的,只有把自身做好,才是最稳妥的。向北对接京津冀,可能只会接受淘汰产能,实际上并不一定有利于山东省整体的发展,而山东省南部有5个地级市(不含日照),人口接近全省人口的1/2,且均为较落后地市。向南发展,提升南部城市的经济体量有助于缩小南部地市与中东部地市之间的差距,山东半岛城市群才会成为真正意义上的城市群。向南发展的产业中,应以工业、现代制造业为主,这些产业占地面积小,适合块状经济发展。

济南与莱芜合并，已经显示了济南向南发展的决心。因为济南到泰安的直线距离要小于济南到莱芜的直线距离，而济南之所以选择莱芜，一方面是因为莱芜的经济体量较小，另一方面是因为济南与泰安之间的多山地形。不过，既然决定向南发展，首先应该先让济南、泰安、莱芜一体化，这种一体化不仅是行政上的，我们也不能寄希望于济南兼并所有的南部城市。其次从战略上应该扩大拓展当前的紧密层与辐射层观念。当前所说的省会紧密层为 70 千米，辐射层为 150 千米，这样的话南部城市均不在辐射层。建议紧密层应该为 100 千米左右，向南到达东平—大汶河—新泰一线；辐射层应该为 230 千米左右，包含北部、南部多数地市。实际上，同一省份的 230 千米距离，高铁 1 小时到达，完全可以实现广义上的同城化。

如果能够在中远期实现这一目标，则以济南为中心的省会都市圈与以青岛为中心的胶东都市圈将完全覆盖山东省所有城市，山东半岛城市群自然形成。

3. 鲁南经济圈

一是基础设施先行。与半岛地区及省会周边地区相比，鲁南经济圈基础设施相对落后，其中最明显的是交通设施落后。一个成熟的经济圈应该拥有一套完整高效的高速铁路、高速公路及航空交通网络。目前，这一"短板"正在逐渐补齐，如在建的鲁南高铁必将对鲁南地区的发展带来深远的影响。此外，鲁南经济圈还需要以提高城镇化率为依托，逐步加强城市基础设施建设。

二是对外开放战略。大发展必然需要大开放，通过大开放带来大发展。要实现"弯道超车"，就要从"引进来"入手，实行比其他地区更加优惠的政策，对内对外全方位开放，吸引国内外先进企业入驻。要实现后发优势，就要从"走出去"入手，鼓励本土企业与国内外先进企业联合投资，向南与江苏省邻近地区接轨，向北与省会经济圈接轨，向东与日照、青岛构建内陆—沿海物资通道，向西与中原经济区共谋发展。

三是实施多中心发展战略。鲁南经济圈概念的出台，也引起了一些关于鲁南地区中心城市定位的争议，如有的观点认为，从经济实力来看，鲁南经济圈应以临沂为中心；有的观点从地理位置出发，认为济宁（或者是兖州）应该成为中心。就目前鲁南经济圈的发展现状而言，不宜过早确定某个城市成为"中心"，中心城市是竞争合作的结果，而不是规划和设计的结果。考虑到圈内各地区的物理距离较远，鲁南经济圈应该以现有地级市为依托，一方面发展壮大各自的特色产业；另一方面通过发展周边小城镇、卫星城提高城镇化率，扩大地级市辐射范围，逐渐缩小圈内各城市的经济距离。

四是坚持以人为本战略。与省内其他地区相比，鲁南地区缺乏的并不仅是资本，还有人才。要把各种吸引人才、留住人才的措施落到实处，同时不能仅仅关注"高端"人才，还应该关注各种层次的人才。重要的不是高端或中低端，而要看是否能够满足需求端。有的地方政府习惯于招聘大量博士充实到公务员、事业单位队伍，此举固然能够起到一定作用，但真正支撑地方经济的不是政府和事业单位，而是企业。大型企业需要高端人才，也需要中层干部和技术人员；中小企业同样需求领军人物、职业经理人，而这些人才缺口与学历学位并没有太大关系。此外，鲁南地区不仅要关注外来人才的引进，也要关注本地人才的挖掘。

五是坚持可持续发展战略。目前来看，鲁南地区经济发达程度略逊，但资源丰富、山河秀丽。习近平总书记说："绿水青山就是金山银山。"鲁南地区要坚持可持续发展理念，不能走先污染—再治理、先破坏—再修复的老路。要建设资源节约、环境友好的经济结构，从宏观上看，要严格执行生态红线政策，环境保护一票否决；从微观上看，要引进或鼓励发展高效率的循环经济产业。另外，在城镇化进程中，也要注重经济效率与环境保护之间的平衡。例如，有些村民生活在山林深处，生活极为不便。如果修建交通设施，一方面成本较高，另一方面会在一定程度上破坏环境，这种情况就应该考虑搬迁到交通方便的居民点。另外，鲁南地区拥有极为丰富的旅游资源，但旅游资源的开发整理、品牌建设及对外宣传方面还有很多工作要做。抓住建设鲁南经济圈的历史机遇，重点发展现代旅游业，应该是鲁南地区实施可持续发展战略的重要抓手。

第六章　山东省绿色发展体系建设研究

第一节　国内外绿色发展体系演变

一、绿色发展的国际背景与理论内涵

1. 绿色发展的国际背景

工业革命使世界发生翻天覆地变化的同时，也带来了严重的环境污染。绿色思潮，正是人类对传统工业文明带来的生态环境危机进行深刻反思的结果。从世界范围来看，绿色思潮的发展历程大致可以分为三个阶段。

第一次绿色思潮发端于20世纪六七十年代，主要表现为西方社会对工业革命带来的环境污染问题的反思。20世纪30年代之后，发达国家相继出现了一系列严重的环境事件。英国泰晤士河污染事件、美国洛杉矶光化学烟雾事件以及英国伦敦烟雾事件等一系列严重的环境公害事件引起世界各国对生态环境问题的深切关注。1962年，美国学者雷切尔卡逊出版了《寂静的春天》一书，引发了公众对环境问题的密切关注。1972年，罗马俱乐部在《增长的极限》一书中指出：地球的支撑力将会由于人口增长、粮食短缺、资源消耗和环境污染等因素在某个时期达到极限，使经济发生不可控制的衰退。同一年，在瑞典首都斯德哥尔摩召开了第一次人类环境与发展会议，会议上发表了《人类环境宣言》。

第二次绿色思潮产生于20世纪八九十年代，主要表现为对资源环境效率低下与非可持续发展的反思。在高投入、高污染的粗放式增长模式下，能源资源成为制约经济发展的重要因素。两次石油危机在带给欧美国家经济衰退的同时，也迫使这些主要的工业国积极寻找替代能源，并将节能、环保上升到国家战略层

面。1987 年，世界环境与发展委员会发布了著名的报告《我们共同的未来》，首次提出了"可持续发展"的概念，也就是"既满足当代人的需要，又不对后代人满足其需要的能力构成危害的发展"。1992 年，联合国环境与发展大会在巴西里约热内卢召开，会议通过了关于环境与发展的《里约热内卢宣言》和《21 世纪行动议程》，可将"可持续发展"从理论上升为国际社会共同推进的发展战略。

第三次绿色思潮产生于 20 世纪末 21 世纪初，主要表现在全球合作、共同应对气候变化方面。1997 年 12 月，联合国气候变化框架公约参加国在日本京都共同签署了《京都议定书》，标志着人类历史上首次以法规的形式共同控制温室气体排放。2009 年 12 月，在丹麦哥本哈根气候大会上，各参与国对《京都议定书》后的全球温室气体减排机制进行讨论，并达成了不具法律约束力的《哥本哈根协议》。2015 年 12 月，在巴黎气候大会上，各参与国通过了《巴黎协定》，对 2020 年后全球应对气候变化行动做出安排。

2. 绿色发展的理论内涵

绿色发展这一概念起源于 20 世纪 60 年代美国经济学家波尔丁提出的"宇宙飞船经济"理论，后来经由皮尔斯和戴利进一步论述形成，这一概念一经提出就在世界范围内引起很大轰动，各国纷纷开始对该概念进行深度剖析。绿色发展和以往粗犷的发展模式大有区别，它既是以可持续发展理论、循环理论、生态经济理论为基础的新型发展模式，又是以绿色、低碳为手段的综合发展方式。

绿色发展追求的目标是多元化的而非单一的，其注重的是经济、社会以及生态的协调共生，这与中国古代思想中"天人合一"的自然观非常相近。绿色发展不再是一味地追求增长速度，而是追求质的提高，致力于不断提高绿色经济在国民生产总值中的比重，是绿色的增长模式。与低能耗、低污染相关的绿色产业比重不断上升，高能耗、高污染的产业比重不断下降。与旧发展模式的区别就在于，绿色发展更加强调绿色技术与绿色创新的带动作用，是通过发展低碳经济、循环经济、绿色经济，实现经济活动过程与结果的绿色化、生态化。

综合来说，绿色发展有以下几个要点：一是在经济发展中更着重强调资源环境，把资源环境作为社会经济发展的重要内在因素，所谓绿色就是在发展经济的同时不以损坏环境为代价，并在其原有价值的基础上，实现资源环境的增值，让自然资源成为可持续的生产力，并最终促进经济的可持续增长。二是绿色发展是一个强调经济、自然与社会一体性，一个以高质量发展为最终目标，一个强调各个子系统之间协调发展的新型发展模式。简单来说，就是在资源环境承载力与生态环境容量等各项条件的制约下，解决人与自然的和谐共生问题。

二、国外典型国家绿色发展体系的演进

1. 日本

日本工业化进程展开的同时也意味着环境污染与生态破坏大门的打开。虽然明治维新时期日本在经济发展上大放异彩，但是因此所导致的环境问题也使日本付出了惨痛代价。在20世纪经济快速发展过程中，日本所发生的几起重金属污染事件，直至现在仍对其产生着不良影响。为了解决经济发展与环境污染相矛盾的问题，日本先后采取了各种措施以实现经济的绿色发展。

1973年是日本绿色经济发展思想的萌芽与起步时期，为了应对环境的恶化，日本政府不得不探索绿色发展道路，改变陈旧的发展模式。在随后的30多年里，日本先后颁布了大约27部法律，慢慢形成了一套完善的立法与执法机制。2006年，日本政府试着通过法律手段和节能减排措施对能源结构进行改革，由此制定了《新国家能源战略》。2007年，日本政府发布《日本低碳社会情境：2050年的 CO_2 排放在1990年水平上减少70%的可行性研究》，要求在2050年将 CO_2 的排放量在1990年的基础上减少70%。2008年，日本环境研究小组发布了《面向低碳社会的12大行动》，为2050年减排70%的目标提出了具体的行动时间与方案，为绿色发展的进行提供了具体计划和进程。2009年日本政府出台了《绿色经济与社会变革》方案，推动经济的绿色低碳发展。2016年，日本政府制定了《能源环境技术创新战略2050》，明确提出日本要重点推进能源系统集成、节能、储能、可再生能源发电以及碳固定与利用五大技术创新领域，共同推进全球气候保护和经济发展。近几年来，日本政府仍然秉承着绿色发展理念，统筹规划，推进经济与环境的协同发展。

2. 美国

美国早期采取的也是只管发展经济不顾环境状况的发展模式，生产中的污染物未经处理就会直接排放，这一行为直接造成了严重的环境污染问题和环境事件的频发。20世纪70年代，美国的经济结构发生了巨大变化，为了适应这一变化，美国政府制定实施了一系列提升环境质量的环保政策，在多个部门的共同努力下，经济发展过程中的环境污染问题得到了一定程度的改善，成功地实现了环境保护和经济发展的协调融合且成效显著。

1970年，国家环保局的成立标志着美国环境管理体系开始趋向完善。美国

是最早进行排污权交易实践的国家，建立了迄今世界上最完善的排污权交易制度，美国联邦环保局（EPA）为此还推行了排污量信用削减计划，出台了空气质量管理四大政策。20世纪80年代初，美国政府把税收手段引进环境领域至今，已形成一套相对完善的环境税收政策体系。20世纪90年代中期后，信息产业的迅猛发展，带来了美国金融市场的繁荣，该市场为科技发展提供了强有力的资金保障，进而推动了环保产业的快速发展。环保技术推陈出新，截至2000年，美国的环保产值就达1130亿美元，占世界环保市场37.67%的份额。美国政府充分运用合同能源管理机制减少了大量能源消费。2007年，美国为了进一步加强环境治理，建立了一种极为严厉的处罚措施，即剥夺公司不进行环保行动而获得的任何经济收益。这一举措促使多数公司从被动服从的环境管理转向主动创新，使现有竞争者或新企业不断创新并且获得竞争优势。与此同时，为了应对气候变化，先后颁布了《气候安全法案》《低碳经济法案》《减缓全球变暖法案》等一系列相关法案。2009年，美国出台了《美国复苏与再投资法案》，该法案将新能源作为重要内容，大力发展低碳经济、绿色经济。2012年，美国推出了近8000亿美元的经济刺激方案，用于发展清洁能源、积极应对气候变化，最终达成10%的电量来自可再生能源的目标。美国政府注重经济转型过程中的绿色技术创新，并将其应用到清洁能源领域，减少了美国对化石能源的依赖。此外，美国政府还借助价格、税收、信贷、工资等多种措施推动工业的绿色转型，促进经济的绿色发展。特朗普上台之后，美国经济绿色转型的步伐有所减缓，但是民众的环保意识并没有下降，经济绿色发展的趋势没有完全逆转。

3. 韩国

韩国早期的产业结构也存在较大问题，经济的增长主要依靠高能耗、高成本、高污染的"三高"产业，而这些产业的污染物高排放，严重破坏了经济与自然的平衡，甚至给环境造成了不可逆的伤害。为了合理利用资源，提高环境质量，实现经济的可持续发展，韩国出台、制定了一系列政策措施，开始走向绿色发展的改革历程。

自2009年开始，韩国每五年便会制订绿色增长计划，在此基础上诞生的《绿色增长国家战略》便是对具体计划的落实，其核心内容是大力发展绿色技术产业、强化应对气候变化能力、提高能源自给率和能源福利，全面提升绿色竞争力，到2020年跻身全球"绿色七强"，2050年位居"绿色五强"。韩国的绿色增长计划是明显区别于他国的，是以可持续发展为最终目的的综合性政策，不是单纯地应对气候变化。2010 年《低碳绿色增长基本法》的正式推行，标志着韩国正式踏上绿色低碳发展之路，该法律的出台主要是为了转变韩国当前的经济发展方式，实现环境与经济的协调发展。《低碳绿色增长基本法》的主要内容是，在 2020 年以前，把温室气体排放量减少到"温室气体排放预计量"的 30%，还包括设定温室气体中长期的减排目标、构筑温室气体综合信息管理体制以及建立低碳交通体系等有关内容。2012 年，韩国出台了《温室气体排放分配以及交易法律》；2014 年，又出台了《温室气体排放权的分配以及交易法律施行令》。除此之外，韩国还先后制定和出台了《智能型电力网的构建与利用法律》《绿色建筑物支持法》《可持续发展交通物流发展法》等。截至目前，韩国一直以绿色增长五年计划为导向，不断践行绿色发展战略。

三、中国绿色发展体系的演进

改革开放以来，中国经济高速发展，创造了举世瞩目的"中国奇迹"。不过，我们也应该看到，粗放式的发展方式也使中国在资源环境方面付出了沉重的代价。积极应对环境危机、实施绿色发展战略，既是中国实现可持续发展的内在要求，也是中国深度参与全球治理、推动全人类共同发展的责任担当。

为了应对环境恶化的境况，中国政府从 20 世纪 80 年代以来，便开始制定出台一系列相关的法律法规，如《中华人民共和国环境保护法》《大气污染防治法》《可再生能源法》等。1996 年，中国在《"九五"计划和 2010 年远景目标纲要》中正式提出实施可持续发展战略。2002 年、2007 年召开的党的十六大和党的十七大也提出了"生产发展、生活富裕、生态良好的文明发展道路"。同年，《中国应对气候变化国家方案》的颁布，又提出要完善关于气候变化的法律法规，推进气候保护的工作。中国也在"十二五"规划中明确提出了绿色发展的国家战略，创新了我国可持续发展的思路。2014 年，《中华人民共和国环境保护法（修订版）》的颁布，更加明确了环境治理的具体措施，进一步推进了绿色发展的工作进程。2015 年 11 月，党的十八届五中全会审议通过了《中共中央关于制定国民经济和社会发展第十三个五年规划的建议》，提出了包括"绿色发展"在内的"创新、协调、绿色、开放、共享"五大发展理念。2017 年 10 月召开党的十九大指出，建设生态文明是中华民族永续发展的千年大计。必须树立和践行"绿水青山就是金山银山"的理念，坚持节约资源和保护环境的基本国策，像对待生命一样对待生态环境，统筹山水林田湖草系统治理，实行最严格的生态环境保护制度，形成绿色发展方式和生活方式，坚定走生产发展、生活富裕、生态良好的文明发展道路，建设美丽中国，为人民创造良好生产生活环境，为全球生态安全做出贡献。2018年召开的环境保护工作会议也强调要坚决打好污染防治攻坚战，持续改善我国的生态环境质量，以满足人民日益增长的优美生态环境需要。

四、绿色发展体系的框架

综合以往国内外学者的研究，笔者认为，绿色发展体系应该包括绿色制度体系、绿色产业体系、绿色技术创新体系、绿色金融体系、绿色消费体系和绿色文化氛围六个方面。

1. 绿色制度体系

绿色发展作为一种新型发展模式和资源配置方式，需要一系列相关的制度法规作为保障。没有一套有效的绿色制度体系作为支撑，绿色发展无法顺利进行。党的十八届三中全会通过的《中共中央关于全面深化改革若干重大问题的决定》指出"建设生态文明，必须建立系统完整的生态文明制度体系"，而绿色发展战略作为建设生态文明的主要路径，要想推进经济的绿色发展就要建立一套系统完整的绿色制度体系。构建绿色制度体系是贯彻五大发展理念的重要举措，是实现经济发展方式转型和可持续发展的必然要求，构建完善的绿色制度体系需要往构建绿色发展考核制度、绿色教育制度、完善法律法规等方面进行努力。

2. 绿色产业体系

产业是税收、就业、民生、经济实力的源头活水，是发展稳定最重要的基础和最终的依托。发展绿色经济，实现绿色转型，完善绿色发展体系，实现真正意义上的"绿水青山就是金山银山"，就是要以绿色产业作为强劲支撑。我国作为发展中国家，城镇化、工业化和农业现代化正处在快速发展的阶段，且由于前期的爆发式增长正面临着资源、能源与生态环境制约等巨大压力，实现经济的绿色转型、成功构建绿色发展体系，就需要构建低碳可循环的绿色产业链作为强大的发展后劲，彻底改变以往高投入、高污染、高排放的经济增长方式。绿色产业体系的重点是大力发展那些低能耗、低排放、高效益、高科技的新型工业，并根据各地的比较优势努力培育和壮大一批可持续发展的特色产业，进而形成别具一格的绿色产业链，为实现经济的绿色转型积蓄强大的发展力量。

3. 绿色技术创新体系

绿色发展离不开绿色技术的发展创新，在经济由速度型向质量型过渡之际，绿色技术创新体系的建设更需要协同推进，因为绿色技术的发展创新是实现经济增长、资源节约和环境保护这三个系统协调发展的根本保障，也是贯彻绿色发展理念和实现可持续发展的重要行动。当前我国经济发展步入"新常态"，经济结构不断优化升级，发展方式也从以往的规模速度型向质量效率型转变。也就是说，要扭转过去依靠要素驱动、投资驱动的发展惯性，转向创新驱动来提高生态资源的配置效率进而实现经济的绿色发展。在新旧动能转换过程中，起引领作用的就是创新，没有技术上的突破，先进理念就无法兑现，先进方法就无法施展，绿色发展战略也就难以顺利推进。以创新作为突破口，不仅要紧紧抓住科技创新，着力突破核心关键技术，还要加快培育和发展战略性新兴产业、低能耗高效益产业以及现代高端成长型产业，同时加快推进传统产业的转型升级，为绿色发展注入新鲜血液。

4. 绿色金融体系

经济的绿色发展离不开绿色金融的支持，同样绿色发展体系的构建也离不开绿色金融体系。绿色金融作为绿色金融体系的重要组成部分，其与传统金融的最大区别就是，绿色金融强调的是对经济发展的"绿色"职能作用，在经济发展过程中兼顾环境保护和生态问题。绿色金融在将社会资金引入绿色产业发展绿色经济的同时，还可以创造更多新的经济增长点，为当前的绿色发展提供发展思路。因此，构建绿色金融体系成为必不可少的一步。针对当前我国经济发展所处的转型期，构建绿色金融体系，增加绿色金融服务供给既是我国供给侧结构性改革的迫切需求，也是保护环境、实现经济绿色发展的客观要求。绿色金融体系复杂又烦琐，若想构建一套完善的体系，就要从绿色金融服务供给、绿色金融市场、绿色金融监管等多方面入手，以达到完善绿色金融体系的最终目的。

5. 绿色消费体系

随着经济的发展，人们的收入水平也在不断地提高，而收入水平在提高的同时也导致了消费的增加，由此产生的一系列过度消费、奢侈消费行为也日益增多，这无疑给资源环境带来了巨大压力，也降低了环境的承载能力。我国当前正处在经济发展方式转型的过渡期，人民群众作为历史的创造者，绿色发展需要充分发挥人民群众的力量，而作为绿色发展的发起人，政府理应引导大众的消费理念向绿色化方向转变。绿色消费体系对于绿色发展体系的构建具有重要的推动作用，它可以带动社会公众树立绿色消费价值观，只购买环境友好的产品和服务，从而减轻环境压力。绿色消费是一种具有环境意识的、高层次的理性消费行为，它需要产品的生产者和需求者两方的参与。也就是说，消费者在购买商品或进行其他消费活动时，不仅要考虑自己的消费行为是否对自己的健康和生活环境有益，还要考虑是否有利于环境保护；而生产者要考虑提供给消费者的是优质的绿色产品和服务。总之，绿色消费不仅是需求者的责任，也对生产者提出了更高的要求，倒逼供给方提供更好的满足绿色消费的需求。

6. 绿色文化氛围

绿色文化分为狭义的和广义的。狭义的绿色文化指的是人类为适应环境而创造的一切以绿色植物为标志的文化，包括采集、狩猎文化，农林业、城市绿化，以及所有植物科学等，目的是满足自己的物质文化需要。广义的绿色文化除了包含上述狭义绿色文化之外，还包括为了满足人民美好生活需要的相关文化。这里主要指的是广义上的绿色文化。绿色文化是绿色发展的理论基底，推动绿色发展也会促进绿色文化的形成。构建全面的绿色发展体系离不开绿色文化作为理论支撑。绿色文化作为一种科学理论，可以引领绿色发展，为绿色发展指引方向；绿色文化作为一种精神文化，也可以增加人们对绿色发展的了解，并贯穿在人们的日常生活当中；绿色文化作为一种评判标准，可以衡量绿色发展正确与否，对于规范绿色发展来说具有重大的现实意义。绿色文化的构建需要国家、企业以及人民大众等诸多主体的参与，需要通过积极推动绿色发展来助推绿色文化的形成。与此同时，还要完善教育体系，使绿色文化更加深入人心，并给予适当的规章制度，将绿色文化融入绿色发展。

第二节　山东省绿色发展水平及问题分析

一、绿色发展评价指标构建

1. 绿色发展指标的选取

参照我国学者编制的绿色发展评价指标和国家制定的《绿色发展指标体系》，本书围绕经济增长绿色化程度、资源环境承载力和政府支持力度这3个一级指标，从中选取了39个三级指标对山东省的绿色发展水平进行综合评价。表6－1为具体指标选取情况。

表6－1　山东省绿色发展水平评价指标体系

一级指标	二级指标	三级指标	单位
经济增长绿色化程度	绿色增长效率	人均GDP	元/人
		单位GDP能耗	吨标煤/万元
		单位GDP废水排放量	吨/万元
		单位GDP二氧化硫排放量	吨/万元
		单位GDP COD排放量	吨/万元
		单位GDP氨氮排放量	吨/万元
		单位GDP烟粉尘排放量	吨/万元
	产业绿色化水平	规模以上工业增加值能耗	吨标准煤/万元
		第二产业劳动生产率	元/人
		第三产业劳动生产率	元/人
		第三产业从业人员比重	%
		第三产业增加值比重	%
资源环境承载力	资源承载潜力	人均水资源量	立方米/人
		人均森林面积	公顷/人
		森林覆盖率	%
		自然保护区面积占辖区面积比重	%
	资源环境压力	单位土地面积烟尘排放量	吨/平方千米
		人均烟尘排放量	吨/人
		单位土地面积废水排放量	吨/平方千米
		人均废水排放量	吨/人
		单位土地面积二氧化碳排放量	吨/平方千米
		人均二氧化碳排放量	吨/人
		单位土地面积COD排放量	吨/平方千米
		人均COD排放量	吨/人
		单位土地面积氨氮排放量	吨/平方千米
		人均氨氮排放量	吨/人
		单位耕地面积化肥使用量	吨/公顷
		单位耕地面积农药使用量	吨/公顷
		单位耕地面积农用薄膜使用量	吨/公顷

续表

一级指标	二级指标	三级指标	单位
政府支持力度	基础支撑能力	教科文卫支出占财政支出的比重	%
		节能环保支出占公共财政支出的比重	%
		城市人均公园绿地面积	平方米/人
		城市用水普及率	%
		城市燃气普及率	%
		城市公共交通运营路线网长度	千米
		城市建成区绿化覆盖率	%
		城市垃圾处理率	%
	环境治理能力	人均造林面积	公顷/万人
		突发环境次数	次

2. 数据来源

为了保证结果的科学可靠，选取的数据主要来源于 2011～2019 年的《山东省统计年鉴》以及国家统计局。

3. 实证分析

本书利用综合评价法对研究对象的现状进行综合全面的评价，在综合评价法中需要对确定的指标赋予一定的权重，并通过加权的方式给予研究对象客观的评价。

使用熵值法确定指标权重。在熵值法中，熵值的大小决定该指标所包含的信息量多少，熵值越大，说明其包含的信息量越小；反之则相反。

由于各个指标的计量单位有异，所以要先对各个指标进行标准化，选取 m 个样本，n 项指标，具体的计算步骤为：

（1）数据标准化。正向指标表示为：

$$x_{ij}^* = \frac{x_{ij} - x_{j\min}}{x_{j\max} - x_{j\min}} \qquad (6-1)$$

负向指标表示为：

$$x_{ij}^* = \frac{x_{j\max} - x_{ij}}{x_{j\max} - x_{j\min}} \qquad (6-2)$$

标准化值为：

$$P_{ij} = x_{ij}^* / \sum_{i=1}^{m} x_{ij}^* \qquad (6-3)$$

其中，P_{ij}表示第j项指标下第i个地区或年份所占该指标的比例（$i=1$，…，m；$j=1$，…，n）。

（2）熵值和效用值的计算。第j项指标的熵值e_j为：

$$e_j = -k\sum_{i=1}^{m} P_{ij}\ln(P_{ij}) \tag{6-4}$$

其中，$k=1/\ln(m)$，有$0 \leqslant e_j \leqslant 1$。第$j$项指标的信息效用值为$d_j = 1 - e_j$。

（3）计算第j项指标的权重即熵权。某项指标的信息效用值越高，则对于评价的重要性就越大，则第j项指标的权重可以表示为：

$$w_j = d_j / \sum_{j=1}^{n} d_j \tag{6-5}$$

（4）则第i个地区或年份的绿色发展综合评价指数S_i为：

$$S_i = \sum_{j=1}^{n} w_j P_{ij} \tag{6-6}$$

通过采用熵值法所计算的各个指标的熵值结果如表6-2所示。

表6-2　2010～2018年山东省绿色发展评价各个指标的熵值

指标	熵值
人均 GDP	0.9934
单位 GDP 能耗	0.9981
单位 GDP 废水排放量	0.9936
单位 GDP 二氧化硫排放量	0.9170
单位 GDP COD 排放量	0.9169
单位 GDP 氨氮排放量	0.9561
单位 GDP 烟粉尘排放量	0.9713
规模以上工业增加值能耗	0.9997
第二产业劳动生产率	0.9971
第三产业劳动生产率	0.9854
第三产业从业人员比重	0.9995
第三产业增加值比重	0.9975
人均水资源量	0.9830
人均森林面积	0.9900
森林覆盖率	0.9998
自然保护区面积占辖区面积比重	0.9997

指标	熵值
单位土地面积烟尘排放量	0.9796
人均烟尘排放量	0.9705
单位土地面积废水排放量	0.9989
人均废水排放量	0.9991
单位土地面积二氧化碳排放量	0.9912
人均二氧化碳排放量	0.9924
单位土地面积 COD 排放量	0.9292
人均 COD 排放量	0.9321
单位土地面积氨氮排放量	0.9700
人均氨氮排放量	0.9702
单位耕地面积化肥使用量	0.9997
单位耕地面积农药使用量	0.9988
单位耕地面积农用薄膜使用量	0.9994
教科文卫支出占财政支出比重	0.9995
节能环保支出占公共财政支出的比重	0.9979
城市人均公园绿地面积	0.9996
城市用水普及率	0.9999
城市燃气普及率	0.9999
城市公共交通运营路线网长度	0.9729
城市建成区绿化覆盖率	0.9999
城市垃圾处理率	0.9998
人均造林面积	0.9918
突发环境事件次数	0.9490

二、山东省绿色发展水平分析

根据上述熵值法的计算，可以得到山东省的绿色发展水平得分，如表 6-3 所示。

表 6-3　2010~2018 年山东省的绿色发展水平

年份	经济增长绿色化程度	资源环境承载力	政府支持力度	绿色发展综合指数
2010	0.0399	0.0352	0.0192	0.0943

年份	经济增长绿色化程度	资源环境承载力	政府支持力度	绿色发展综合指数
2011	0.0308	0.0661	0.0194	0.1163
2012	0.0337	0.0488	0.0131	0.0956
2013	0.0476	0.0306	0.0163	0.0945
2014	0.0542	0.0242	0.0180	0.0964
2015	0.0558	0.0289	0.0239	0.1086
2016	0.0579	0.0398	0.0203	0.1180
2017	0.0596	0.0406	0.0224	0.1226
2018	0.0610	0.0387	0.0341	0.1338

如图 6 - 1 所示，近几年山东省的绿色发展水平在 2011 年出现急剧下滑的情况，其余年份还是上升态势。经济增长绿色化程度总体呈上升趋势，2011 年出现缓慢下降情形，但是并没有影响总体向好的趋势，之后又很快回升。资源环境承载力在"十一五"期间处于缓慢上升趋势，在 2011 年出现了急剧下滑的情况，直到 2015 年开始快速回升。政府支持力度整体上一直处于上升阶段，与山东省的综合发展水平走势相近，2011 年出现下滑之后缓慢上升。2011～2012 年山东省的资源环境承载力出现急剧下滑的原因主要是该省粗放式的发展方式，这一发展方式虽然带来了经济总量的高速增长，但代价是环境污染严重，资源环境压力增加，环境的承载能力减弱。

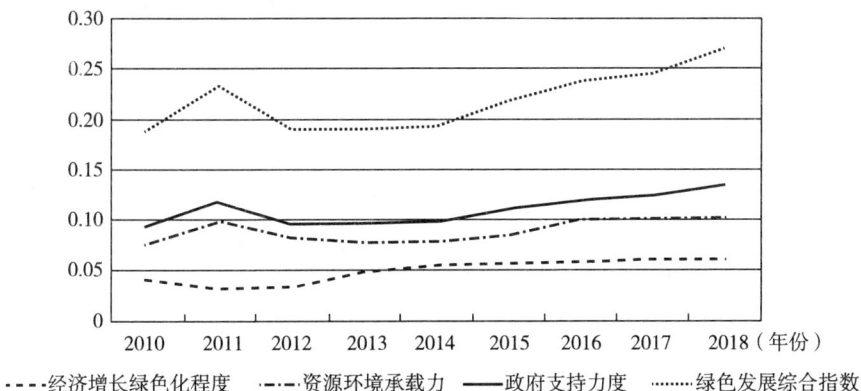

图 6 - 1　2010～2018 年山东省经济增长绿色化程度、资源环境
承载潜力以及绿色发展综合指数的变动趋势

　　为了能够更加清晰地了解山东省的绿色发展水平状况，特将山东、广东、江苏、浙江四省的绿色发展水平进行比较，如表6-4所示。

表6-4　山东、广东、江苏、浙江四省的绿色水平比较

省份 年份	山东	广东	江苏	浙江
2010	0.0943	0.1016	0.1312	0.2399
2011	0.1163	0.1428	0.1354	0.2675
2012	0.0956	0.1351	0.1001	0.2568
2013	0.0945	0.1255	0.1686	0.2645
2014	0.0964	0.1276	0.0949	0.2633
2015	0.1086	0.1300	0.1227	0.2584
2016	0.1180	0.0982	0.0580	0.2336
2017	0.1226	0.1205	0.0988	0.2357
2018	0.1338	0.1525	0.1281	0.2282

　　如图6-2所示，从2010~2018年广东、江苏、浙江等地区的绿色发展水平要远远高于山东地区的发展，这和各个省份的历史发展条件和地理位置有很大联系。山东省近几年的绿色发展水平整体上呈上升的趋势，总体形势在向好的方向发展，与广东省的发展趋势相似，而其他两省的绿色发展水平也是呈现趋势相似现象，都表现出一升一降的发展趋势，但是浙江省的绿色发展水平要在江苏省之上。总的来说，山东省的绿色发展水平在这几个省的排名当中居于后位，在绿色发展水平上还有很大的上升空间。

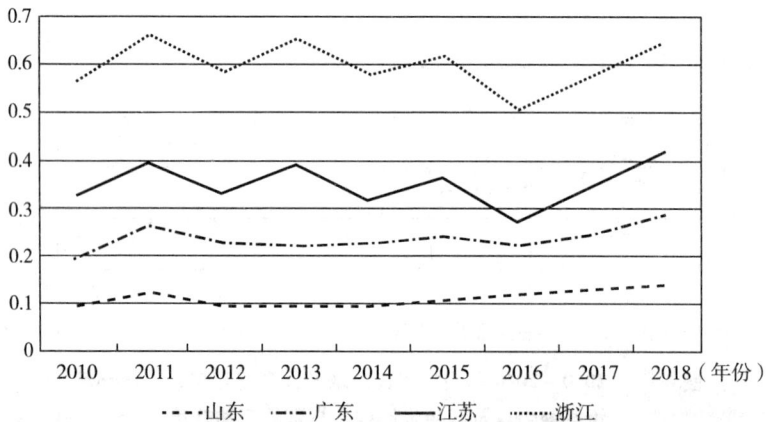

图6-2　2010~2018年山东、广东、江苏、浙江四省绿色发展综合水平的变动趋势

第三节　山东省绿色发展体系的建设现状和存在问题

一、山东省绿色发展体系的现状

1. 绿色制度体系

为建设生态山东，实现经济的绿色转型，山东省正在构建绿色发展制度体系，虽做出不少努力，但是成效并不显著。随着绿色发展上升为国家战略，其已成为山东省公共政策与法律法规制定者的共识，无论如何都要以绿色发展为目标，重视经济发展过程中的低碳化、绿色化与可持续化。在向绿色发展转型的过程中，山东省政府也出台了一系列政策法规，如《山东省加强污染源头防治推进"四减四增"三年行动方案》以及《关于进一步推进清洁生产加强污染源头防控的指导意见》等。这一系列政策制度的实施在一定程度上缓解了山东省的环境压力，也推动了绿色制度体系的进一步发展，但是在构建绿色制度体系方面的方向还是没有把握好，只是出台一些条块式的政策制度，缺乏一套整体性、系统性的制度。

2. 绿色产业体系

虽说山东省为了响应国家生态文明建设的政策，在不断推进产业的绿色改造升级进程，但是目前尚未形成一套绿色产业链。以传统产业为主的山东省，经济的增长也是依靠几大高耗能产业，仅煤炭的消耗量就占了全国比重的10%，这一高能耗现状严重阻碍了产业的绿色化进程。经济在不断发展的同时，环境也在日益恶化，政府在意识到绿色发展的重要性之后，开始从各方推进产业的生态化、绿色化发展。"没有污染的产业，只有污染的企业"，这句话不是空穴来风，如山东省的造纸业便是以此为突破口实现了绿色化与转型升级。山东省力从源头上对环境进行治理，让污染项目企业通过转型升级实现清洁生产、减少能源消耗，或是退出市场，给环境友好型项目和企业留出生产空间，最终实现真正意义上的绿色生产。但是，由于目前山东省内的企业并没有找到转型升级的突破口和"瓶颈"，所以很难实现绿色模式的转换，进而各产业也就难以成功转型升级。

3. 绿色技术创新体系

技术创新过程像其他活动一样，也是投入与产出的过程，投入也包括科研经费的投入，其是确保技术创新活动顺利进行的关键。山东省的 R&D 经费投入情况如表 6 – 5 和图 6 – 3 所示，2010～2018 年该省的 R&D 经费投入逐年不断增加，从 2010 年的 672 亿元增至 2018 年的 1643 亿元，但是很明显地可以看出，投入增长率是逐年下降的，2018 年更是出现负值。由此可见，山东省的科研投入情况并不稳定，政府部门需要重视该情况，并制订合理的科研经费投入计划。除了上述情况，山东省的自主创新能力也呈现出薄弱的特点，不仅和科研投入不足有关，也和山东省自主消化吸收能力不够有很大联系。但不可否认的是山东省在技术创新方面也做出了不少成果，如山东省的技术市场成交额从 2010 年的 100.68 亿元增加到 2018 年的 819.95 亿元，年均增长率高达 31.6%，相较 2017 年的 511.64 亿元，2018 年的技术市场成交额增长了 60 个百分点。

表 6 – 5　2010～2018 年山东省 R&D 经费情况

年份	R&D 经费（亿元）	R&D 经费投入强度（%）
2010	672.00	1.84
2011	844.38	1.97
2012	1020.33	2.15
2013	1175.80	2.23
2014	1304.07	2.30
2015	1427.19	2.36
2016	1566.09	2.44
2017	1753.01	2.41
2018	1643.3	2.15

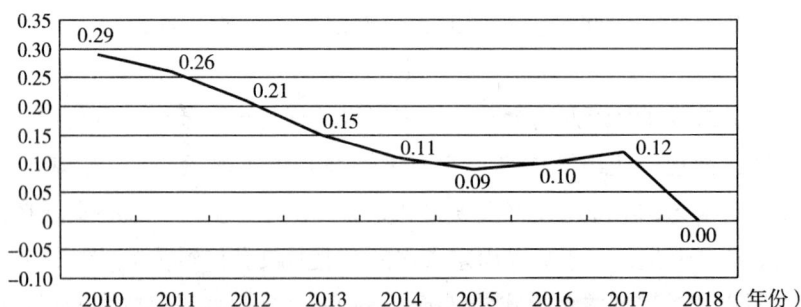

图 6 – 3　2010～2018 年山东省 R&D 经费投入增长率

4. 绿色金融体系

山东省为响应国家生态文明建设，大力支持绿色环保行业的发展，不断扩大绿色信贷规模。如山东省各银行对不同类别客户实行差异化信贷政策，为从事绿色环保的行业开启"绿色通道"；实行优先授信，并适当降低申贷门槛、加强"绿色信贷"投放，以支持生态山东的建设工作；实时监测绿色信贷风险，制订风险应对方案。山东省政府亦通过不断拓展绿色金融新领域完善金融市场，虽然创新力度不够，但还是小有成效。如在 2018 年山东省节能环保产业重点项目银企对接暨绿色金融政策宣讲会上，各金融机构与企业推介了 152 个绿色项目，涉及投资 420 亿元、融资需求 161 亿元。同年，山东发展投资集团发起设立 100 亿元绿色发展基金，用于投资山东省绿色交通、绿色建筑以及清洁能源等节能环保产业和新技术、新材料等低碳领域新兴产业，激发绿色金融市场活力。山东省还积极开展绿色保险，完善环境污染责任保险制度，中国人民财产保险股份有限公司和中国平安财产保险股份有限公司等保险公司也纷纷推出环境污染责任险等绿色险种。虽说绿色金融市场上的产品一直在不断更迭，但产品的创新程度较为落后，而且相关的制度体系也没有适应发展步伐，造成法律保障的支撑力不足，与美国等发达国家相对完善的绿色金融体系相比更是相距甚远，山东省仍需不断努力。

5. 绿色消费体系

绿色消费体系作为绿色发展体系的重要组成部分，其重要性不能忽视。绿色消费不仅对消费者行为提出了要求，更是在产品的生产上上了枷锁，产品生产必须绿色化。也就是说，从原材料、生产、包装到销售都要实现绿色化。绿色生产需要技术创新作为支撑，没有技术上的突破，绿色化无法实现。只有当生产端达到了真正的绿色化，消费者在消费时才能够实现购买行为的绿色化。山东省目前的状况是绿色消费经常出现在一些政府文件和宣传语里，却没有真正落实。一般来说，过度的宣传又会起反作用，让人产生逆反心理，所以政府需要找到真正将绿色消费融入人们日常生活的方法，而不是试图通过文字宣传达到目的。如今，"说教"式的绿色消费在山东省非常普遍，但这一方式并没有让消费者形成绿色消费的自我意识。意识具有指导行为的作用，只有让消费者感受到绿色消费的必要性，他们才会去真正实现绿色消费。

6. 绿色文化氛围

在这个全球崇尚绿色发展的时代，着重发展绿色文化产业迫不及待，文化产业在某种程度上可以提升公民的绿色文化意识。山东省在这方面也做出了不少努力，如大力发展与绿色文化相关的产业、绿色旅游业。山东省不但拥有丰富的自然资源，而且地大物博，绿色旅游资源信手拈来。山东省各地政府在开发旅游产业的过程中，努力将绿色文化和旅游产业相融合，打造出更多的绿色旅游文化产品，让群众在欣赏美丽自然风景之余，也能够体验到生态无污染的绿色产品。但是现阶段山东省还未形成浓厚的绿色文化氛围，在绿色文化教育方面仍缺乏经验，未形成学校对学生进行绿色教育的良好风气，可以说在绿色教育层面的努力不够深入、对绿色文化的普及还不到位。

二、山东省绿色发展体系存在的问题

1. 绿色制度体系不健全

（1）强制性制度较多，自发性制度较少。山东省在改善生态环境和加强环境治理过程中，也制定颁布了一系列相关的法律法规，如《山东省环境保护条例》。可以说，现有环境保护制度大多是依靠政府相关部门利用强制性手段对企业违规行为进行约束，鲜有政策制度能使企业、民众自觉参与到环境保护当中。反观西方国家，早就实现了环境制度的市场化，而山东省利用市场机制等引导社会公众自发进行资源环境保护的规章制度还相对较少，山东省政府完全可以借鉴西方的环境经济政策，并投入实施。

（2）整体性、系统性制度较少。自2012年山东省提出建设生态山东以来，省政府也制定、出台了一些有全局性影响的规章性制度和政策文件，但由于受到原本行政体制的制约，这些政策供给并没有体现出系统性、整体性的特点，而是以条块性、部门性为主要特征。以烟粉尘的管理问题为例，工地上出现粉尘时归属建设部门管，一旦出了工地所属范围便归市政管，出现在公路上还要受到交通等部门的管理。山东省正处在转变经济发展方式、提倡绿色发展、低碳发展的时期，需要一套整体性的规章制度对整个社会进行约束。

2. 绿色产业体系发育不足

（1）产业结构发展不平衡。山东省作为我国的能耗大省，其煤炭消耗量约占全国的10%，氮氧化物以及二氧化硫的排放量分别占据了全国的第2位与第1位，五大高耗能产业钢铁、建材、化工、石油和火电的污染物排放量约占据全省的90%。由此可以看出，山东省仍以传统的资源型产业为主体，这一模式增加了产业系统的结构脆弱性，也成为发展的"瓶颈"。近年来，虽然山东省的产业格局已转变为"三二一"，但是现代服务业的发展水平仍然较低，当前还是以传统服务业为主，农业中水资源等短缺，生产效益不足，第二产业能耗过度，重工业污染严重，而且制造业技术水平低下，创新度不足，生产的产品多以低端链为主，缺乏高端制造链与绿色产业。

（2）能耗大，能源结构单一。山东省作为我国的人口大省、经济大省和能耗大省，其人口总量排在全国第 2 位、经济总量排在全国第 3 位、能源消耗总量排在全国第 1 位，其经济发展长期依赖煤炭资源，煤炭在能源消耗总量中占据了较大的比例，并且根据统计结果显示，山东省这一个省的煤炭消耗总量就大约占了全国的 10%。近年来，煤炭的消耗量竟然呈现出不降反升的现象，过高的煤炭资源消耗虽然在一定程度上带动了经济的发展，但同时也阻碍了经济转型，拖了山东省生态文明建设的后腿。

3. 绿色技术创新体系薄弱

（1）自主创新能力弱。山东省的科研投入虽然逐年增加，但是科研产出与其并不成正比。在技术层面上，山东省主要是以技术改造为主，自主技术创新能力较弱，这在很大程度上限制了技术创新体系的完善。虽说近年来山东省在遵循绿色发展理念的同时，将引进技术成果应用于实际生产活动中，但是并没有达到预期效果，因为在引进技术之后未能很好消化吸收，这一行为直接造成了技术与支出浪费。很明显的是山东省忽略了自主创新能力的重要性，所以才会出现技术投入与产出严重失衡的困境。

（2）产学研融合度不够。技术创新不单单是纯实验室的技术突破，还包括技术的市场化过程。绿色技术创新是基于绿色、低碳、循环化的技术创新，需要绿色技术的供需双方有一个沟通交流的机制，从而实现技术创新成果的获得。企业作为生产者，是技术市场化过程的实现者，因此，推动经济增长，必须由企业和科学家协作完成，成功实现技术创新成果的转化。目前的山东省虽然一直在响应国家政策，推进技术创新过程，但是在实践过程中，往往达不到技术市场化过程与技术突破的融合，最终导致技术创新难以实现。此外，值得注意的是，山东省缺乏这种产学研深度融合的能力。

4. 绿色金融体系不成熟

（1）绿色金融发展的基础保障不完善。一是绿色金融制度的建设不完善。山东省在绿色金融方面的法律法规多以指导意见为主，对金融市场主体的约束力不强，保障力度不够。二是政府相关政策支持力度不足。虽然相关部门推出了一些与提升绿色金融发展相关的政策和措施，但是在实践过程中出现可操作性不强、效率低等现象，真正的作用没有发挥出来。

（2）绿色金融产品和市场缺乏创新。目前金融机构虽然推出了一些绿色金融产品，但从现实需求来看，绿色金融产品的供给还是比较落后，种类稀少，尤其与国外领先者相比差距更大。金融市场提供的绿色金融服务层次浅，所涉及领域也大多是低附加值产品，鲜有高附加值产品，同时少有保险公司开展绿色保险业务、险种也较少，而且出现的普遍现象是大部分企业抱有侥幸心理，不愿购买环境污染责任险，在试点的前 5 年中，累计投保企业只有 104 家，不足总量的 1%。

5. 绿色消费体系尚未形成

（1）社会公众的绿色消费意识不够。近年来，山东省虽在推进生态文明建设与经济发展同步进行方面付出了不少努力，但是社会整体的绿色消费意识并不浓厚，绿色消费还没有完全融入公众的日常生活当中，或者说仅仅知道绿色消费，但是并没有真正做到绿色消费。主要原因有两个：一是政府在倡导绿色消费方面的宣传不够到位，只是很浅显地告知绿色发展理念，并未将实质传达到社会中去；二是消费者的自我环保意识不够强烈，没有意识到保护环境的紧迫性，自身的社会责任感很弱。

（2）绿色消费与绿色生产未能实现无缝衔接。虽然山东省政府经常号召广大消费者绿色消费，购买对环境有益的产品，但重要的是绿色产品的供给较为缺乏。绿色消费与绿色生产息息相关，一个完善的绿色消费体系，需要绿色生产与其同步发展，这样才能达到真正意义上的绿色消费。

6. 绿色文化氛围不浓

（1）绿色教育尚未普及。山东省在宣传绿色文化方面下了不少功夫，但在绿色教育方面还是缺乏经验。当前政府主要是以媒体宣传、政府文件等形式向大众传达绿色文化的信息，虽然有所成效，但是并不成功。绿色文化具有深远的理论渊源，应作为传统的优秀文化被传承下去，而当前众多学校在教授传统文化的同时却忽略了绿色文化同样重要，更是关乎着每一代的子子孙孙。所以说，山东省在这方面的教育并不成功，经验也不够。

（2）绿色文化不够深入人心。山东省虽然一直在向国家政策看齐，努力实现经济发展的绿色转型，政府也经常出台一些文件，号召社会公众培养绿色文化价值观，但是成效并不显著。尤其是对于已经踏入社会的群体，文化价值观已经养成，很难再去通过一些硬性的措施改变，政府要认识到这个问题，要用有效的办法解决。相对而言，政府应该从学校教育开始，在课堂中加入绿色文化课程，培养学生的文化理念，让其在受教育过程中自然而然地接受绿色文化、吸收绿色文化、弘扬绿色文化，从而形成独有的绿色文化软实力。

第四节　完善山东省绿色发展体系的具体路径

一、构建绿色制度体系

为了早日实现生态山东、美丽山东的建设，转变以往的经济发展方式，向绿色发展迈进是关键之举，绿色发展慢慢成为建设生态山东的重要路径。这一路径的实施需要一套完善的制度体系作为保障，正所谓"无规矩不成方圆"。山东省虽在绿色制度体系方面做出了不少努力，但仍存在强制性制度较多、自发性制度不足、整体性系统性制度缺乏等问题。首先，思想可以指导人们的行为方式，通过构建绿色发展的教育制度改变人们原有的思想理念，让他们树立起绿色发展的新理念，做到真正把绿色发展作为思考问题和进行决策的出发点。其次，切实有效的绿色发展考核制度能够在一定程度上影响人们的行为决策，在干部考核过程中，不仅要考察经济发展的能力，还要关注是否以牺牲环境为代价实现增长目标。最后，借鉴美国、日本、韩国等发达国家的经验，通过强制性的法律法规不断提高环保标准，对企业的违法违规行为进行严惩，让破坏生态者付出应有的代价，并在此基础上不断加强和完善促进山东省绿色发展的法律法规体系。总之，山东省要想实现绿色发展的转型，离不开绿色制度体系的支撑与保障。

二、构建绿色产业体系

当前山东省产业布局不合理，重型化工业仍然占据主体地位，产业结构性矛盾突出，产业的快速发展与资源环境承载力的矛盾也日益凸显，因此当前加快产业的绿色转型，倒逼经济发展模式的转变和产业结构的转型升级是重中之重。大力发展以战略性新兴产业和现代服务业为主的低耗高效产业，使其成为山东省的支柱产业，带动整个山东省的发展；坚决抑制高耗低效的冶金等产业发展；对于高耗高效的产业实行优化政策，加快研发实施绿色低碳技术以减少对环境的污染，注重环境效益的提升。另外，以新旧动能转换为总抓手、以"四减四增"为治本之策、以绿色发展为最终目标加快传统资源型产业的转型升级，培育壮大新一代信息技术、节能环保、清洁能源、现代海洋、新能源新材料等绿色产业集群，尽快形成属于山东省自己的绿色产业体系。

三、构建绿色技术创新体系

2018 年山东省的 R&D 经费投入为 1643.3 亿元，虽然位居全国第 4，但是投入与产出结果严重失衡，且投入强度和北京、上海等地相比差距甚远，也没有达到国家标准，创新动力无法满足巨额的科研投入。因此，政府应当增加该方面的投入，鼓励万众创新，提高本地的绿色科研水平，培养和引进更多的绿色技术高端人才，不断优化绿色创新环境，为绿色创新体系的建立提供优质的主干力量与条件。另外，科研投入与产出不匹配现象的出现，与山东省的创新力不足、技术水平低下有很大关联，要想突破当前的创新困境，必须从打破企业与高校及科研院所的界限入手，推动产学研的深度融合，鼓励科学成果的转化，让更多的企业加入到科研领域，促使科技创新和企业生产的结合，实现产品由低附加值向高附加值的转变以及生产技术的绿色升级，为绿色创新体系的建立提供鲜活主体。

四、构建绿色金融体系

大力发展绿色金融，促进节能环保产业的健康发展。推动绿色金融对实体经济的帮扶是推进供给侧结构性改革的重要内容，既是山东省实现新旧动能加快转换的重要方向，也是金融机构优化资产结构、实现自身转型发展的内在要求，因此，加快完善绿色金融体系是提高绿色金融服务生态环境保护和经济高质量发展能力的当务之急。在具体实施方面，一是政府要加快制定全省绿色金融发展实施意见，发挥财政资金、环境权益交易市场等的作用，在政策上大力支持绿色产业，加强对绿色产业的投融资；二是要健全绿色金融制度，营造良好的绿色金融市场氛围。同时，要加快培育绿色金融机构，使银行业的绿色金融能真正起到促进山东省环境保护步入产业化道路的作用。在绿色金融体系中，金融工具的存在也至关重要，创新绿色金融工具必不可少。绿色金融市场作为绿色金融体系的主要内容，山东省应该发展绿色金融股票市场和加快排污权交易市场建设，为绿色产业的发展增加长期融资来源，促使绿色金融体系更加完善。在对金融机构的制约方面，加快完善绿色金融监管，具体来说，绿色金融的相关机构应建立高标准的环境风险管理，避免不可持续性的商业行为影响市场价值。在山东省环保信息披露机制欠缺的情况下，相关部门也应尽快出台相关政策制定环保信息披露机制，鼓励投资人员在投资时考虑环境因素，做到真正意义上的绿色投资。

五、构建绿色消费体系

消费已成为我国经济增长的主要拉动力，不仅对经济增长的支撑作用日益增强，而且日益成为我国生产的主要目的。绿色消费能达到推动山东省经济目标实现和环境保护的双重目标，消费能带动山东省的经济增长，而绿色强调了在经济增长的同时对环境质量的重视。绿色消费不仅能促进山东省的可持续发展，也利于加快生态山东、美丽山东的建设。因此，山东省应该加快并重视绿色消费体系的构建。绿色消费体系的构建并不是单方面可以完成的，它需要政府、企业和消费者共同参与。首先，在政府层面上。政府应该加强绿色消费的制度建设，为促进绿色消费的增长奠定制度基础，同时需要形成制度实施机制，再好的制度如果得不到有效执行，那等于形同虚设；政府还应该出台一些激励政策，鼓励企业加大绿色产品的研发、设计和生产投入，以此提高绿色产品的供给质量，倡导企业养成绿色营销理念，向社会传播绿色文化和培养绿色消费的社会氛围，使消费者意识到作为一个公民的道德意识和社会责任感，使其更好地履行保护环境的义务。其次，在企业层面上。注重对绿色营销观念的宣传，树立保护生态环境、生产绿色化的企业发展观，重视消费品生产过程中的环境影响最小化，从根源上缓解环境污染问题。最后，在消费者层面上。自觉购买绿色产品，减少非绿色产品的消费，响应政府"绿色消费"的号召，以需求端拉动绿色产品的生产，并养成绿色低碳、勤俭节约的生活方式。

六、构建绿色文化体系

绿色发展目标的实现不仅需要政府这只"看得见的手"的参与，社会公众的参与也同样重要。绿色文化作为绿色发展的精神引领，绿色发展体系当中绿色文化必不可少。绿色文化为绿色发展提供价值目标，也为绿色发展提供最根本的驱动力。2012 年，山东省政府提出建设生态山东，这一目标的实现，需要绿色文化进行价值引领。首先，政府应该完善教育体系，将绿色文化理念深入到学生和公众的心理，引导公众将绿色文化理念应用到实际生活当中，让其切实感受到绿色文化的魅力所在，加强对绿色文化的了解。对待社会公众这一群体，政府要重视社会氛围对人的潜意识的影响，只有让人们接触到的环境绿色化，人们才会有意识去保持环境的绿色化。因此，要善于运用各种教育方式和手段将绿色文化渗透到人们的生活中。其次，企业在生产过程中要树立生态价值观和绿色发展观，坚持经济效益、社会效益与环境效益的统一，抛弃原有粗犷的发展模式，对原料入厂、生产加工、产品出厂等环节严加管理，依赖技术进步实现清洁生产、绿色生产。最后，省内居民要提高消费资料的循环利用度，树立节能意识，响应政府的绿色文化号召，自觉养成全面循环可持续的绿色文化价值观，坚持绿色生活、绿色消费的生活方式。

第五节　政策建议

一、树立经济绿色发展新理念

由于意识可以触发行为，所以在宣传绿色发展的同时，先让人们形成绿色发展的意识。具体可以从以下几个方面做起：①大力弘扬经济绿色发展新理念，利用媒体传播性广泛的特征宣传绿色发展新理念，向大众全方位、多角度地普及绿色发展知识。②齐鲁文化历史悠久、博大精深，利用山东省本地文化优势深入挖掘各地绿色文化内涵，挖掘创立属于山东省自己的"绿色"品牌。③将绿色文化引入学校教育，并将其编入教材，以"绿色发展"为主题开展一系列绿色校园活动，让学生自发养成生态文明理念，建立绿色学校。④开展绿色社区、绿色家庭、绿色单位等活动，提高社会公众的参与度，激发公民的环境责任感，若此时再大力提倡绿色生产、绿色消费、绿色低碳等生产生活方式和消费习惯，会取得更好成效。与此同时，山东省还要建立环保信息公开机制，保障公众的知情权，确保环保信息的透明化；健全群众举报、舆论和监督等制度，完善以全民参与为特色的社会监督体系；通过榜样模范、展览展示等活动，激发社会公众保护生态环境的自觉意识。

二、培育壮大绿色产业，推动经济结构转型升级

大力发展绿色产业，推动经济结构的转型升级是山东省走向绿色发展之路的必要举措。山东省当前的产业结构偏重、能源结构偏煤，是阻碍其经济结构转型的重要因素，因此，推动经济的绿色发展就要培育发展绿色环保产业。具体来说，就是要进一步扩大战略性新兴产业和现代服务业等产业的规模，调整优化偏重的产业结构，优化发展支撑山东省经济的重要基础产业，提升省内产业的绿色竞争力。另外，要对煤炭、化工、装备制造等高能耗产业的生产工艺进行改造，将绿色技术运用到产品生产过程，提高生产的绿色化水平，降低资源的消耗强度，提升社会、生态经济效益。对于山东省的传统服务行业等低能耗低效益的产业实行提升质量发展策略，山东省的产品和服务多是以低附加值为主，需要高附加值的产品和服务以及高档次的产品支撑，这就要加快相关技术创新、产业规模化步伐，推动该部分产业的规模化、效益化，同时要限制高能耗低效益类产业的发展，通过产品升级、技术改进、绿色生产、低碳循环等方式，推动经济结构的转型升级。

三、构建以市场为导向的绿色技术创新体系

"创新是发展的第一动力"，没有技术创新，经济的高质量发展也就无法实现，经济的转型升级也就无法成功。实现经济绿色转型这一目标，山东省就必须积极推进技术创新，尤其是以资源节约型、环境友好型为价值导向的绿色技术创新，将绿色技术创新作为实现经济、社会、自然三者协调发展的重要推动力。技术创新需要在实验室进行技术突破的科学家和将技术转化为现实生产力的企业协作推进，因此就必须构建以市场为导向的绿色技术创新体系，进而推动经济的绿色发展。山东省一贯是以引进技术为主，自主创新很少，政府应该采取激励措施鼓励企业进行技术创新，争取在经济绿色发展的重要领域和创新环节取得更大突破，同时建立完善重大技术研发以及资源共享的创新服务平台，进一步健全技术研发体系以及服务创新体系，依靠省内的重点高校以及各大科研院所，推动产学研的深度融合，促进绿色技术体系的建立与创新。另外，山东省还要积极鼓励省内企业对标国际环境标准，严格遵守与环境治理相关的法律法规，提高绿色标准，倒逼企业加大绿色技术研发力度，加快培育经济发展新动能。

四、积极完善支撑绿色发展的环境经济政策

推动经济的绿色转型，无论是减少污染物的排放，使经济增长与环境污染相脱钩，还是使自然资源成为可持续的生产力，归根结底都是资源配置方式和配置效率的结果。经济绿色转型的初期，要想打赢污染防治攻坚战，需要一些如法律法规等强制性的手段对企业的违规行为进行约束和惩罚，但是最为有效的方法还是形成"看不见的手"运作下的绿色发展机制。发挥市场在资源配置中的决定性作用，更好地发挥政府作用，是党的十八届三中全会上提出的重大理论观点。这一理论表明更有效地配置生态资源和进行环境治理还是基于市场机制下的环境经济政策，应尽可能地减少强制性的行政命令管制。当前，山东省应在积极完善环境制度改革的基础上，通过税收补贴与优惠、信贷支持、融资便利等一系列方式，将优质生产要素向绿色发展部门转移，积极完善碳交易、排污权交易、绿色保险、绿色贸易等多种环境经济政策，限制破坏生态环境的负外部性行为的发生，引导各市场主体的绿色正外部性行为，努力提高经济社会效益，以实现趋利行为与绿色行为兼容的目的。

第七章　山东省全面开放体系研究

第一节　全面开放体系的理论内涵

一、建设全面开放体系的背景与意义

山东省现代化经济体系的建立，不仅需要以庞大的内需为基础，还需要充分利用外部要素，进行更大范围、更深程度的对外开放。长期以来，中国对外开放采取的是非均衡战略，"点与线、线与面"的开放格局依托于有效的增长极，以此带动周围区域的共同发展。新时代背景下，"一带一路"倡议、外商投资负面清单和自由贸易试验区为现代经济体系建设提供了有力的支撑。

改革开放以来，中国经济的快速发展离不开对外开放。新形势下的对外开放面临着环境和条件的巨大变化。当前，我国正处于新旧动能转换时期，传统的经济发展道路已经进入"瓶颈"期，劳动力等传统生产要素价格不断上升，资源约束日益趋紧，环境承载力越来越接近上限，严重削弱了我国外贸传统的比较优势。国际环境的复杂性与比较优势的动态转化交织在一起。这些现实状况为全面开放体系的建设提出了新的要求和挑战。为此，要准确判断和把握全面开放体系的新内涵和新任务，找准加快建设全面开放经济体系的重点和重要抓手，适应全球化发展的趋势，以赢得国际竞争的主动权，为现代化经济体系的其他领域提供外部发展环境，营造内外融通的市场环境。党的十九届四中全会确立了"建设更高水平的开放型经济新体制"的目标，对我国经济开放做出了新的决策部署，具有重大而深远的意义。

中国在国际合作与竞争中培育新优势、开拓新空间，需要建立全面的开放体

系。世界经济形势严峻，正处于亚健康、增长乏力的调整期。在当前的新形势下，中国建立全面开放体系，有利于带动我国技术创新、品牌推广、质量提高和服务升级，由"中国制造"向"中国创造"和"中国服务"跨越。虽然开放领域的改革仍然是全面改革的先锋，但开放也需要从改革战线上汲取新的动力。只有改变我国出口优势一味集中于生产成本的现状，全面提高中国在国际合作中的核心竞争力，才能更好地应对世界经济的严峻形势、化解国际竞争中的潜在风险、开辟更大的市场空间，为"引进来"和"走出去"创造更有利的条件。

促使中国适应经济全球化、积极参与全球治理体系，需要建立全面的开放体系。近年来，国际经济不断遭遇新的挑战、逆全球化势头重新崛起，这种复杂形势给我国带来巨大挑战，考验我国充分利用国际资源的能力。如果能以此为契机，加快全面开放体系的建设，就可以更好地化解经济全球化过程中的各项风险，成为全球治理体系重塑的重要参与者。我国加快全面开放体系，可以依托于"一带一路"建设和各省市自由贸易试验区建设，以此为抓手适应全球化发展的趋势，以赢得国际竞争的主动权，为现代化经济体系的其他领域提供外部发展环境，营造内外融通的市场环境，为现代经济体系建设提供了有力的支撑。

中国深化供给侧结构性改革、促进经济高质量发展，需要建立全面的开放体系。供给侧结构性改革也必须与对外开放紧密地结合起来考虑，"三去一降一补"都必须要放在开放的条件下去考虑，只有在开放的条件下，才能给我们的供给侧结构性改革带来更多的资源，促进中国经济高质量发展。在这种形势下，通过积极对外开放，加快中国产业在全球的布局，紧盯产业技术革命的前沿，实现更高水平与更有效率地利用海外优质资本，采取共同研发、技术贸易等方式，与国内研发创新和经济转型相结合，加快培育国际经济合作和竞争的新优势。总体而言，以开放促改革、更好地发挥开放的重要作用是全面深化改革的必由之路。

二、全面开放体系的概念

全面开放体系包括中国在全球治理中角色的转变、对经济社会发展规律的更高认识、改革进入攻坚期和"深水区"阶段后的辩证关系、开放范围与开放治理全面完善等要素，分别对应于全面开放体系的战略定位、指导方针、具体举措与目标要求，具体逻辑关系如图7-1所示。

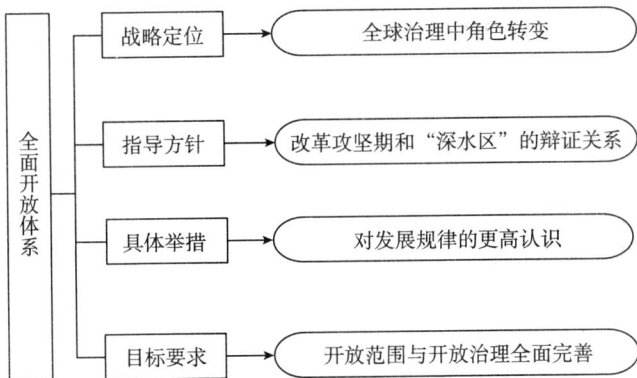

图 7-1　全面开放体系的要素及逻辑关联

首先，中国在全球治理中的角色转换为建立全面开放体系提供了战略定位。现阶段，中国在经济全球化中的角色正逐步从辅助角色向主导角色转变，从追随者和参与者逐步转变为领导者，在全球治理中的话语权也在不断提高。但与此同时，随着国际经贸规则的艰难调整，中国利用国际市场和国际资源也面临着世界经济复苏乏力、多边主义挑战不断等困难。为了适应这一新趋势，中国需要用自己的行动，为广大发展中国家参与和推动全球化建设提供一个"中国方案"，在全球治理体系的改革和重建中发挥更加积极甚至主导的作用。

其次，改革进入攻坚期和"深水区"阶段后，改革与开放辩证关系为建立全面开放体系提供了指导方针。历次改革开放的历史经验集中在通过开放牵引改革。然而现阶段，虽然开放领域的改革仍然是全面改革的先锋，但开放也需要从改革战线上汲取新的动力。在当前改革进入关键期的情况下，对外开放、促进改革可以更好地发挥护航和应对风险的作用。此外，对外开放的可持续、高水平发展需要通过改革来保证。无论是本土企业"走出去"参与国际竞争，还是海外、跨国公司更加深入地参与国内市场，都离不开国内市场监管和全面体制改革的推进，离不开营商环境的不断优化。若要改善对外开放中区域不平衡、协同效应和联动效应不强的问题，则需要通过加快长三角高质量一体化、京津冀协调发展、粤港澳大湾区建设等区域发展战略的推进来实现。在中国市场经济还不够成熟的现实下，对外开放遇到的体制性障碍，无疑需要借助深化改革，逐一解决和消除。因此，新时期的全面开放体系，要求坚持"以开放促改革，以改革引领开放"的道路。

再次，新时代下党和政府对高质量经济发展的更高认识，为建立全面开放体系提供了具体举措。社会主义制度的经济基础是生产资料公有制。只有社会化大生产才能真正促进生产力的发展。因此，中国经济的发展必须依靠不断提高开放的广度和深度。一旦离开了国际市场和资源，在供给侧结构性改革中扩大中高端供给、减少低端低效供给就无法真正实现。因此，要通过减少市场准入门槛，从全球引进高端要素和资源，充分利用国内外两个市场，实现要素最大限度的自由流动，通过资源的有效配置和市场的深度整合，更好地弥补中国经济发展中的短板与不足。

最后，开放范围与开放治理全面完善为建立全面开放体系提供了目标要求。在开放质量上，必须完成从注重吸引外资向注重全面提高外资质量的转变。在开放范围上，既要坚持制造业开放又要切实扩大服务业开放。在管理风险的同时，要探索资本、金融、数据信息等核心要素市场的开放，既要鼓励外资投资国内高端制造业等实体经济产业，也要引导外资进入先进的生产性服务业。在推动国内企业与产业园区"走出去"扩大海外投资的同时，强调防范和预警海外各种风险，积极探索海外投资对国内技术溢出的积极作用。

三、全面开放体系的要求

1. 全面提升我国在国际经贸合作新秩序形成过程中的话语权

新时期扩大对外开放的出发点是应对全球经济、贸易和治理的挑战，谋求人类命运共同体的发展。中国经济建设取得的巨大成就，离不开同世界各国特别是广大发展中国家的合作与交流。随着中国国家实力和国际地位的提高，我国需要与世界分享发展成果和红利，这也是一种负责任的体现。基于此，中国的全面开放体系要求在全球化和贸易投资自由化的大方向上，积极参与和促进双边、多边、区域经贸合作和市场开放，在环境保护、知识产权、跨境电子商务、数字贸易等重要问题上达成基本共识；倡导多边主义，维护和加强与联合国、世贸组织、经合组织、二十国集团等国际组织及其他国家合作联盟的对话与合作，尊重和接受所有国家在不违背人类共同利益的情况下自行接受谋求和平与发展的主张，并为重塑和协调全球价值观建设共同努力。在国际治理和经贸规则调整、全球治理理念创新和改革等方面，维护宽容、和平、和谐等全球普遍价值观的落实和发展，认识到各国的共同利益和冲突，积极承担提供全球公共产品的责任，为人类发展和全球发展面临的突出挑战和问题提供解决方案。

2. 充分利用国内产业分工与全球价值链，促进中国经济的转型升级

改革开放至今，中国主要依靠自身的劳动力、土地等资源禀赋和低生产成本优势，大力发展外向型经济。增长红利主要是通过引进发达国家的资本、技术和管理经验。近年来，虽然经济全球化的趋势受到反全球化浪潮的阻碍，但重构全球价值链的分工模式也成为中国现代经济体系重建的重要战略机遇。基于此，中国的全面开放体系要求，一方面，通过"吸纳"和"扩散"全球先进生产要素，形成世界一流的资源要素配置平台，推进国家创新体系建设，在综合竞争中培育技术和品牌。另一方面，利用外部需求推动国内市场走在世界前列的强劲态势，通过降低国际贸易壁垒、放宽市场准入等战略措施，加大进口规模和水平，有效推动国际需求向国内市场转化，加快形成内外需驱动的开放式、高质量发展模式。此外，不断优化法治化、国际化的营商环境，有效创新经济运行监管模式，完善以市场为主导的资源配置机制，为市场公平竞争提供法律依据和制度基础。

3. 进一步完善开放领域、开放区域、开放对象等方面存在的结构不平衡问题

从开放领域看，要重点有序开放金融、教育、文化、医疗等服务业，使制造业领域开放与服务业领域开放相辅相成，促进以资本、金融为代表的高端要素市场开放。从开放领域看，要实现沿海地区与内陆地区、不同省市的协调开放和联合开放，重点推进内陆和延边省市的深度开放，通过加强交通等基础设施建设，培育具有国际竞争力的支柱产业和龙头企业，在支持内地和延边省市有效对接国际市场方面进行不懈探索。从开放角度看，发达国家市场潜力巨大，仍然是中国对外开放的重要对象和重要的经贸伙伴，与此同时，依托中国自身的市场、技术和资金优势，大力拓展与新兴市场国家和发展中国家的开放与合作程度。

4. 有效防范和化解全面开放后可能面临的各种不确定性与风险

在单边思维和保护主义的影响下，一些发达国家对来自中国的投资建立了更加严格的审查制度，甚至限制了中国国有资本在海外的合法经营活动。"逆全球化"引发了贸易摩擦、汇率波动等一系列严重后果，也使我国企业面临外汇套期保值成本过高、金融市场功能弱等问题，特别是美国挑起的一系列贸易争端和摩擦，让世界各国对一度行之有效的全球贸易体系感到担忧，企业市场预期和信心也严重受挫。虽然许多发展中国家和新兴国家显示出巨大的发展与合作空间，但商业环境差、政府效率低下、政策变动频繁的风险不容忽视。

第二节　山东省全面开放体系的现状和存在问题

一、山东省对外开放体系发展历程

改革开放 40 余年来，依据山东省对外开放的发展历程和特点，对外开放体系大致可以分为四个阶段。如图 7 - 2 所示。

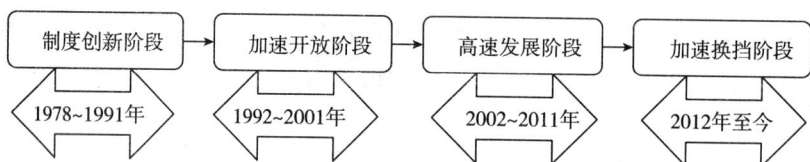

制度创新阶段 → 加速开放阶段 → 高速发展阶段 → 加速换挡阶段

1978~1991年　1992~2001年　2002~2011年　2012年至今

图 7 - 2　山东省对外开放体系发展四个阶段

1. 制度创新阶段（1978 ~ 1991 年）

山东省外向型经济在党的十一届三中全会上正式确立，并将对外开放作为一项基本国策进行贯彻落实。1984 年，山东省进入对外开放促发展阶段。山东省东部沿海城市青岛、烟台被列入国家首批沿海开放城市，以山东半岛经济开放区为核心，辐射全省。1985 年以来，对外开放和外贸体制改革的政策红利逐步释放。山东省进出口总值由 1985 年的 30.7 亿美元增长到 1991 年的 48.2 亿美元，年均增长 7.8%。其中，出口额由 26.6 亿美元增长到 37.5 亿美元，年均增长 5.9%；进口额由 4.1 亿美元增长到 10.7 亿美元，年均增长 17.3%。在"开放东部、发展西部、东西结合、共同发展"的战略指引下，山东省改革外贸体制，完善外贸管理和审批制度，在更大程度上激发了外贸企业的生命力。

2. 加速开放阶段（1992 ~ 2001 年）

1992 年，党中央加快了改革开放的步伐，为响应党中央的号召，山东省也进入了加速开放的新阶段。在这一阶段，山东省实施"全面开放、重点突破、分步推进、东西部一体化、加快发展"的新战略，不断完善对外贸易制度体系。1992 ~ 2001 年，山东省进出口额从 58.5 亿美元起不断攀升，截至 1995 年，首次突破 100 亿美元大关, 到 2000 年再次实现新的突破, 迈过 200 亿美元门槛, 开始了更高的征程。截至 2001 年, 山东省进出口总值为 289.5 亿美元, 年均增长达到 19.4%。

3. 高速发展阶段 (2002~2011 年)

中国加入世界贸易组织, 成为中国对外贸易发展的重要时点, 山东省开放型经济也由此进入了高速发展阶段。2004 年, 山东省经济总量跃居全国第 2 位。2007 年, 山东省进出口额达到 1224.9 亿美元, 首次突破 1000 亿美元, 外贸合作伙伴增加到 220 多个国家和地区, 比 1978 年有了质的飞跃。在 2009 年金融危机的困难时期, 山东省进出口总值虽然有所下滑, 但 12.2% 的跌幅还是低于当年全国 13.9% 的跌幅。经过短暂下跌, 2010 年再度回升, 2011 年山东省进出口总值达到 2358.9 亿美元, 突破 2000 亿美元。

4. 加速换挡阶段 (2012 年至今)

2012 年, 中国共产党第十八次全国代表大会成功召开, 山东省将"稳增长、调结构、促平衡"作为主线, 自此进入了加速换挡的发展阶段。2014 年, 山东省进出口总值达到 2771.2 亿美元, 达到改革开放 40 年来的历史最高点, 居全国第 6 位, 外贸增长速度位居全国主要对外贸易省市之首。面对我国对外贸易发展严峻的外部环境挑战, 山东省出台了一系列政策措施, 如各项减税降费政策, 使营商环境不断优化, 贸易便利化水平不断提高, 外贸发展呈现出全面稳定和质量提高的态势, 为山东省外贸稳定增长提供了有力保障。2019 年, 山东省外贸进出口总值达到 2.04 万亿元, 首次突破 2 万亿元, 比 2018 年增长了 5.8%。其中, 出口额为 1.11 万亿元, 增长 5.3%; 进口额为 9290.6 亿元, 增长 6.4%。在建设品牌强省战略的指导下, 2019 年, 山东省自主品牌出口额为 2614.8 亿元, 同比增长 14.2%, 占全省出口总额的 23.5%, 比 2018 年提高了 1.5 个百分点, 成为外贸竞争新优势的重要支撑。同年, 中国 (山东) 自由贸易试验区正式成立, 全面贯彻落实党中央关于加强经济社会发展创新、转变经济发展方式、建设海洋强国的要求, 加快推进新旧动能转换, 发展海洋经济, 标志着山东省开放体系全面进入加速换挡阶段。

二、山东省对外开放体系现状

1. 多种贸易方式齐头并进, 新兴贸易形式层出不穷

近年来, 山东省立足本省优势, 资源丰裕、劳动力充足的特点得以充分发

挥，从传统的重"量"转变到重"质"，对外贸易快速发展。依靠"大进大出"的贸易模式，山东省加工贸易发展迅速，交易总额持续增加，涉及的行业也从服装鞋业等传统劳动密集型产业扩展到家电、电子组装等行业。此外，一般贸易也同步快速发展。1996 年以前，山东省一般贸易总额高于加工贸易，随着加工贸易的快速发展，在 1996 年首次超过一般贸易，直到 2001 年，一般贸易出口额达到 91.3 亿美元，再次超过加工贸易，进入了飞速发展阶段。截至2018 年，山东省一般贸易出口规模比 2001 年增长 12 倍，达到 1104.7 亿美元的历史新高，占山东同期进出口总值的比重从 2001 年的 50.4% 上升到 2018 年的68.9%。如图 7-3 所示。

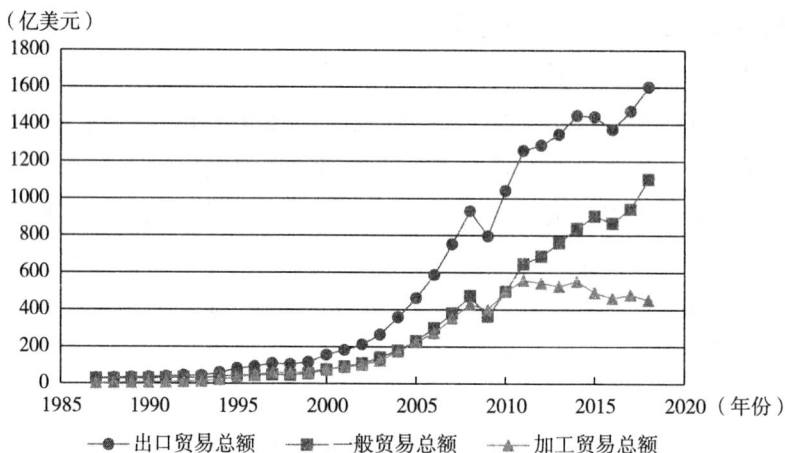

图 7-3　山东省一般贸易与加工贸易发展情况比较

资料来源：山东省统计局。

此外，在新旧动能转换的号召下，山东省转变传统的国际贸易模式，大力推进新型外贸形式，提升本省的外贸经济竞争优势，跨境电子商务、市场采购等外贸新业态进出口额呈现几何增长。电子商务研究中心监测数据显示，在 2014 年，山东省跨境电子商务进出口规模仅为 1151 万元，而到 2017 年，跨境电子商务进出口规模快速增加，达到了 19.8 亿元，短短 3 年，平均增长达到 456%。此外，市场采购出口额 2016 年为 3842 万元，2017 年达到了 62.8 亿元，增长了 162.3倍。2016 年，山东省外贸综合服务企业有 30 家，进出口额为 267.8 亿元；2017年，对外综合服务企业增至 40 家，进出口总值为 320.7 亿元。山东省在对外贸易新旧动能转换的思路下，外贸新兴增长力量发展迅速，潜力巨大，将为山东省外贸发展注入无限的新动能。

2. 在"一带一路"建设和自贸区建设的背景下，山东省贸易伙伴遍布全球

近年来，山东省外贸市场发展趋于多元化，贸易伙伴增长迅速。在改革开放初期，山东省对外贸易伙伴国家和地区只有50多个，2018年达到226个，几乎覆盖了全世界，为山东省对外贸易发展奠定了坚实的基础。基于地理位置因素，日本、韩国作为山东省重要的对外贸易国家，在山东省对外贸易中占有重要地位。山东省充分发挥其对韩国的地理优势，与韩国的贸易迅速增长，2002年超过日本，此后，连续9年排名第1位。1992～2010年，山东省对韩贸易从7.2亿美元增长到280.8亿美元，年均增长22.5%。2011年以来，美国正式接过"头号位置"。2014年，山东省对美国贸易额达到374.1亿美元，创历史新高，然而在全省贸易中所占比例仅为13.5%，直至2018年一直保持领先地位，但领先优势不再明显。从山东省与日本、韩国、美国等对外贸易的发展变化（见图7-4）可以看出，山东省贸易集中度有所下降，这也反映了山东省外贸市场发展的多元化趋势。

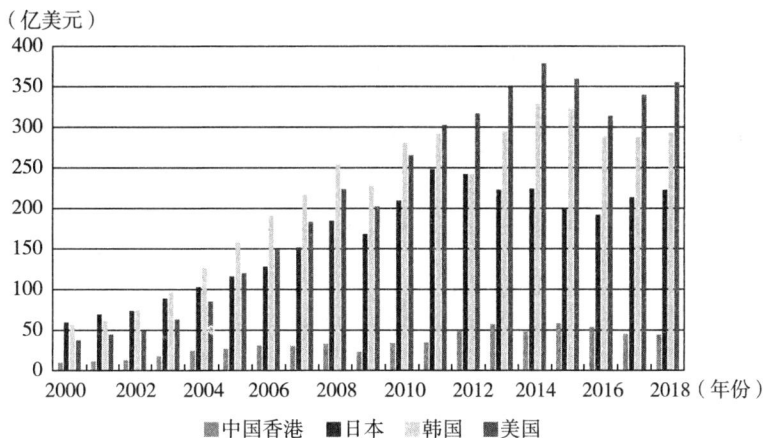

（亿美元）

2000　2002　2004　2006　2008　2010　2012　2014　2016　2018（年份）

■中国香港　■日本　韩国　■美国

图7-4　山东省主要贸易伙伴国家（地区）的进出口贸易总额

近年来，中国深度发展自贸区建设与提出"一带一路"倡议，成为推动山东省对外贸易伙伴日益多元化的重要因素。除了同日本、韩国、美国等传统贸易伙伴的深度交流，山东省与新兴市场的交流合作也日趋深入，其中，与东盟、非

洲、拉丁美洲、印度四个新兴市场的贸易总额占比在 1993 年为 8.8%，占比不高，而到了 2017 年，贸易总额占比达到了 33%，增长将近 3 倍。自国家提出"一带一路"倡议后，山东省更加注重与"一带一路"沿线国家加强合作，贸易往来日趋密切。2017 年，山东省对"一带一路"沿线国家和地区投资 100.6 亿元，占全省的 26.7%；外贸进出口总值 714.1 亿美元，占全省的 27.1%。此外，在中国深度发展自贸区建设的背景下，山东省同样加强与自贸协定国家和地区的外贸往来，2017 年，此项外贸进出口总值达到 925.4 亿美元，占山东省的 35.2%。在"一带一路"建设和自贸区建设的背景下，山东省对外贸易发展稳步推进。如图 7-5 所示。

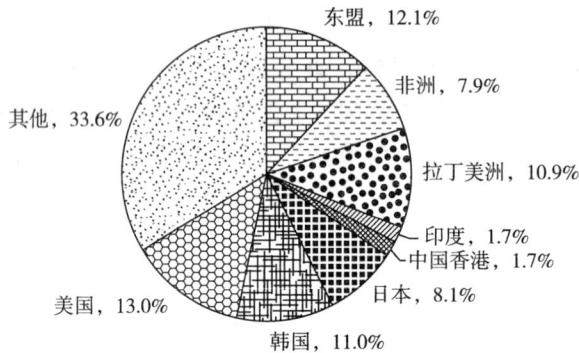

图 7-5　山东省"一带一路"沿线国家与主要贸易伙伴国的贸易占比

3. 出口彰显山东省产业特色，进口助力工农业发展

山东省农业基础发达、人口基数较大，结合自身发展特点，该省在对外贸易开始阶段主要以农产品加工和劳动密集型产品为主。山东省农业出口在全国处于领先地位，2000~2018 年，出口值由 35.3 亿美元增长至 174.2 亿美元，年均增长 12.6%。同时，得益于本省的人口红利，传统的劳动密集型商品始终占据山东省出口的较大比重，在 2000 年之前维持在 40% 左右，2001~2005 年占比有所下滑，但也保持在 30% 左右，1993~2005 年，劳动密集型出口值年均增长 19.3%，保持了较快的增速。随着山东省制造业的不断发展，越来越多产业快速发展，装备制造业、家电、电子、机械设备制造、造船等行业具备出口的核心竞争力。机电产品出口规模快速增长，由 2000 年的 31.3 亿美元增长到 2018 年的 602.6 亿美元，实现了出口规模的飙升，并在 2006 年超越劳动密集型商品，成为山东省第

一大类出口商品,此后多年一直稳居该省出口领域的第 1 名,这对于应对劳动力成本上升、贸易摩擦增多等出口不利因素具有重要意义。2018 年山东省主要商品出口情况如图 7-6 所示。

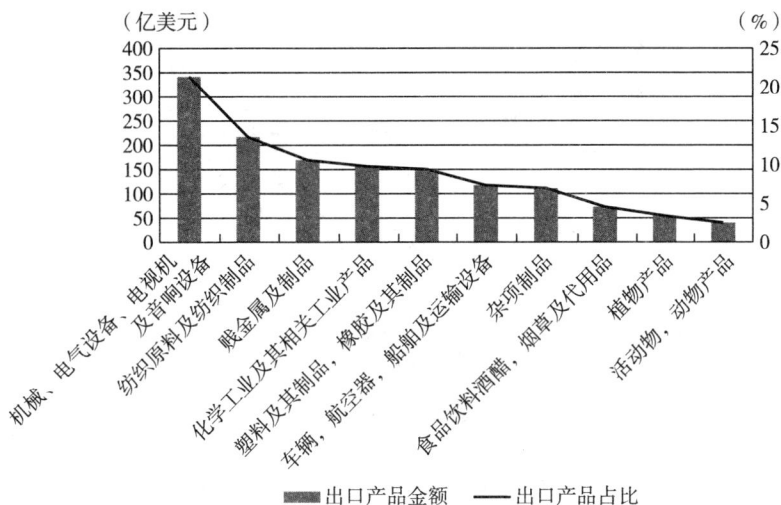

图 7-6　2018 年山东省主要商品出口情况

进口方面,随着工业的快速发展,大宗资源和能源商品已经成为山东省主要的进口产品。特别是石化行业,东营的石化产能在全国领先,因此,山东省原油进口额从 2015 年的 47.5 亿美元跃升至 2017 年的 283.9 亿美元,年均增长 1.4 倍,稳居山东省进口商品品种第 1 名单品,占全省进口总值的 24.5%。此外,山东省冶金行业也迅速崛起。在 1993 年,冶金工业进口总值占全省进口比重的 2.6%,但是在 2013 年,冶金进口占比就已经飙升至最高点,达到 24.9%,虽然 2013 年后回落至 2017 年的 15.8%,但比起 1993 年,也已经发生了质的飞跃。同时,随着山东省机电产品出口规模的快速增长,其进口规模在不断扩大。2000~2018 年,机电产品进口额从 30.0 亿美元增加到 265.0 亿美元。1993~2014 年,山东省农产品进口额从 1.7 亿美元增加到 269.7 亿美元,占全省进口额的比重从当年的 5.5% 增加到 20.4%,但从 2015 年开始逐步下降。2018 年,山东省农产品进口额为 149.3 亿美元,占全省进口总额的 11.3%。2018 年山东省主要商品进口占比如图 7-7 所示。

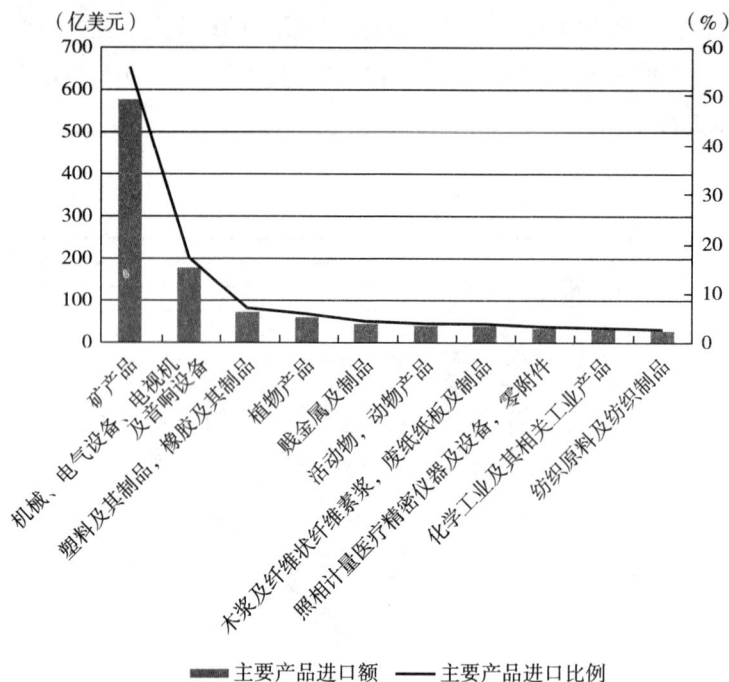

图 7-7　2018 年山东省主要商品进口占比

4. 对外直接投资进入高质量发展阶段，迈向投资强省

在国家大力倡导"一带一路"建设的背景下，山东省政府扎实推进高质量发展，积极融入全球价值链、产业链、创新链，实现了山东省对外开放的内外联动；同时省内跨国公司的对外投资更趋理性，国际影响力和竞争力显著提升。2018 年，山东省外商直接投资新增项目 2156 个，比 2017 年增长了45.8%，累计达到74242 个；合同外资金额为 285.1 亿美元，比 2017 年增长了4%，累计达到3408 亿美元；实际使用外资金额为 205.2 亿美元，比 2017 年增长了14.9%，累计达到2259 亿美元。2018 年，山东省境外投资新增项目387 个，累计达到6076 个；境外投资总额为 127.9 亿美元，累计达到886.1 亿美元。2018 年，山东省对外直接投资遍布中国香港、韩国、欧盟、东盟、新加坡、德国、美国、日本等国家或地区，实际使用外商投资额最多的前 3 个国家分别为中国香港、韩国与东南亚联盟，占比分别达到 58.9%、11.2%与6.2%。2018 年，山东省对外直接投资涉及制造业、信息传输/软件和信息技术服务业等 16 个行业大类，对外直接投资流向前 3 位的行业为制造业、房地

产业与批发和零售业，总占比超过 65%。2018 年，山东省企业境外投资并购分布在亚洲、非洲、欧洲、拉丁美洲、北美洲与大洋洲等国家或地区，其中荷兰、美国、中国香港居前 3 位。如图 7-8 所示。

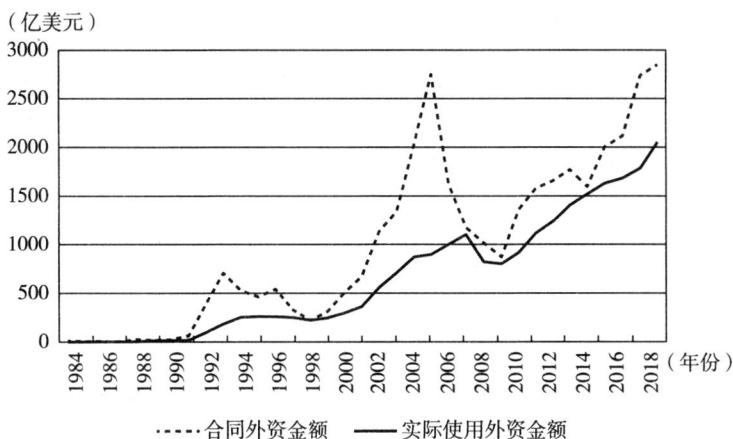

图 7-8　山东省对外直接投资利用情况

5. 促进全面开放政策不断叠加，开放环境不断优化

2018 年初，山东省正式获批新旧动能转换综合试验区。以此为契机，山东省注重政策落实，积极制定并出台了《关于推进新旧动能转化重大工程实施意见》和《山东省新旧动能转化重大工程实施规划》。为此，近年来，山东省各级各部门也相继制定出台了相关配套政策措施，部分典型文件如表 7-1 所示。此外，要提高对外开放的发展水平，政策体必须有"破"有"立"，山东省积极推动各项改革举措。例如，山东省委办公厅、山东省政府办公厅印发了《关于深化放管服改革的意见》，提出 30 项改革任务，努力营造出高效质优的开放环境。

表 7-1　山东省全面开放政策典型文件

具体文件名称
《山东省商务厅关于深入实施外商投资企业服务大使制度的指导意见》
《全省经济开发区产业融合发展示范园区建设试点指导意见》
《山东省深化与世界 500 强即行业领军企业合作行动方案（2018－2020）》

具体文件名称
《关于促进鲁台经济文化交流合作的若干措施》
《关于扩大进口促进对外贸易平衡发展的意见》

6. 一体化两翼区域布局，构筑山东省发展新格局

1984年，青岛、烟台入选国务院批准的首批14个开放城市。1986年，青岛与烟台占山东省进出口总值的8.9%，1994年两市占比增长到76.3%，确立了山东省外贸城市的第一梯队。此后，随着其他城市对外贸易的不断发展，青岛和烟台外贸总值在全省所占比重有所下降，但截至2018年，仍占全省外贸总值的43.3%，其"龙头"地位不可撼动。

1988年，威海、日照、潍坊、东营陆续建成沿海开放城市，对外贸易发展迅速。2018年，威海、日照、潍坊、东营外贸进出口总额分别为210.7亿美元、135.8亿美元、246.1亿美元和246.4亿美元，四市进出口贸易占全省进出口总额的28.7%，成为全省外贸发展的第二梯队。此外，山东省其他内陆城市也取得了显著的外贸发展，特别是2012年以来，中西部地区城市实现了快速崛起。其中，在2018年，济南、淄博、滨州、临沂、聊城、济宁、菏泽外贸进出口总额分别为131.9亿美元、144.0亿美元、124.0亿美元、102.2亿美元、73.8亿美元、64.2亿美元和77.4亿美元，实现了快速增长。如图7-9、图7-10所示。

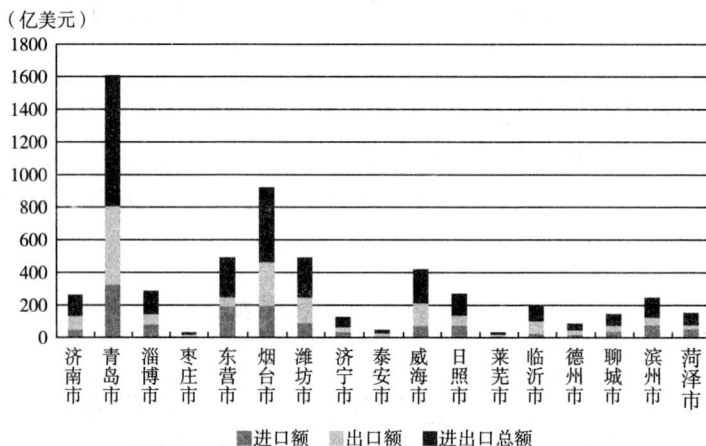

图7-9　2018年山东省各市进出口规模统计

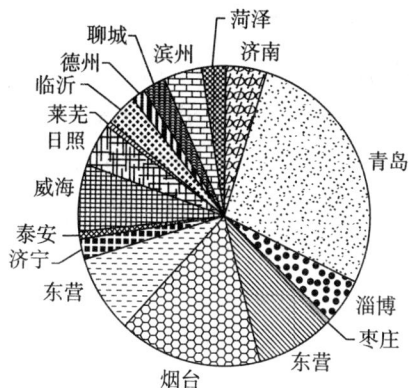

图 7-10 2018 年山东省各市外贸占比

三、山东省全面开放体系存在的问题分析

1. 贸易结构有待进一步优化

近年来，加工贸易在山东省的进出口占比中呈现大幅下降趋势，但所占比重仍然在 1/3 左右。现阶段，加工贸易主要以原材料加工和零部件组装为主，产品增加值和附加值相对较低，属于劳动密集型产业。随着人口红利的消失，相比一些东南亚国家，中国的劳动力成本的优势已经很难维持。因此，中国的出口贸易结构有必要进一步优化，对于山东省来说同样如此，仅仅依靠加工贸易很难保持自己的竞争优势，必须转变传统的贸易模式，同步发展其他高端出口，多种贸易形式全面开花，提升全省的外贸经济竞争优势。此外，在加工贸易中，只要加工产品本身是资本密集型或技术密集型产品，那么在统计中就会作为资本密集型或技术密集型产品的出口，但实际上国内大量加工过程相对较短，附加值不高。因此，以加工贸易为基础的资本密集型或技术密集型产品出口增长，尚不能说明山东省出口结构实现了真正的结构转型。

山东省一般贸易占比呈现上升趋势，但企业整体规模较小、创新能力不强、粗放型发展模式等问题都严重制约了该省一般贸易的发展。由于山东省一般贸易企业规模较小，其对外贸易活动尚未形成体系，难以发挥规模经济所带来的竞争优势，导致山东省一般贸易出现贸易规模大但附加值低的问题。此外，山东省一般贸易企业在前期研发与后期售后服务和维护方面没有给予足够的重视，一方面使企业缺乏自主创新能力、盈利能力不强，贸易策略尽管有所调整，但"以量取胜"仍未得到根本改变,在国际市场上缺乏竞争力;另一方面则造成企业难以形成品牌优势。此外,依靠高污染、高能耗的粗放型增长模式使山东省对外贸易的发展也付出环境污染和资源浪费的代价,尽管随着省内环境监管的加强,以资源以环境换出口的情况得到一定的遏制,但并未根本改变。然而,粗放型增长模式很难长期维系,环境问题和资源问题有待彻底解决,绿色可持续发展的贸易之路才是长久之计。

2. 对外贸易目的国际市场集中度偏高,贸易风险隐患较高

对外贸易目的国集中度偏高、进出口市场结构失衡,也是当前山东省全面开放体系建设存在的问题之一。对山东省来说,尽管贸易伙伴国范围扩展到200多个国家,然而出口份额较大的主要集中在日本、韩国、美国和欧洲,较为集中,容易受到这些国家国内经济形势的影响,同时受进口国和地区政治、军事等因素的变化而波动,处于被动地位,影响其应对变化和规避风险的能力,对贸易的长期健康发展十分不利。此外,市场集中度过高,容易导致出口竞争趋于恶性化。一般来说,价格战的后果都会是两败俱伤,一旦遭到反倾销调查,将会对该地区的对外贸易形成致命的打击。因此,山东省必须以自贸区建设与"一带一路"建设为契机,推动全省对外贸易伙伴的多元化,进一步降低贸易风险和隐患。

近期,山东省外贸总额增速下降,部分原因是美国特朗普政府对中国发动贸易战所致。美国对中国出口产品征收高关税,增加了许多参与向美国出口的省内企业的出口成本。因此,山东省企业进出口总额大幅下降。很多省内企业已经开始从美国以外的国家寻找客户进行市场转换,特别是受到中国与国际社会共建"一带一路"倡议的推动,许多企业已将市场转向"一带一路"沿线国家。然而,由于美国市场与目标转换市场在订单特征、市场份额、消费者偏好等方面存在差异等客观原因,导致企业的市场转换周期较长、难度较大。

3. 进出口商品表现出不协调性,进出口拉动作用不够充分

山东省进出口矛盾突出。在出口方面,山东省农业基础发达、人口基数较大,结合自身发展特点,该省出口主要以农产品加工和劳动密集型产品为主,相对缺乏高新技术产品的出口。在进口方面,随着工业的快速发展,大宗资源和能源商品已经成为山东省主要的进口产品,消费品进口的比重还基本没有形成规模。此外,许多进出口企业规模还比较小,尚不具备企业在对外贸易竞争中的核心优势,很容易在贸易摩擦的背景下遭遇淘汰。上述种种原因导致进出口对山东省内经济的促进作用不强。此外,虽然山东省继续降低非关税壁垒,但事实上,

对部分被取消配额和许可证的进口商品仍有不同名称的限制,一些进口商品的投资项目需要政府事先批准或者政府指导。同时,对进口手续也有一些事实上的控制,如需要几个政府部门的印章审批、进口手续过于烦琐等。在政府严格控制进口的同时,中国对许多产品的进口仍实行国家垄断,这种进口垄断实际上是一种非关税壁垒。此外,面对对外投资环境的复杂多变,山东省企业合规经营短板也有凸显的趋势。企业在贯彻高标准、惠民生、可持续发展理念,积极与国际通行规则和标准接轨,走经济、社会、环境协调发展的道路过程中,仍存在一定差距,不可避免地出现合规风险和诚信风险。因此,企业有必要在环保标准、生态评估、劳动权益等方面提高要求,避免因为这些原因而遭到抵制,从而影响我国企业"走出去",影响其发挥山东省进出口的拉动作用。

4. 对外投资环境复杂多变,企业合规经营"短板"凸显

部分国家关于外资政策监管趋严,涉及领域增多。面对山东省内企业不断增长的海外资本拓展和跨国并购的步伐,以欧盟和美国为代表的诸多发达国家实施更大范围的贸易保护主义,部分欧美国家为了避免我国企业战略性并购,在能源、基础设施、高科技和电子产品等关键性领域与重要支柱性产业实施制造强国计划,不断通过政策手段巩固其重要行业的全球竞争力,以避免自身政治经济地位受到威胁。随着"一带一路"合作协议的实施,沿线国家更趋向于把项目风险和责任完全转嫁于承包商,这也造成合同管理风险管控难度加大,对省内承包海外工程企业在项目管理水平与不确定性风险方面都提出了更高的要求。此外,在对接国际规则标准、走经济—社会—环境协调发展之路的过程中,山东省企业仍有一定差距,合规和诚信经营风险客观存在。部分企业因环保标准、生态评估和劳工权益等问题遭遇来自东道国政府、金融机构和非政府组织的阻力,严重者项目被关闭,在一定程度上阻碍了省内企业的"走出去"进程。

5. 配套服务与政策支持有待加强

尽管近年来山东省致力于营商环境、配套服务等方面的改善,但是服务效率低、管理不规范的顽疾在一定程度上依旧存在,和一些标杆城市的软环境建设方面仍然存在一定的差距。因此,必须充分发挥政府在对外贸易中的指引作用,政府不作为或过度干预都会影响山东省对外贸易的快速发展。山东省政府对外贸易政策的投入不足,没有充分考虑省内相关城市特点制定差异化的贸易开放规划,降低了部分城市特别是内陆城市国际贸易对经济拉动的贡献度,在一定程度上制约了省内经济的可持续发展。

同时，与发达国家和地区相比，山东省对外贸易法律法规和行为规范的研究还存在较大差距。近些年，山东省虽然在外贸人才的引进方面有所努力，但是不能一味地追求外贸人才数量的增加，在人才质量方面还需要再下功夫，努力增加中高级外贸人才的数量。山东省一些出口企业规模不大，在国际市场上话语权有限，容易受到国际贸易摩擦的冲击，因此，有必要进一步加强与贸易有关的人才储备，掌握和精通世界贸易法律法规和相关国际贸易条例，具备应对解决贸易摩擦和贸易冲突的能力，为山东省外贸企业更好地发展保驾护航。

6. 省内不同城市开放协调程度有待加强

山东省内各地级市分别表现出不同的增长势头。青岛和烟台依靠优越的地理位置，在山东省进出口贸易中处于第一梯队，在全省处于领先地位，发挥着重要的带头作用。威海、日照、潍坊、东营近年来贸易增长势头迅猛，成为山东省进出口贸易发展的第二梯队。此外，山东省其他内陆城市也取得了显著的外贸发展。但不可忽视的是，许多地区尚未站在全省"一盘棋"的立场上参与国际经贸合作，各项开放任务的部署和推进缺乏区域联动思路。各个地级市之间的贸易发展缺乏统筹规划，竞争性较强而互补性不足，在贸易发展模式上没有形成较好的协同效应。

第三节　打造对外开放新高地，构建全面开放体系

一、以建设贸易强省为导向，培育贸易新业态、新模式

1. 转变外贸发展方式

一方面要优化山东省出口贸易结构，转变传统的贸易模式，多种贸易形式全面开花，提升本省的外贸经济竞争优势。大力发展服务贸易，从传统的重"量"转变到重"质"，努力提高高附加值产品和高新技术产品比重。另一方面要加快提高企业自主创新能力。创新是可持续发展的源动力，山东省外贸企业整体规模不大、创新能力不强、粗放型发展模式等问题都严重制约了山东省贸易的发展。因此，有必要增加省内技术创新投资，开发产学研一体化链条，支持企业生产和出口具有自主知识产权优势的产品，增强其出口竞争力。

2. 加快发展现代服务贸易

优化外贸结构是山东省建设贸易强省的必由之路，大力推进新兴现代服务贸易发展是其应有之义。山东省要在不断巩固传统服务贸易的基础上，更加注重推进现代服务贸易，依托移动互联网、大数据等领域的专业技术优势，大力推进本省信息技术和通信技术服务对外贸易发展。一方面，需要加快推动服务业对外开放，积极响应自贸区建设与"一带一路"倡议，推动服务贸易创新发展，选取山东省部分城市深化服务贸易创新发展试点，加快发展现代服务业，培育服务贸易新业态、新模式。另一方面，推动更深层次的融合发展，推进省内制造业与服务业、服务行业之间融合发展，加快制造业服务化，发展高端生产性服务外包，培育综合服务提供商，更深、更广地融入全球价值链。

3. 以跨境产能合作提升全球价值链地位

创新外商投资方式的重要途径之一是开展跨境产能合作，特别是在推进"一带一路"建设过程中，通过境外工业园区平台，不断推进基础设施建设，促进优势产业、质量标准、技术服务"走出去"。在开展国际产能合作和产业技术转移的过程中，要注重与省内经济转型和新旧动能转换的互动，充分发挥山东省的比较优势，提升山东省在国内国际产业链攀升和分工网络建设。

4. 加快走出去步伐，增强竞争新优势

对外投资与合作方式的创新，是山东省参与国际经济合作与竞争新优势的重要途径。一是积极开展跨国并购，支持山东省部分优势企业在全球整合资源链，进入国际主流市场，打造属于自己的国际知名品牌。二是促进能源资源开发，改变山东省以资源以环境换出口的现状，转变粗放型增长模式，走绿色可持续发展的贸易之路。三是开展境外加工贸易。要继续推进山东海外经贸合作区建设，在各方面支持企业"走出去"，有效释放省内已形成的足够产能。四是继续推进外商间接投资。以国家外汇投资公司等方式拓宽外商投资渠道，逐步形成以企业和个人为主体的间接外商投资格局。继续推广中资境外企业境外投资方式，推动跨国并购、股权互换、境外上市、研发中心、工业园区、科技园区的建立。

二、以"一带一路"与"自贸区建设"为契机，优化全面开放机制

1. 打造"一带一路"倡议联动协同机制

在短期内，要巩固和加强山东省与"一带一路"沿线国家现有的双边合作

关系或战略合作协议，建立常设工作组织，负责讨论战略发展规划的应对措施，在合作框架下，共同谋划和推动较大规模的项目。从中长期来看，可以考虑成立一个参与"一带一路"倡议的合作联席会、理事会或委员会，聘请专业的高级官员和顾问，负责连接山东省与世界各国的发展规划，统筹协调"一带一路"和宏观经济政策，作为理事会的特殊任务，推动山东省与相关国家与地区的经济高质量、深度、广度高效融合发展。

2. 健全"一带一路"项目开发与投融资机制

动员和用好国家政策性银行和外援机构、多边政策性银行、国际开发性金融机构，共同研究探讨"一带一路"建设的项目担保、利率优惠等难题，并推动山东省及相关国家投资融资规则的制定和发布。可以进一步考虑成立山东省与"一带一路"投融资联盟，监督"一带一路"国家相关规则的遵守和执行情况，并作为整体代表，在必要时与非"一带一路"国家进行谈判，确保成员国尊重"一带一路"普遍投融资规则。

3. 强化"一带一路"安全保障及风险防范机制

通过规范化的跟踪预警机制，防范国际经济风险、金融风险、贸易摩擦等外部风险，共同构建风险应对快速反应机制，通过货币互换、银行拆解和经济援助等工具，有效、及时地解决风险。倡导和动员"一带一路"国家建立对外投资贸易信息服务平台，通过投资者保护和国际仲裁机制，为投资者提供信息共享，避免社会动荡、地缘政治冲突等，山东省可以为参与"一带一路"市场的企业和个人提供经济和人身安全保障。

4. 提高对发展中国家开放水平

近年来，"逆全球化"引发了贸易摩擦、汇率波动等一系列严重后果，导致中国与发达国家贸易摩擦不断。现阶段，虽然发达国家仍然是中国对外开放的重要对象和重要经贸伙伴，但是提高对发展中国家的开放水平，以自贸区建设与"一带一路"倡议为契机，推动山东省对外贸易伙伴多元化，刻不容缓。除了与日本、韩国、美国等传统贸易伙伴的深度交流，山东省与新兴市场的交流合作也日趋深入。"一带一路"沿线国家和地区在经济发展、意识形态、规章制度等方面都有明显的异质性，只能采取"点对面"战略，加强与自贸协定国家和地区的外贸往来，成立山东省与"一带一路"投融资联盟，巩固和加强山东省与"一带一路"沿线国家现有的双边合作关系或战略合作协议，稳步推进山东省对外贸易发展。此外，以海外工业园区为重要载体，省内大企业可以考虑率先在沿线国家设立海外工业园区，以化解政治风险和降低交通成本，吸引省内其他企业落户。

5. 探索建设具有国际竞争力的山东自贸区

山东自贸区建设过程要寻找经贸规则与国际先进水平之间的差距，积极借鉴国内其他自贸区的先进经验。山东省政府扎实推进高质量发展，积极融入全球价值链、产业链、创新链，实现山东省对外开放的内外联动；省内跨国公司的对外投资更趋理性，国际影响力和竞争力显著提升。在中国深度发展自贸区建设的背景下，山东省以海洋经济发展为推手，加强与自贸协定国家和地区的外贸往来，服务于建设海洋强国的战略。在山东自贸区建设中，需要建立一个统一的信息管理平台，不断深化放管服改革，建设包容创新、审慎监管、高效运行、规范法治的服务型政府，不断推动信息系统和服务向基层延伸，营造宽松便捷的市场准入环境和公平有序的市场竞争环境。此外，自由贸易区的建设不仅要着眼于园区内部，而且要实现园区内外互动，进一步辐射到全省，从全球引进高端要素和资源，充分利用国内外两个市场，实现要素最大限度的自由流动，通过资源的有效配置和市场的深度整合，更好地弥补山东省经济发展中的短板与不足，实现全省对外开放水平更高。

三、坚持进出口并重，内外需协调

1. 注重发挥山东省对外投资对贸易的带动和优化作用

依靠对外产业、资本、设备的出口与合作，推动国内服务、技术、标准、品牌"走出去"，增强"中国制造"的辐射力和影响力。依靠海外并购，增强技术溢出的逆向效应，利用国外市场特别是发达国家市场的技术、经验和渠道，提高山东省企业自主创新能力，增强山东省出口产品的国际竞争力，从而帮助其外贸结构转型升级。通过海外高标准的工业园区建设，改变山东省企业产品和服务的原产地，规避贸易壁垒，减少贸易摩擦、贸易保护和海外低迷的影响，开拓山东省出口市场，挖掘其外贸新增长点。

2. 树立新型对外经济合作观念，减少对外经济贸易摩擦

扩大需求是经济长期发展的基础，内需和外需相互影响、相互促进，两者必须齐头并进。如果忽视了国外需求，外贸稳定增长的政策措施不到位，可能会带来失业、经济下滑等严重后果。一方面，我们应该通过"吸纳"和"扩散"全球先进生产要素，形成世界一流的资源要素配置平台，推进国家创新体系建设，

在综合竞争中培育技术和品牌。另一方面，利用外部需求推动国内市场走在世界前列的强劲态势，出口可以直接带动就业，增加居民收入，刺激省内消费。通过降低国际贸易壁垒、放宽市场准入等战略措施，加大进口规模和水平，有效推动国际需求向国内市场转化，加快形成山东省内外需驱动的开放式、高质量发展模式。

3. 提高利用外资综合优势和总体效益

有效利用外资，提高外资在山东省经济发展中的拉动作用。既要鼓励外资投资国内高端制造业等实体经济产业，也要引导外资进入先进的生产性服务业。在推动国内企业与产业园区"走出去"扩大海外投资的同时，强调防范和预警海外各种风险，积极探索海外投资对山东省技术溢出的积极作用。值得注意的是，今后吸引外商投资，必须提高外商投资项目的技术水平和溢出效应。山东省东部地区要继续发挥外向型经济的高度优势，积极融入全球价值链、产业链、创新链，实现对外开放的内外联动。省内跨国公司的对外投资更趋理性，国际影响力和竞争力显著提升。明确山东省不同区域的发展定位，将更多高质量的外资投向鲁西城市的相关优势和特色产业。此外，还要降低引资成本，防止引资过程的负面影响。"逆全球化"引发了贸易摩擦、汇率波动等一系列严重后果，也使我国企业面临外汇套期保值成本过高、金融市场功能弱等问题，特别是美国挑起的一系列贸易争端和摩擦，让世界各国对一度行之有效的全球贸易体系感到担忧，企业市场预期和信心严重受挫。只有有效控制引资的政策成本、生态成本和直接成本，才能实现从注重引资规模向引资规模与引资质量并重的转变。

四、优化省内开放环境，推动金融体制改革，为全面开放体系提供支撑

1. 创造良好的开放环境

无论是本土企业"走出去"参与国际竞争，还是海外跨国公司更加深入地参与国内市场，都离不开国内市场监管和全面体制改革的推进，离不开营商环境的不断优化，因此，创造良好的省内开放环境至关重要。不断优化法治化、国际化的营商环境，有效创新经济运行监管模式，完善以市场为主导的资源配置机制，为市场公平竞争提供法律依据和制度基础。尽管近年来山东省致力于营商环境、配套服务等方面的改善，但是服务效率低、管理不规范的顽疾在一定程度上依旧存在，和一些标杆城市的软环境建设方面仍然存在一定的差距。深化改革的

决心，全面向广东等省份对标学习，只有为企业营造出更自由、更透明、更便利的经营环境，才可以促使企业提高自身核心竞争力，为建设山东省全面开放体系提供良好的环境，才能更好地拉动山东省经济发展。

2. 推进金融体制改革，建立面向国际化、市场化的金融新体制

在服务地方实体经济、服务人民生活的基础上，不断增强金融服务意识。在深化供给侧结构性改革的同时，要提供普惠金融、农村基础金融等服务，让企业和人民群众充分享受到便利。要紧跟智能技术时代步伐，运用智能化、信息化手段，实现金融业升级开放，使山东省金融机构与国际金融机构完成智能对接，树立良好的金融业国际金融形象。根据智能时代金融领域的新变化，加快完善金融立法，以规范的内外部金融机制振兴主流金融资源和社会金融资源。降低外资金融业准入门槛，支持在山东省设立境外金融机构总部或分支机构，进一步探索设立合资证券公司、基金公司、保险公司，不断提高市场准入政策的透明度，服务于山东省全面开放的新格局。

3. 加快推进山东省对外投资服务与支持体系建设

山东省相关政府部门应当加强政策支持和服务，特别是加强金融支持，这对于加快海外投资方式创新，加强国际产能合作具有重要的现实意义。一方面要不断深化山东省市场监管体制改革和法制建设，进一步减少境外投资准入和经营限制，为外资深入参与本省现代经济体系建设创造稳定的政策和法治环境。另一方面也要不断简化省内企业对外投资审批程序，完善外商投资服务保障体系和平台建设，为国际产能和投资合作提供公平友好的环境。

五、探索开放的有效模式，协同联动完善、深化开放布局

1. 探索内陆城市开放的有效模式

山东自贸区济南片区建设作为山东省实施自贸区战略的核心内容，直接关系到山东省全面开放格局的形成。山东自贸区济南片区应根据山东自贸区青岛和烟台片区的发展差异，从功能定位、政策定位、产业发展等方面寻找新的出路。应以"立足内陆、立足全省、立足全国"的总体目标为方向，立足内陆自贸区自身的地位、特点和优势，明确各自贸区独特的发展定位和"承东启西"的战略功能。以山东省整条产业链整合优化为指导，选择自贸区重点支柱产业，继续探索更加完善的产业体系，优化行政、监管、通关、投资、运营等全方位服务体系。注重产业发展，实现体制性突破和创新。

2. 各区域协同联动完善深化开放的空间布局

探索优化山东省区域开放布局的总体规划和部署，对全省各地区参与更高层次开放的战略定位、发展方向和建设重点进行系统部署，扎实推进区域开放布局优化。近年来，山东省各地积极参与国家深化开放战略，对全球价值链的积极性和主动性不断提高，一些项目也在稳步推进。各个地区需要深刻认识山东省对外开放作为一个多元复杂的目标体系的本质，在科技、工业、基础设施、金融、商贸、物流、文化等子目标上找到自己的方向。通过信息共享和政策对接平台，避免重复建设，提高合作能力，形成不同重点、功能互补的区域协调开放格局。

3. 提高国际经济风险的应对能力

为了增强抵御国际经济金融风险的能力：一是要全面提高山东省企业、产业和经济的竞争力，尤其要加强金融业的综合实力，这是山东省的经济命脉，有利于增强应对国际经济金融风险的能力。二是要完善国际经济风险预警机制和缓冲机制，提高规避国际经济风险的能力。三是要注重国际宏观经济形势的发展，及早发现、及早研究、及早应对新出现的、有趋势的问题。四是要建立省内市场运行监测体系和国际收支预警机制，加强对商品进出口和跨境资金流动的监测。五是要加强各类金融风险监测和金融市场监管，提高山东省金融企业的抗风险能力。

第八章　山东省现代市场
经济体制建设研究

市场机制有效、微观主体有活力、宏观调控有度的市场经济体制是现代化经济体系的重要组成部分。山东省只有将三者有机统一起来，才能最大限度地破除生产力发展的各种束缚，才能有效地避免经济增长的大起大落，才能激发全社会的发展活力，最终实现更有效、更公平、更可持续的经济发展。

第一节　现代市场经济体制的基本特征

市场经济体制是市场在资源配置中起决定性作用的经济体制。市场能否发挥决定性作用，不仅取决于市场，更取决于政府，取决于政府在资源配置中发挥什么作用，以及采取何种方式发挥作用。在市场经济条件下，由于经济活动的主体是企业，所以市场和政府的关系最终又体现为政府和企业的关系。为此，党的十九大报告指出，将现代市场经济体制的基本特征概括为市场机制有效、微观主体有活力、宏观调控有度三个方面。

一、市场机制有效

市场效率就是市场机制能否发挥作用及其能够发挥作用的程度。要想揭示市场有效的实质，必须对市场机制发挥作用的机理有深刻的理解，然后才能基于此，探寻市场有效的各种维度。

1. 市场机制发挥作用的机理

要想了解市场机制，首先要知道何为"机制"。机制最早源于希腊文，指机器的构造和动作原理。通俗地讲，就是指一个机器由哪些零部件组成的，这些零部件之间是如何相互作用带动机器运转的。由此可见，所谓"市场机制"，就是把市场比作一个机器，探寻市场这个机器的构造和动作原理。那么，市场这个机器是由哪些部件组成的？这些部件又是如何发挥联动作用，最终促进资源优化配置的？如图8-1所示，市场这个机器主要由三个部件组成，分别是价格机制、竞争机制和供求机制，它们像三个紧密啮合的齿轮，通过连锁互动最终实现资源的优化配置。首先是价格波动，面对改变的价格，经济主体为了实现利益最大化，会改变行为决策（如果价格上涨，消费者会减少需求，厂商会增加供给），最终影响市场供求，而供求变化反过来又会影响价格，经过连锁互动最终实现资源优化配置。当然，市场机制的正常运转是有条件的，价格机制发挥作用的前提条件是价格能够根据供求的变化而改变。竞争机制发挥作用要求经济主体是自负盈亏的，只有这样，面对价格的变化，经济主体才会及时改变行为决策。供求机制发挥作用的前提是供求具有弹性，只有这样才能最终实现资源的优化配置。

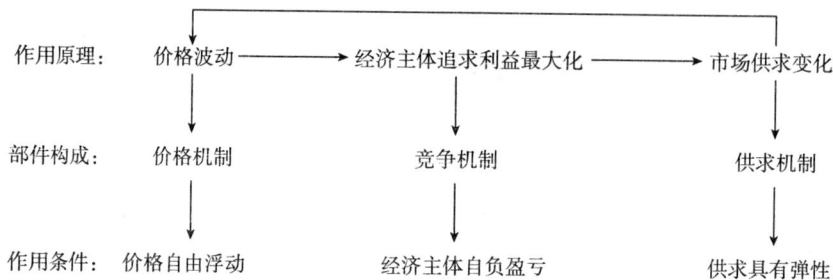

作用原理：　价格波动 ──────▶ 经济主体追求利益最大化 ──────▶ 市场供求变化

部件构成：　价格机制　　　　　　竞争机制　　　　　　供求机制

作用条件：　价格自由浮动　　　经济主体自负盈亏　　　供求具有弹性

图8-1　市场机制的作用机理

2. 理解市场有效的三个维度

所谓市场有效，是指市场机制能够发挥其应有的作用。那么，如何理解市场应该发挥的作用？我们认为至少需要注意以下几点：首先，市场不是万能的。在公共物品、外部性经济等一些领域市场是不能发挥作用的，因此市场有效是有特定范围的，只能在市场可以发挥作用的范围内发挥其应有的作用。其次，市场能够发挥的作用有一个区间值，而且这一区间值随着外在条件的改变而改变。例如，在正常情况下，随着我国经济体制改革的纵深推进，市场机制可以发挥作用的区间值是不断扩大的。因此，考察市场是否有效，一定要了解当下的条件，根据客观条件判断市场是否充分发挥了其应有的作用。最后，让市场更好地发挥作用的途径主要有两个方面：一是通过深化改革扩大市场机制发挥作用的区间值；二是通过制度设计，让市场发挥的作用不断接近区间值的上限。

二、微观主体有活力

微观主体就是从事市场交易的组织和个人。从某种意义上讲，我国市场经济改革就是不断催生微观主体的过程，在这一过程中，不仅诞生了数以亿计的新的微观主体，而且通过国有企业改革，将体制内的企业逐渐塑造成自负盈亏、自主经营的微观主体。当然，催生微观主体只是工作的一部分，更重要的是激活微观主体的活力，因此在 2018 年 12 月 19 日至 21 日召开的中央经济工作会议上连续三次强调"微观主体活力"的重要性：第一次谈到2019 年经济工作总体部署时，强调要着力激发微观主体活力；第二次谈到我国经济运行主要矛盾时，强调必须坚持以供给侧结构性改革为主线，增强微观主体活力；第三次在部署经济体制改革时，再次强调要以提升微观主体活力为重点，推动相关改革向纵深推进。那么，提高微观主体有活力的意义何在？如何才能确保微观主体有活力？

1. 微观主体活力的重要意义

市场微观主体说到底就是企业，它是经济健康有序运行的基础，是经济高质量发展的支撑。正如国务院发展研究中心赵昌文所指出的："微观主体活力不足，影响的不仅是企业本身的效益，还会带来整个经济系统的收缩，企业不投资不发展，政府就没有税收，社会就没有就业，从而形成恶性循环。微观主体没有活力，还会导致'新的进不来、老的出不去'，新陈代谢的规律不能正常发挥作用。"① 由于企业活经济才活，企业强经济才强，所以提高微观主体活力是建设现代市场经济体系的必然要求。在我国增长速度换挡期、结构调整阵痛期、前期刺激政策消化期三期叠加的背景下，更要增强微观主体活力，实现经济平稳运行。

2. 理解微观主体活力的三个维度

如何才能确保微观主体有活力？首先，微观主体自身要健康，这是确保微观主体有活力的内在要求。由于国有企业和民营企业的情况不同，所以提高微观主体活力的具体措施也要有所区别。国有企业需要深化改革，增强国有企业的竞争力、控制力、创新力，在做大做强的基础上，夯实社会主义经济的物质基础。民

---

① 熊丽．进一步激发微观主体活力［N］．经济日报，2019 - 02 - 28．

营企业应着力解决质量、安全、环保、社保、信用等方面存在的不健康、不规范问题，并在此基础上提高管理水平和经营能力。其次，要优化营商环境，为企业创造公平竞争的市场环境。对于国有企业而言，不能捆住企业改革的手脚，尽量减少改革的框框，鼓励企业大胆地改、积极地改。对于民营企业而言，需要破除其发展的障碍，要实现规则平等、机会平等、权力平等，废除各种对民营经济不合理的规定，消除各种壁垒，激发其活力和创造力。最后，要帮助企业解决实际困难，激发微观主体活力。政府不仅需要从简政、减税降费等方面解决所有企业的实际困难，更要关注中小微企业，解决中小微企业面临的"融资高山""市场冰山""转型火山"，以及"玻璃门""卷帘门"等困难，通过搬山破门，提高中小微企业的实际困难，进而激发其活力。

三、宏观调控有度

宏观调控有度就是宏观调控要适度，既不能过度，也不能不及。这里面包括两层含义：一是处理好政府和市场的关系，确定科学合理的宏观调控的边界；二是在职责范围内，政府应该精准施策，政策应适时、适度、合理，保证宏观调控有效。

1. 宏观调控有度的第一层含义：宏观调控有边界

确定科学合理的宏观调控边界是宏观调控有度的第一层含义。有效的市场经济要求政府和市场协调发挥作用，实现政府调节和市场调节的相互补充，取长补短。从这个角度来看，政府宏观调控的范围应该是市场失灵之处。各国市场经济运行的实践证明，市场经济具有自发性、盲目性等缺陷，容易导致经济危机、两极分化和公共物品供给不足，市场本身也存在信息不对称、外部性、垄断等问题，这些都需要政府借助宏观调控之手加以矫正。其他市场能够发挥作用的领域，政府不宜介入。因此，宏观调控有度需要规范政府的权力和职能边界，"以'权力清单'明确法无授权不可为的界限，以'责任清单'明确法定职责必须为的领域"，① 最终保证宏观调控领域科学合理，既不大也不小。具体包括四个方面：运用货币政策、财政政策调节需求，促使总供求相平衡，保证经济平稳发展；运用国家财政力量，保障公共物品供给，维护国家安全；促进环境治理、资源保护等外部性问题的解决；制定收入分配政策，调节收入分配，实行社会公平正义。

---

① 何立胜. 从政府和市场关系看现代化经济体系的基础［N］. 光明日报，2018－05－24.

2. 宏观调控有度的第二层含义：宏观调控有效度

在政府职责范围内，宏观调控政策应当如何制定、如何精准施策，防止过犹不及，这是政府宏观调控有度的第二层含义，即宏观调控的效度问题。为了提高宏观调控的效度，需要处理好以下几个关系：第一，要处理好具体政策和政策体系之间的关系，通过完善宏观调控协调机制，增强宏观调控政策的协同性，提高政策群整体效度。与西方国家相比，我国政策工具箱中可用的工具更多，操作空间更大，宏观调控政策协调能力更强，为此中国政府在制定宏观政策时，应该特别重视宏观政策间的协调问题，更好地发挥政策组合拳的威力。第二，要处理好中央和地方之间的关系，确保政策落地具有灵活性。由于我国地域辽阔，东西部经济发展水平差异较大，各地区、各行业对宏观政策的"敏感度"大不相同，所以各地区要根据本地区实际情况，因地制宜，精准施策。第三，要处理好短期和长期的关系，政府不仅要关注短期经济增长、物价稳定等指标，也要关注经济结构调整、发展方式转变等长期目标，在稳增长、调结构、降风险等长短期目标之间进行统筹考虑的基础上制定宏观经济政策。第四，要处理好国内和国际之间的关系，确保宏观调控具有全球视野。改革开放 40 余年来，我国经济不断融入经济全球化，随着经济的快速发展，我国对全球经济的影响也日益增加，为此宏观调控政策的制定必须要有全球视野，既要考虑其他国家宏观经济政策对我国宏观调控的影响，也要考虑我国宏观调控政策对世界的影响，从而提升宏观调控政策的国际协调性。

由此可见，现代市场经济体制具有三个特征，即市场机制有效、微观主体有活力、宏观调控有度。构建现代市场经济体制需要三方面发力，其中处理好政府和市场的关系是关键，只有政府和市场的关系清晰合理，宏观调控才能有度，微观主体才能有活力，市场机制才能有效，因此政府职能改革是建立现代市场经济体制的抓手。

第二节　山东省现代市场经济体制建设面临的主要问题

新中国成立 70 年来，山东省国内生产总值从 40 多亿元增加到 2019 年的

71067.5亿元，以全国1.6%的土地，创造了7.2%的经济总量；贸易进出口总额从1980年的300万美元增加到2019年的20420.9亿美元，平均每年增长33%；城乡居民人均收入分别从1952年的121元和60元，增加到2019年的42329元和17775元，分别增长了350倍和296倍。我们在看到成绩的同时，也要看到山东省经济表现还有许多不尽如人意的地方，如作为全国老三，与老大广东省和老二江苏省的差距不断拉大，而与后面省份的差距不断缩小，人均GDP仅居于全国第9位。之所以出现"标兵渐远、追兵迫近"的局面，与山东省现代市场经济体制建设相对落后有很大关系，正如刘家义书记在南方学习交流会上指出的："当前我省最大的短板就是有效制度供给严重不足。"①

一、市场机制构建方面的主要问题

市场机制能否发挥作用，取决于市场这个机器的各个零部件，只有各零部件正常运转，市场这个机器才能有效发挥资源配置的功能，因此，市场机制的问题分析要深入每一个零部件。虽然山东省市场机制构建走在全国前列，但也有一些问题，其中既有全国大环境影响下的普遍性质的问题，也有自身文化传统导致的一些特殊问题，具体表现为以下三个方面。

1. 价格机制改革不够彻底

价格机制是市场机制的核心，只有供求决定价格，市场才能在资源配置中发挥决定性作用。正因如此，我国市场经济改革是以价格改革为主线的。经过多年努力，我国97%以上的产品及服务价格已经实现了市场调节，剩下产品的定价权绝大多数也由中央下放到了地方，所以目前价格改革的中心逐渐转移到了地方。在此背景下，各地价格改革进程的差距开始逐渐显现，山东省在一些方面与先进省份相比还是有一些差距的：第一，政府定价项目相对而言还是较多的，虽然2018年山东省定价目录比2015年的定价目录瘦身不少，但依然包括13个大类、46项小类的定价内容。第二，定价权下放得还不够，一些本应属于县、市级政府的价格权限还没有彻底下放，如"重要专业服务"的价格本应由各县市根据本地实际情况定价，但根据2018年《山东省定价目录》的规定，其价格依然由省价格主管部门统一定价。第三，政府定价规则还不够透明，成本调查、价格听证、专家评议、公告公示等环节还不够公开，政府定价的规范化、科学化、

---

① 李增刚. 山东如何补齐有效制度供给不足短板［N］. 大众日报，2018-07-18.

民主化还有待提升。第四，价格服务机制还不够健全，高效的价格维权保障平台和价格信息服务平台尚未真正建立，价格维权渠道不够畅通，价格受理、查处、反馈的效率还有待提高。第五，价格调控体系和价格监督体系有待进一步完善，特别是在价格预警反应、价格调控的预见性以及打击价格欺诈行为方面有待加强。

2. 市场监管体制不够完善

有效的市场监管是克服市场失灵，维护市场秩序，营造公平有序市场竞争环境的必要条件，因此，每一个成功的市场经济都有各种各样的监管制度作为保障。对于我国而言，由于市场经济运行的时间并不算长，存在的问题与成熟市场经济国家相比更为严重，所以更需要市场监管矫正市场失灵，维护市场秩序。目前，山东省市场监管体制与市场经济快速发展的水平不相适应，具体表现在以下四个方面：第一，监管理念存在一定程度的偏差。基层监管人员往往将市场监管简单理解为查处违法案件和企业年检，缺乏主动检查、发现问题的主动意识，某种程度上依然存在"不告不纠"的现象。第二，统一的市场监管体系尚未真正建立。不仅企业自律、行业自治与政府监管相互协调、相互统一的监管体系没有真正建立起来，而且工商、税务、国土、建设、银行、公安等部门也各自独立、单独行动，缺乏有效合作、有效互通，特别是在基层还普遍存在"上面千条线，下面一根针"的监管特点，尚未形成有效的监管合力。第三，监管机制亟待进一步完善。随着市场经济改革的步伐加快，新的问题不断涌现，之前制定的一些法律法规开始不能适应新形势、新变化，以致在执行过程中出现了一些障碍和问题。第四，监管手段相对缺乏。现行市场监管法律法规对违法行为的处罚有明确规定，但对市场监管执法手段的规定却相对滞后。由于监管执法手段相对不足，导致监管部门实施强制措施时因法律授权不够、调查取证手段不足等妨碍执法行为，难以达到预期的执法效果。

3. 要素市场化改革相对滞后

要素市场配置是市场发挥资源配置决定性作用的重要基石。[①] 经济学传统意义上的生产要素主要是指土地、资本和劳动力。改革开放 40 多年过去了，山东省一般商品市场已经非常成熟，基本能够反映供求关系变化，但是生产要素市场与全国形势差不多，改革步伐相对迟缓，存在诸多问题，主要表现在以下三个方面。第一，存在多轨运行、多元结构的问题。如表 8 - 1 所示，土地市场既有通

---

① 王喆，汪海. 现代化经济体系建设与新一轮经济体制改革方略 [J]. 改革，2018 (10).

过招、拍、挂从政府手中获得经营权的建设用地，也有城乡接合部广泛开发的"小产权房"和农村集体用地；资本市场既有国家审核批准的相对规范的证券市场，也有民间不够规范的地下钱庄；劳动力市场不仅成千上万的农民工在公开的劳动力市场外围无序流动，而且城市劳动力因为所有制身份受到差异化对待。第二，生产要素价格存在严重扭曲现象。政府依然相当程度上主导要素价格的制定，而且定价规则不够透明，让市场主体无所适从，有的地方政府为了吸引外资，甚至实行生产要素差别定价，最终导致生产要素价格政策性扭曲。第三，生产要素供给市场发育不健全，市场交易秩序不够规范。土地、能源等生产要素政府包办倾向明显，这不仅导致生产要素市场供给不足，而且激励企业通过寻租腐败方式从政府手中获取生产要素，这反过来不仅加重了生产要素价格的扭曲程度，而且限制了生产要素市场的发育。

表 8-1　生产要素市场的多轨运行情况

要素市场	多元市场结构
土地市场	既有通过招、拍、挂从政府手中获得经营权的建设用地，也有城乡接合部广泛开发的"小产权房"和农村集体用地
资本市场	既有国家审核批准的规范的证券市场，也有民间不够规范的"地下钱庄"
劳动力市场	不仅成千上万的农民工在公开的劳动力市场外围无序流动，而且城市劳动力因为所有制身份受到差异化对待

二、微观主体活力方面的主要问题

截至 2019 年底，山东省境内上市企业为 211 家，"新三板"挂牌企业 96 家，仅相当于广东省的 1/3、江苏省的 1/2，这显然与山东省经济总量排行第三的地位不相匹配，也充分说明山东省微观主体的活力还有待进一步提升。

1. 国有企业活力有待进一步加强

关于国有企业和现代化经济体系之间的关系，习近平总书记早在 2013 年 11 月就有论述，他说："国有企业是推动国家现代化、保障人民共同利益的重要力量，国有企业总体上已经同市场经济相融合。"① 山东省作为国有企业大省，国

---

① 中共中央文献研究室. 习近平关于社会主义经济建设论述摘编 [M]. 北京：中央文献出版社，2017.

有企业是否有活力，直接影响该省现代经济体系的建设。为此，近几年山东省特别重视国有企业改革，国有企业活力得到明显提升。但是，问题依然不容忽视，正如山东省国资委主任张斌所说："我省国有经济布局结构不优、国有企业科技创新投入不足、三项制度改革等措施落实不到位等问题仍然突出。"① 首先，山东省国有企业的产业布局仍然不太合理。由于许多国企分布在产业链中低端和产能过剩行业，不仅影响山东省国有企业的自身效率，也影响其产业结构的转型升级。其次，山东省国有企业的科技投入和创新能力还有待提高。山东省的国有企业主要从事第二产业，而且以大中型企业为主，因此创新能力的培养非常重要，然而由于研发投入不足，创新机制不完善，山东省国有企业近些年整体竞争力没有显著提高。最后，山东省国有企业"内部人控制"的问题仍然没有得到很好的解决，完善国有企业法人治理结构的任务依然艰巨。

2. 民营企业发展政策落实较难

山东省委、省政府为切实增强民营企业活力，在减税降费、公平竞争、转变政府职能等多方面出台了一系列政策。随着相关政策的落实，民营企业活力得到了有效改善。但同时我们也要注意到，由于一些政策跟进力度不够，导致一些限制民营企业活力的老问题依然存在。第一，省委、省政府要求减轻企业税费负担，解决民营企业"融资难、融资贵"问题，但由于种种原因，民营企业"融资难、融资贵"问题依然存在。第二，省委、省政府要求打造一流营商环境，深化"放管服"改革，保障民营企业与国有企业公平竞争，但是不作为、假作为、乱作为和隐性变相"吃拿卡要"现象依然存在。第三，省委、省政府要求各地各部门不能以任何形式限制民营企业投资负面清单以外的项目，但是有的地方、有的部门理念还没有彻底转变，甚至有通过负面清单加条目固化自身利益的情况。第四，省委、省政府要求提升民营企业家队伍素质，并在此基础上加强行政审批制度、市场监管制度、商事登记制度、社会诚信体系等服务保障制度体系的构建，但由于时间紧、任务重，一些方面落实得还不够好。

3. 营商环境有待进一步改善

营商环境不仅是激发微观主体活力的重要方面，也是吸引外地投资者和留住本地投资者的重要因素。从历史的角度看，山东省的营商环境还是不错的，但是近些年随着一些省份改革开放力度的加大，山东省的营商环境在一些方面开始落

---

① 张斌. 抓住改革"窗口期"，激发微观主体活力［N］. 大众日报，2020 – 03 – 18.

后。例如，硬环境方面，山东省一直引以为荣的高速公路，目前通车里程降到全国第 8 位，无论是覆盖率还是质量水平都落后于河南等很多省份。软环境方面，山东省政府机构的办事效率相对于一些发达省份还是存在较大差距的。虽然"放管服"改革之后，山东省政府机构的办事效率有了很大提高，但距离"一次办成""最多跑一次"的最终目标还存在一定距离。另外，在"负面清单管理"等方面山东省的问题也不少。调查发现，山东省很多政府机构为了"安全"，为了不犯错误，仍遵循"凡是没有规定的都不做"和"只有规定能做的才做"等落后观念，导致政府机构办事效率大打折扣。

三、宏观调控方面的主要问题

客观地讲，在宏观调控效能方面，与广东、浙江等先进省份相比，山东省还是存在一定差距的，不仅政府和市场的关系没有彻底厘清，既存在"缺位"问题，也存在"越位"问题，而且受治理能力的影响，宏观调控的效率也相对不足。

1. 缺位方面的问题

在"扶持之手"方面山东省做得还不够，有效的制度创新和制度供给不足，在产业培育和人才引进方面表现尤为突出。我们知道，产业升级特别是战略性新兴产业培育需要技术革新，而技术革新意味着风险和不确定性，这就是所谓的"创造性破坏"。因此，为了推动产业结构升级，往往需要政府出台扶持政策，在科技、人才、金融、财政等方面鼓励第一个吃螃蟹的人。山东省在这方面虽然做了很多努力，但在产业引导方面做得还是不够好，特别是在处理政府和市场的关系上拿捏得不够准确，对市场主体的产业创新支持不够，政府亲自培育却相对较多。人才引进和培育方面，山东省政府的扶持力度也是不足的。人才是科技进步、产业升级、经济高质量发展的基础，人才竞争悄然间已成为各省份之间竞争的重要舞台。山东省既是人口大省也是人才大省，但山东省只是人才供给大省，不是人才落地大省。据统计，山东籍的院士无论存量还是增量都是很多的，但是在山东省工作的院士却不多，所以说，山东人民不是不重视人才培养，而是山东省对人才待遇和保障方面与先进省份之间存在较大差距。

2. 越位方面的问题

山东省各级政府在"扶持之手"方面做得不足，但在本该由市场发挥作用的领域却又干预过多。① 我们知道，"官本位"文化在山东省的影响深远，这种文化体现在多个方面。在政府和企业关系上表现为更多的是"管理"，较少的是"服务"，体现更多的是"主人"，而不是"仆人"，最终导致山东省各级政府在"管理之手"方面做得相对较多，无效制度约束比较严重。这种越位行为直接限制了市场经济的发展，影响了私营企业的发展壮大。如表 8 - 2 和表 8 - 3 所示，山东省私营企业数量、私营企业就业人数与广东省相比都存在较大差距，而且两者间的差额还在不断扩大。

表 8 - 2　广东、山东两省私营企业数量比较　　　　　　单位：万户

年份	2013	2014	2015	2016	2017	2018
广东省	153.00	194.83	248.12	317.17	381.58	447.07
山东省	75.30	99.66	134.34	174.95	209.75	245.16
差额	77.7	95.17	113.78	142.22	171.83	201.91

资料来源：《国家统计年鉴》。

表 8 - 3　广东、山东两省私营企业就业人数比较　　　　　单位：万人

年份	2013	2014	2015	2016	2017	2018
广东省	1218.36	1514.76	1866.81	2356.60	2753.46	3115.14
山东省	792.55	926.12	1083.74	1298.24	1499.57	1699.03
差额	425.81	588.64	783.07	1058.36	1253.89	1416.11

资料来源：《国家统计年鉴》。

3. 效率方面的问题

在一个国家内部，各地区之间是完全开放的，生产要素也是自由流动的，因此无论是从理论的角度，还是从实践的角度，宏观调控主要是中央政府的职责，中央政府有责任通过宏观调控手段实现经济增长、物价稳定、充分就业和国际收支平衡。当然，中央政府的宏观调控目标主要由地方政府来执行，通过地方政府的努力得以实现。所以说，中央代表整体利益，地方政府代表区域利益，两者是"面"和"点"的关系。只有地方政府的调控目标与中央政府相一致并得以实

---

① 李增刚. 山东如何补齐有效制度供给不足短板［N］. 大众日报, 2018 - 07 - 18.

现，中央政府的调控目标才能实现。除了实现中央政府的宏观调控目标，地方政府还有一些相对独立的调控领域，例如，制定当地的产业政策、投资政策、人才引进政策、经济结构调整政策、土地供应政策等。由此可见，地方政府宏观调控的效率问题格外重要，一方面要能够根据本地实际情况制定适合的相关政策，保证中央政府的宏观调控目标在本地区得以实现；另一方面要制定科学合理的地方性调控目标，以最小的成本实现本地区经济社会的健康发展。从地方调控的效率角度来看，山东省的问题主要集中在两个方面：一是调控手段创新不足。山东省受"中庸之道"的保守观念影响较深，各级政府担心"枪打出头鸟"，于是滋生了"等靠要"的不良作风，遇到问题一般是根据现有的文件、政策寻求解决之道，缺乏宏观调控手段创新。二是宏观调控过程中包含较多微观干预的成分，以宏观调控名义进行微观干预的现象时有发生，这不仅滋长了"寻租"腐败的空间，而且阻碍了市场经济的正常发展。

第三节　山东省构建现代市场经济体制的对策建议

现代市场经济体制是市场机制有效、微观主体有活力、宏观调控有度的深度结合。市场机制有效，要求山东省建立并执行相应的规则和制度，保障价格机制、竞争机制、供求机制作用有效发挥，促进市场机制有效运转。微观主体有活力，要求山东省深化国有企业改革，支持民营企业发展，优化营商环境。宏观调控有度，要求政府简政放权，有所为有所不为，一方面把属于市场的环节交给市场，另一方面提高宏观调控质量。

一、提升市场机制作用的对策建议

1. 改革价格形成机制，更好地发挥价格机制作用

山东省应在做好简政放权的同时，着力强化放管结合、优化服务，加快政府价格职能转变。第一，对价格违法行为要保持高压态势，对房地产企业、药品生产销售企业开展拉网式排查，对重要农产品市场价格加强巡查，持续开展专项调查和反价格垄断检查，全力打造 12358 应急价格处置反应系统，维护市场价格秩序和人民群众的合法权益。第二，整合升级省级价格监测系统，完善应急检查预

警机制，建立价格监测报告制度，强化省、市、县三级价格市场巡视、预警工作。第三，在编制重要产品价格指数的基础上加强价格信息发布，提高价格信息发布的及时性。着重做好鲁花食用油、青岛橡胶、烟台苹果等产品价格指数的编制和发布工作，提升山东省价格指数的经济社会效益。第四，提升价格服务水平，助推价格机制更好地发挥作用。高质量完成涉案、涉纪、涉税和省重点项目财物价格的认定工作，为司法、行政机关和各级政府提供大力支持，推动价格纠纷调解处理工作有效开展。

2. 完善市场监管体制，更好地发挥竞争机制作用

山东省是市场主体大省，截至 2018 年底，全省共有 900 多万个市场主体，居全国第 3 位。山东省还是市场监管重点行业企业数量众多的省份，食品企业上百万家、药品文号 1 万多个、特种设备位居全国第 4 位。与此同时，山东省还是知识产权大省、国家标准化改革试点省份，因此，山东省政府的市场监管责任重大。为完善市场监管体制，山东省应着重做好以下几个方面的工作：第一，从思想上要充分认识到市场监管的重要使命，主动担当作为，高标准，严要求，不折不扣地将市场监管职责落实到位。第二，从组织上要努力构建统一的"大市场监管"体系，实现各部门由"物理整合"向"化学整合"转变，形成综合监管与专项监管、社会协同分工协作、相互促进、优势互补的市场监管体系。第三，从制度上推进商事制度改革，放宽市场准入范围，深化"多证合一""证照分离"等审批制度改革，健全企业信用监管体制，推动市场监管法制建设。第四，从措施上切实抓好"放管服"改革，以"强监管、优服务、提质量、保安全"为目标，维护市场竞争、提升产品服务质量、严守产品质量安全底线、强化知识产权保护，确保市场经济健康有序发展。

3. 深化要素市场改革，更好地发挥供求机制作用

"拆除樊篱"促进生产要素自由流动，提升土地、资本、劳动力、技术、数据等生产要素的市场化水平，矫正生产要素配置扭曲程度，进而发挥市场在要素配置中的作用，是接下来山东省政府深化要素市场改革，发挥供求机制作用，构建生产要素现代市场交易秩序的关键。具体而言，深化要素市场化改革的主要途径包括以下几个方面：第一，加快生产要素市场化改革，加强企业在生产要素配置中的地位。土地市场方面，加快征地制度改革，建立能够反映土地供求状况的价格体系。资本市场方面，加快企业向现代企业制度靠拢，在增加山东省上市公司数量的同时，强化地方金融创新和资本市场监管。劳动力市场方面，构建灵活

的工资制度,使劳动报酬和劳动绩效紧密联系,使工资全面反映劳动力的价值。科技、信息等现代要素市场方面,深化科技体制改革,改变以财务管理配置现代生产要素的传统方法。第二,建立生产要素正向激励与反向倒逼相结合的差别化配置机制。一方面加强劳动力、资本、科技等生产要素的组合,真正实现其价值;另一方面限制土地、能源等生产要素的开发和使用,促使企业转型升级。第三,建立开放、透明、有序的生产要素交易秩序。主要是细化生产要素流动的具体措施,具体包括:完善生产要素市场准入、交易等制度;制定淘汰落后产能、企业破产清算等制度;严格落实党中央结构性调整的减税政策;清理行政性乱收费,减少企业负担等。

二、提升微观主体活力的对策建议

增强微观主体活力是构建现代经济体制的重要内容,是深化供给侧结构性改革的重要举措,山东省应在推动国有企业做大做强、支持民营企业发展、优化营商环境三个方面激发微观主体活力。

1. 深化国有企业分类改革,激发国有企业活力

习近平总书记在党十九大报告中明确指出,今后国有企业改革的主要任务是"完善各类国有资产管理体制,改革国有资本授权经营体制,加快国有经济布局优化、结构调整、战略性重组,促进国有资产保值增值,推动国有资本做强做优做大,有效防止国有资产流失。深化国有企业改革,发展混合所有制经济,培育具有全球竞争力的世界一流企业"。① 为了全面实现改革目标,提高国有企业的创新活力,山东省不懈努力。在 2020 年"重点工作攻坚"任务中,国企改革是一项非常重要的任务。因此,针对现有问题,可以从下面几个方面努力提升山东省国有企业的竞争力,激发国有企业活力。第一,深化国有企业战略重组,充分发挥国有企业的控制力和影响力。国有企业战略重组既包括企业间的重组,也包括企业内部资源的重新组合和重新配置。企业间的重组,必须以市场为导向,以纵向联合、横向整合、吸收合并等方式,积极推动能源、水利、交通、装备制造等领域企业的战略重组,推进不同企业间的物质资源的专业化整合。企业资源内部重组是企业资源内部的再分配,对于大规模的企业集团尤其重要,它可以有效

---

① 习近平. 决胜全面建成小康社会 夺取新时代中国特色社会主义伟大胜利——在中国共产党第十九次全国代表大会上的报告［M］. 北京:人民出版社,2017.

解决目前困扰国有企业发展的内部业务重叠的问题。第二，优化国有企业布局。一方面压缩企业数量，将国有资本向公益型领域和中间型领域集中（见表 8 - 4），向有竞争力具有优势的产业聚集，实现资源优化配置和产业转型升级。另一方面集中资源发展优势企业，努力做大做强做优一批主业突出、核心竞争力较强的大企业集团。第三，以多元化的产权结构为标准，大力推进混合所有制改革。在完善混合所有制企业重大投资和决策体制的基础上，对竞争性领域国企的混合所有制改革不设准入门槛、不限持股比例，选择优质项目，吸引民营资本参与国企改革发展，确保国有资本、民营资本优势互补，互利共赢。第四，深化"三项制度"改革，完善国有企业治理结构。一是建立将考核评价结果与职务升迁、薪酬调整密切挂钩的激励约束机制，切实做到管理人员能上能下的管理人员配置机制。二是构建员工正常流动机制，实施企业用工契约化管理，保证员工能进能出。三是推动国有企业创新发展。从技术创新、管理创新、商业模式创新三个维度，为企业搭建平台，解除体制机制的限制，推动企业高质量发展。

表 8 - 4　国有企业的三种类型

企业分类	企业的性质特征与重组政策
公益型企业	公益型国有企业属于"公法人"范畴，主要承担满足社会公共福利最大化的职能
中间型企业	中间型国有企业属于"特殊法人"范畴，应当明确其所具备的特殊功能，可以通过制定"特殊法人法"规范其行为，明确政策应该如何支持
竞争型企业	竞争型国有企业完全属于"商法"和市场调节范畴，我们应当给予其充分的经营自主权，让它们在市场上同其他经营主体展开竞争

资料来源：剧锦文．现代化经济体系下的国企改革发展［J］．学术前沿，2018（1）．

2. 支持民营企业全面发展，激发民营企业活力

激发民营企业活力是提升微观主体活力的重中之重，为此，山东省 2017 年和 2018 年分别出台了《关于支持非公有制经济健康发展的十条意见》（以下简称《十条意见》）和《关于支持民营经济高质量发展的若干意见》（以下简称《35条》）。这些政策非常及时、非常全面，接下来要做的就是全面落实。

如表 8 - 5 所示，山东省《支持非公有制经济健康发展的十条意见》包括打造一流营商环境、制定实施投资项目管理负面清单制度、建立健全融资新机制、支持民营企业发展"四新"促"四化"项目、推动民营企业建立现代企业制度、

坚决履行政府对民营企业的承诺、合理降低民营企业税费负担、引导民营企业参与国际竞争、确保非公有制经济产权不受侵犯等内容。从大的方面来看，《十条意见》又可分为两个方面：一是为民营经济发展提供公平的竞争环境，二是为民营经济发展提供尽可能的扶持政策。

表 8-5　山东省支持非公有制经济健康发展的十条意见

	主要内容
第一条	打造一流营商环境深化"放管服"改革，精简投资项目报批手续，推行多评合一、合并评审，推进"联合审批"，提高投资便利化程度
第二条	制定实施投资项目管理负面清单，按照"能免则免，应放尽放"原则，持续推进简政放权
第三条	建立健全融资新机制设立新旧动能转换基金，对所有企业一视同仁给予支持
第四条	支持发展"四新"促"四化"项目聚焦新一代信息技术、生物、高端装备、新材料、现代海洋、绿色低碳、数字创意等重点领域，大力发展新技术、新产业、新业态、新模式，促进产业智慧化、智慧产业化、跨界融合化、品牌高端化
第五条	推动建立现代企业制度实施民营企业规范化公司制改制"三年行动计划"，引导企业完善法人治理结构，建立和落实重大事项论证和决策机制、内部制衡和风险控制机制
第六条	加强诚信体系建设大力推进法治政府和政务诚信建设，各级政府要认真履行在招商引资、政府与社会资本合作等活动中与投资主体依法签订的各类合同，不得以政府换届、领导人员更替等理由违约毁约，因违约毁约侵犯合法权益的，要承担法律和经济责任
第七条	合理降低税费负担实行研发费用税前加计扣除和高新技术企业税收优惠政策通报制度，对2016年1月1日以后未及时享受研发费用税前加计扣除政策的，可以追溯享受，追溯期最长为3年
第八条	建设高素质企业家队伍实施企业家素质提升工程，依托国内外知名企业、高校和培训机构，建立省级民营企业人才培训基地，每年选送100名民营企业法定代表人、1000名中小企业高级管理人员、10000名小微企业经营管理人员实施分类培训
第九条	引导民营企业"走出去"支持民营企业参与"一带一路"建设，注重对海外投资的真实性合规性审查，引导民营企业参与国际产能和装备制造合作
第十条	提高产权保护精准度落实平等保护产权的法律制度，坚持权利平等，机会平等，规则平等，依法打击侵害非公有制企业合法权益的各种违法犯罪行为，确保非公有制经济产权不受侵犯

资料来源：山东省委、人民政府《关于支持非公有制经济健康发展的十条意见》（鲁发〔2017〕21号）。

继《十条意见》之后，2018年山东省又出台了《关于支持民营经济高质量发展的若干意见》，如表8-6所示。包括六个方面的内容：①减轻企业税费负担，增强民营企业竞争力；②解决民营企业融资难、融资贵问题，提升金融服务水平；③营造公平竞争环境，拓宽民营经济发展领域；④构建亲清政商关系，全面优化政务服务；⑤保护企业家人身和财产安全，维护民营企业合法权益；⑥完善政策执行方式，充分发挥政策效应。

表 8-6　山东省支持民营经济发展《35条》措施

主要内容	具体细则《35条》
减轻企业税费负担，增强民营企业竞争力	①推进减税降费；②降低用地成本；③抓紧解决企业土地房屋产权历史遗留问题；④降低物流用能成本；⑤强化环境容量支撑；⑥支持民营企业创新发展；⑦发挥政府采购支持民营企业作用；⑧鼓励民营企业拓展国内外市场；⑨全面提升民营企业管理水平
解决民营企业融资难、融资贵问题，提升金融服务水平	①加大货币政策实施力度；②增强金融机构服务能力；③完善金融机构监管考核和内部激励机制；④规范金融机构行为；⑤推进实施民营企业信用融资计划；⑥完善政府性融资担保体系；⑦健全小微企业贷款风险补偿机制；⑧支持民营企业直接融资；⑨采取有力措施化解流动性风险
营造公平竞争环境，拓宽民营经济发展领域	①保障民营企业平等地位；②拓宽民营资本投资领域；③鼓励民营资本参与国有企业混合所有制改革；④支持民营资本开展并购重组；⑤支持鼓励民营企业参与军民融合发展
构建亲清政商关系，全面优化政务服务	①健全完善联系服务制度；②深化"放管服"改革；③畅通政企沟通渠道；④营造创新创业氛围
保护企业家人身和财产安全，维护民营企业合法权益	①健全社会诚信体系；②依法保护民营企业产权和企业家人身财产安全；③加强法治保障；④增强民营企业依法经营意识；⑤妥善解决拖欠民营企业债务问题
完善政策执行方式，充分发挥政策效应	①加强组织协调；②强化监督检查；③狠抓政策落实

资料来源：《关于支持民营经济高质量发展的若干意见》（鲁政发〔2018〕26号）。

与《十条意见》相比，《35条》更加具体、更具有可操作性，甚至每一条措施都责任到人。例如，拓宽民营资本投资领域由省发改委牵头负责，减税降费由省财政厅和省税务局牵头负责，支持民营企业创新发展由省科技厅、省财政厅、省税务局牵头负责等。相信只要不折不扣地将实施意见落实到位，山东省民营企业主体活力就会得到快速提升，山东省民营企业发展质量会得到显著改善。

3. 优化营商环境，为激发企业活力提供外部条件

好的营商环境有助于调动市场主体的活力，不好的营商环境会限制市场主体的活力。为了优化营商环境，山东省围绕企业和群众的迫切要求，推出优化审批服务六项重点任务（见表8-7），开展了优化营商环境的十个专项行动（见表8-8），目的是倒逼形成便企利民的刚性约束。优化审批服务的六项重点任务是打造"一次办好"山东品牌的具体化。所谓"一次办好"，就是"'一次办结、群众满意'，是对'零跑腿'和'只跑一次'服务理念的深化和拓展。一次办好按照'换位思考、主动服务、有求必应、无须不扰、结果评价'这'五句话'导向的基本要求，以'应办即办'为原则、'说办就办'为承诺、'一次办结'为目标、'办就办好'为理念，把政府为企业和群众办事标准从'办结'提升到'办好'，倒逼各级各部门更新观念、转变作风、提升效能，打造'审批事项少、办事效率高、服务质量优、群众获得感强'的一流营商环境"。①

表8-7　优化审批服务六项重点任务

重点任务	重点任务
公布"一次办好"事项清单	推行"一次办好"集中审批
健全"一次办好"服务网络	制定"一次办好"地方标准
创新"一次办好"服务模式	强化"一次办好"信息支撑

表8-8　优化营商环境十个专项行动

专项行动	牵头单位	专项行动	牵头单位
优化企业开办行动	省工商局	便捷获得信贷	山东银监局
优化不动产登记	省国土资源厅	优化政务服务	省政务服务管理办公室
优化工程项目审批	省住房城乡建设厅	推进信息共享	省政务服务管理办公室
简化水气暖报装	省住房城乡建设厅	相对集中行政审批	省政务服务管理办公室
简化获得电力	省经济和信息化委员会	营商环境评价行动	发展改革委

"优化营商环境十个专项行动"与"优化审批服务的六项重点任务"相比更加具体，不仅有牵头单位，而且有具体目标。例如，企业开办要求3个工作日内

---

① 龚正. 增创高质量发展的体制机制优势［N］. 学习时报, 2018-12-28.

完成营业执照办理、银行开户、公章刻制、涉税办理等所有相关事项；不动产登记要求 5 个工作日内完成房屋交易、抵押登记、税收缴纳和转移等相关事项；工程建设项目审批要求 45 个工作日内完成包括从立项到竣工验收在内的所有审批事项等。

继优化审批服务工作和优化营商环境专项行动之后，2020 年 5 月，山东省又出台了《关于持续深入优化营商环境的实施意见》（鲁政字〔2020〕67 号），具体内容包括四个方面：一是全面提升企业便利化水平；二是着力打通企业难点堵点痛点；三是精准提供便捷高效的政务服务；四是着力打造透明稳定的政策环境。每一项任务都有量化的具体要求和时间表，并且责任到人。

由此可见，为了优化营商环境，山东省已经做好了准备，既有具体目标、行动指南，也有具体措施，接下来的任务是抓好落实，结合目标任务开展三个方面的工作：一是深化"放管服"改革，全力推进"一次办好"改革，加快各部门数字信息共享，推进"互联网＋政务服务"建设。二是畅通政企沟通渠道，诚邀企业代表参加涉企政策制定，主动聆听行业企业专家的意见建议，了解企业的诉求，通过"政商直通车"回应解决企业的合理诉求。三是营造创新创业氛围，建立民营企业表彰制度，通过一系列激励措施弘扬企业家创新精神，焕发企业家创新创业的激情活力。

三、提升宏观调控效能的对策建议

构建现代市场经济体制要求市场在资源配置中起决定性作用，但并不是让市场发挥全部作用。在市场运行中，政府虽然不能当运动员，但也不能做"甩手掌柜"，应该合理运用宏观调控手段弥补市场在资源配置中的失灵，让市场更好地发挥作用。为了实现宏观调控目标，山东省一方面要厘清地方政府的调控边界，有所为有所不为；另一方面要努力提高调控效率，以相对较小的成本实现相对较大的收益。

1. 进一步厘清宏观调控的边界

地方政府既是中央调控部署的落实单位，也是管理服务本地市场主体的执行部分。因此，厘清宏观调控边界不是简单地扩大或缩小调控范围，而是既要解决越位问题，又要解决缺位问题，把该放的权力放下去，把该管的事情管起来。

那么，哪些事务是地方政府该管的？确定依据一般遵循以下三个原则：第一，凡是市场能调控的事务，政府都不应该插手调控；第二，凡是政府调控不好，或调控不了的事务，政府都不应该插手调控；第三，凡是涉及全国性的事务，地方政府都不应该脱离中央独立进行调控。根据上述三个原则，地方政府的宏观调控领域主要集中在以下三个方面：一是地方行政性事务，如地方治安、公共服务等；二是地方社会性事务，如环境保护、城市建设、地区性教育卫生事业等；三是地方经济性事务，如产业结构调整、地方性基础设施建设、人才引进、地区性经济增长和物价稳定等。

如前所述，对标地方政府的调控边界，山东省宏观调控体系既存在越位问题也存在缺位问题。为了解决调控边界问题，山东省应该"既做简政放权的减法，又做加强监管的加法和优化服务的乘法"，[①] 按照"减无可减"的原则压减行政权力，按照"应放尽放、放无可放"原则下放权力。经过努力，2013～2018年，山东省级权力事项压减了54.4%，市级权力事项压减了42.6%，县级权力事项压减了24.2%。[②] 另外，在简政放权的基础上，山东省还要集中资源做好优化服务工作，努力做到"只要企业需要，政府无处不在"，切实增强本省经济发展的内生动力。

2. 进一步提高宏观调控的效率

在厘清宏观调控边界的基础上，山东省应着重提高宏观调控效率，争取以相对较小的成本实现相对较大的调控收益。为了提高宏观调控效率，山东省应做好以下几个方面的工作：第一，需要理顺部门内部的工作流程。通过省直部门内部流程扁平化管理，提高部门之间的横向协调性，通过双向反馈机制，提高部门之间的纵向协调性，最终提高山东省的宏观调控效率。第二，确保调控政策实施程序的法治化，通过决策程序法治化、执行程序法治化和监督程序法治化，使宏观调控政策的制定和执行具有科学性。第三，需要全面提高领导干部的专业素质。不仅要在公务员选拔和领导干部升迁考核过程中严格考察相关人员的专业水准，而且要对在岗的领导干部，结合岗位职责进行常态化的专业培训，使领导干部具备制定相关政策的专业素质。第四，需要提高宏观调控手段的创新性。如前所述，受"中庸之道"保守观念的影响，山东省在宏观调控制度创新方面相对不足，为了解决该问题，山东省需要建立一套完整的"容错"机制，允许各级政府工作人员进行"试错性"改革，鼓励党员干部进行大胆尝试，并对成功的制度创新进行奖励。

---

①② 龚正. 增创高质量发展的体制机制优势 ［N］. 学习时报，2018 – 12 – 28.

第四节 小结

　　构建市场机制有效、微观主体有活力、宏观调控有度的"三有"经济，是现代市场经济体制建设的主要内容。现阶段，山东省现代市场经济体制建设面临诸多问题：①市场机制方面，价格机制改革不够彻底、市场监管体制不够完善、要素市场化改革相对滞后；②微观主体活力方面，国有企业活力有待进一步加强、民营企业发展政策落实不到位、营商环境有待改善；③宏观调控方面，缺位问题、越位问题、效率问题都不同程度地存在。目前，山东省已经对这些问题有了深刻认识，并有针对性地制定了一系列相关政策，接下来的主要工作是抓落实。首先，破除影响价格机制、竞争机制、供求机制发挥作用的束缚，促进市场机制有效运转。其次，在推动国有企业做大做强、支持民营企业发展、优化营商环境三个方面激发微观主体活力。最后，在厘清宏观调控边界的基础上，把该放的权力放下去，把该管的事情管起来，全面提高宏观调控效能。

第九章　山东省营商环境优化研究

营商环境是影响区域综合竞争力的重要因素，打造一流营商环境是推动高质量发展的重要基础支撑。党中央、国务院高度重视营商环境的改善和优化，习近平总书记多次做出"营造稳定公平透明、可预期的营商环境""营造国际一流营商环境"的重要指示，李克强总理强调"优化营商环境就是解放生产力、提高综合竞争力"。本章将聚焦优化营商环境领域，总结梳理山东省营商环境建设的主要成绩和存在问题，在借鉴先进地区经验的基础上，提出深化山东省营商环境建设的改革路径。

第一节　优化营商环境是高质量发展的重要基石

优化营商环境是促进新旧动能转换、提升经济内生动力、激发创新创业活力的重要基础，是实现治理体系和治理能力现代化的根本要求。随着区域竞争日益加剧、居民生活水平大幅提升，企业和居民对城市基础设施环境、政府管理服务效率、市场公平诚信氛围等营商环境的需求不断提高，优化营商环境成为培育经济新动能的重要支撑和提升区域综合竞争力的重要抓手。

一、区域竞争由拼资源向拼服务、拼信用转变

市场配置要素资源是市场经济体制的根本特征，降低成本、提高效率是市场经济的永恒主题，以更少的成本创造更多的价值是良好营商环境的重要体现。经济学理论揭示了资本、劳动力、技术创新、制度、信息等要素在经济增长中的作用。在物质资料短缺时代，企业最关心如何能够获得廉价原料和劳动力。在物质产能极大丰富、专业化分工日益精细且要素流动高度便利的现代市场经济体系

中，如何降低时间成本抢占市场先机，以及如何实现优质资源匹配、更好地实现合作共赢，成为企业决策的关注焦点。特别是各地在招商引资过程中，政策优惠差异度逐渐缩小，政府服务环境、市场法治环境差异的影响作用逐步加大，优化营商环境能够从根本上提升地区招商引资的吸引力。因此，降低企业经营的制度性成本，增强区域资源要素集聚力和配置效率，建立更好的促进企业成长发展的营商环境，是影响地区综合竞争力的关键因素。

二、优化营商环境是市场化改革的必由之路

改革开放40多年来，我国坚持走中国特色社会主义道路，创造了GDP年均增长9.5%，从贫穷落后国家发展为世界第二大经济体的"中国奇迹"。奇迹发生的原因在于，我国通过实施农村家庭联产承包责任制、国有企业改革、现代企业制度建设等改革举措，不断增强企业产权保护力度，消除资源配置的制度性障碍，逐步实现了从计划经济向社会主义市场经济的转变，促进了市场化改革红利效应的持续释放。因此，破除影响市场机制运行的制度性障碍，是中国特色社会主义市场化改革的主线之一。随着我国市场经济体制的不断完善，阻碍性制度环节基本打通，政府深化改革的重点逐步由减少干预向优化服务转变，旨在通过创造更加高效、安全、规范的市场秩序，进一步提升市场资源配置效率。现阶段，建立市场化、法治化、国际化营商环境，符合市场化改革的内在要求，是进一步释放市场化改革红利的关键路径。

三、营商环境是激发创新创业活力的丰厚沃土

习近平总书记指出"营商环境是企业发展的土壤"，随着全球经贸竞争愈加激烈，营造稳定公平、法治、可预期的营商环境是激发各类企业主体活力，建设开放型经济体制的重中之重。优化营商环境是一项综合性、立体性的社会变革，既涉及政务服务、社会管理、文化建设、金融支持等制度体系建设，也涉及交通、生态、通信、园区等基础设施建设，其目的是为企业松绑、为创新除障、为民生造福、为公平护航，营造更有效率、更具活力、更高质量的现代经济发展模式。良好的营商环境有利于为企业发展提速赋能，加快资金、人才、技术、信息等各类生产要素集聚，增进经济规模效应和产业集群的专业化分工，从而拓展企业潜在市场空间并增强企业竞争的比较优势，逐步形成竞争有序、创新活跃、良性循环的经济生态。

第二节 山东省营商环境建设驶入优化发展"快车道"

党的十八大以来，山东省认真贯彻落实党中央、国务院有关部署，以服务新旧动能转换、打造对外开放新高地等"八大发展战略"实施为目的，以"制度创新、流程再造"为主线，以"放管服"改革为抓手，以对标国际国内先进标准实现国际化、法治化、便利化为目标，以出台政策法规为支撑，全省营商环境建设全方位推进总体格局基本形成，创造了"放管服"改革"一次办好"山东品牌。

一、营商环境建设进入加速轨道

山东省各级党委政府以服务企业和经济高质量发展为根本出发点，全面推进"放管服"改革和优化营商环境建设任务，为促进全省经济社会持续健康发展提供了有力保障。

（1）顶层设计的政策体系逐步完善。2018年以来，山东省委、省政府聚力推进"一次办好"改革，加大"放管服"改革力度，营商环境建设的制度环境和法治环境逐步健全，先后出台了《关于深化"一次办好"改革深入推进审批服务便民化实施方案》《关于聚焦企业和群众关切深化"一窗受理·一次办好"改革的措施》《关于持续深入优化营商环境的实施意见》等一系列政策措施，推动营商环境建设加速前行。与此同时，《山东省优化营商环境条例》《山东省社会信用条例》等地方立法工作顺利推进，地方性法规、政府规章的立改废释工作进度不断加快，有效地解决了制度性矛盾和冲突，为改革提供了方向和依据。

（2）营商环境建设组织体系不断健全。营商环境建设领导组织架构基本成型，部门职责整合和政务服务平台衔接取得积极进展。山东省建立了推进政府职能转变和"放管服"改革协调小组，各地市均相应成立了"放管服"改革和优化营商环境领导小组，为系统推动营商环境建设提供了有力的组织保障。同时，结合党政机构改革契机，市县两级全部组建成立了行政审批服务局，实行"一枚印章管审批"，搭建起省、市、县、乡、村五级便民服务网络。

（3）政府简政放权力度不断加大。各级部门坚持"减无可减、放无可放"

原则，大力削减行政权力，为群众办事不求人、少跑腿、就近办创造条件，并且出台了《关于深化扩权强县改革促进县域经济高质量发展的十条措施》，在全省81个县（市）全面推行市县同权改革，最大限度地扩大县域经济社会管理权限。2019年，山东省组织开展全省政务服务事项标准化梳理及上网运行工作，推动实现同一事项在省、市、县三级申请材料、办理环节、流程和时限等要素"三级十同"。

（4）监管效能实现创新提升。"双随机、一公开"新型市场监管机制不断健全，"进一次门、查多项事"机制基本建立。颁布出台了《关于在市场监管领域全面推行部门联合"双随机、一公开"监管的实施意见》，明确了部门联合随机抽查实施细则和联合抽查事项清单，省直部门、市县政府部门的监管事项清单和检查实施清单数量均位居全国前列。省"双随机、一公开"监管工作平台正式上线，省直部门原有重点监管业务系统基本打通，形成了联合随机抽查的"一单、两库、一细则"的制度体系。全省涉企信息归集机制持续完善，依托公示系统协同监管平台实现各级各部门共享失信企业信息，企业年报公示率达92%以上。"互联网＋监管"效能大幅提升，"互联网＋监管"系统山东旗舰店正式上线运行，监管动态信息和曝光台信息发布数量位居全国第二。

（5）评价考核推动改革不断深化。2018年9月，山东省政府办公厅印发《山东省营商环境评价方案》，把"放管服"改革纳入对各级各部门经济社会发展综合考核体系，列入重点督查内容，全面实行目标化管理、项目化运作，评价指标包括"企业开办""获得信贷"等6个方面17个子项目，评价结果显示各市营商环境建设力度普遍加大，地市间差距不断缩小。2019年第二次全省营商环境评价指标体系增加为18个方面87个子项目，考核范围覆盖面更宽，考核目标导向性更强，以评促改成效显著。在此基础上，全省选取5个城市开展政务服务"好差评"工作试点，建立了评价、归集、分析、核实、整改、再评价的闭环链条。此外，通过开办"问政山东""营商环境大家评"等栏目，实行正面宣传与负面曝光相结合的舆论监督模式，取得了良好的社会反响和监督成效。

二、支持企业发展成为社会共识

山东省各级各部门聚焦企业开办、项目审批、减税降费、企业融资、便民服务、减税降费等重点领域，积极创新开展改革探索，一大批阻碍企业发展的难点、堵点和痛点问题得到有效破解。

（1）市场准入门槛大幅减低。通过放宽市场准入、简化企业开办环节等系列举措，企业开办效率实现大幅提升。一是全面实施市场准入负面清单制度，按照国务院《关于实行市场准入负面清单制度的意见》，全面厘清负面清单之外违规设立的准入许可、许可环节的隐性门槛以及违规制定的其他准入类负面清单，基本实现不同市场主体间的"权力平等、机会平等、规则平等"。二是出台了《关于贯彻国办发〔2017〕41号文件推进"多证合一"改革的实施意见》，全面实施"多证合一"改革，实现"四十五证合一"。三是大幅压减企业开办时间和申报环节，新开办企业营业执照办理、银行开户、涉税办理、公章刻制、社保登记等事项实现3个工作日内完成。四是全面推行"政银合作"模式全程电子化登记，建立基于手机App模式的全程电子化登记系统和"山东企业开办一窗通"系统，企业注销实现线上办理。

（2）项目审批流程加速再造。山东省以"全流程、全覆盖"为改革标准，优化提升工程建设项目审批制度"多规合一"的"一张蓝图"建设，将项目从立项到竣工验收的全过程，以及所有审批服务事项纳入流程再造，梳理形成统一的审批事项清单和审批流程图示范文本，通过联合审图、联合验收、区域评估和告知承诺制等方式，全面推行"一家牵头、并联审批、限时办结"审批。大力推行"一窗受理"，建成贯通省、市、县三级、覆盖各有关部门的工程建设项目审批管理系统，与国家相关系统、省政务服务平台实现审批数据实时共享，依托工程建设项目审批综合服务窗口实现"一窗受理"。

（3）企业税费负担持续减轻。山东省以深化增值税改革为抓手，围绕税负"只减不增"目标，持续推动减税降费工作。一是深化增值税改革，制定出台了《山东省2019年深化增值税改革增值税申报管理工作应急预案》《关于做好个人所得税管理共治工作的通知》，大幅度减少制造业、批发零售业、建筑业、采矿业等行业税收。二是调整个人所得税减除费用和税率，实行个人所得税专项附加扣除政策，纳税减免惠及全体居民。三是调低城镇土地使用税税额、减半征收高新技术企业城镇土地使用税和车船税适用税额，小规模纳税人享受更多税费减免优惠。四是搭建减税降费综合监控服务平台、宣传辅导网上直播平台，实现了减税降费政策精准推送、精确核算、精细管理。

（4）企业融资获得更多渠道。针对企业融资难、融资贵问题，山东省各级部门积极创新增信授信举措，大力推广无还本续贷、企业应急转贷、贷款风险补偿等业务，有效缓解中小微企业融资难问题。一是加大政府扶持力度，出台了

《山东省新旧动能转换基金管理办法》《山东省新旧动能转换基金省级政府出资管理办法》《山东省新旧动能转换基金激励办法》等相关措施，吸引金融及其他社会资本参与，设立新旧动能转换基金，支持企业创新发展。二是强化银企对接，通过打造银税互动融资服务平台、升级完善企业融资服务网络系统、推广应用应收账款融资服务平台、发展数字化普惠金融等渠道，推动银企双方互信对接，其中企业融资服务平台通过共享涉企纳税、信用等数据，提高了企业贷款办理速度和获贷率。三是开展小微企业应收账款质押融资等动产质押融资，引导工商银行山东省分行、建设银行山东省分行推动其总行与应收账款融资服务平台进行系统对接，截至 2019 年底，山东省应收账款融资服务平台累计开通用户近 1 万家，累计融资 1.5 万余笔，融资金额接近 7000 亿元。四是加大直接融资补贴力度，对全省已完成规范化公司制改制，首次申请公开发行股票（IPO）且已被正式受理的企业，按照不超过申请募集规模的 2‰给予最高 200 万元的一次性补助。五是优化小微融资服务，各地政府和金融机构通过单列小微贷款规模、降低贷款利率等方式加大小微企业贷款规模，中国银行对普惠型小微企业给予一年期贷款不高于 4.86% 的利率优惠，枣庄将小微企业不良容忍度放宽至不高于各项贷款不良率 3 个百分点。

（5）知识产权保护体系更加完善。近年来，山东省知识产权保护工作取得新进展，继青岛之后，济南获批国家知识产权运营体系建设重点城市。2019 年上半年，获批建设中国（山东）知识产权保护中心，加上烟台、潍坊、济南和东营 4 个国家级知识产权保护中心和中国（宁津）知识产权快速维权中心，山东省国家级知识产权中心达到 6 个。在济南高新区建设了国内首家以知识产权为特色的"一站式"知识产权公共服务平台，建成新旧动能转换专利库、知识产权云平台大数据中心专利信息数据库、15 个专利专题数据库以及国民经济行业分类导航专利数据库，为各类创新主体提供"快速授权、快速确权、快速维权"的绿色通道。知识产权转让抵押机制更加健全，出台了《山东省专利权"政银保"融资试点工作实施办法（试行）》，将知识产权质押融资项目扶持资金的资助范围由小微企业扩大到中型企业，年度贴息最高额度提高到 50 万元，推出了"知易贷""智权贷""注册商标专用权质押贷款"等专项产品，鼓励和支持企业以其专利权、商标权出质，银行作为质权人直接向企业提供贷款。2019 年全省专利权质押登记项目 643 件，登记金额 84.4 亿元，较 2017 年分别增长了 40.4%和 69.1%。

三、便民便企服务取得显著成效

山东省各地各部门不断延伸服务领域，为企业和群众办事创造了诸多便利条件，得到了广大企业和群众的充分认可。其中，济南荣获"2018年度中国企业营商环境十佳城市"，改革热度指数在全国副省级及以上城市中位居第3位；青岛西海岸新区营造一流营商环境在全国前30名国家级开发区中排名第2位。

（1）不动产登记更加便利化。山东省自然资源厅按照省政府办公厅《优化不动产登记专项行动方案》要求，积极协调住建、税务部门，对涉及民生面广量大的房屋转移、抵押登记两种类型梳理不动产登记流程图，大幅压缩受理到发证的环节、材料和时间，实现房屋转移、抵押登记"一窗受理、5日办结"。另外，为方便群众办理业务，不动产登记大厅设立"综合受理"窗口，实行不动产登记、交易和缴税"一窗受理"并行办理，实现一次性收齐交易、税收、登记所需材料。大力推行"互联网＋不动产登记"，所有不动产登记大厅开通咨询服务电话，实行自动叫号。还有不少地市推行不动产登记电子证照，真正实现抵押、贷款"一次都不用跑"。

（2）便利办税体验全面提升。山东省税务局以打造线下"一窗受理"、线上"一网办理"服务模式为主线，持续优化网上办税为主、自助办税为辅、第三方代办为补充、办税服务厅兜底的"四位一体"办税模式，推出8类190项涉税业务"一次办好"清单，减少纳税人到厅环节102项，缩短办理时间70%，实现征期内网上申报率98%以上，主要涉税服务事项90%网上办理。通过优化新办纳税人套餐服务，不断创新办税服务方式，在全国首创通过电子税务局开通银行缴税账户业务，通过与支付宝合作、"多元办税"、建设智慧税务综合体等方式，为纳税人提供全天候办税服务、"零接触"涉税咨询、"全景式"办税体验，企业纳税人无纸化办税覆盖率超过91%。

（3）帮办代办服务不断拓展。山东省政务服务机构坚持无偿代办、协同联动、一次办好的服务原则，为企业提供"一对一"贴心帮办代办服务。市县两级共有190余个政务服务中心设立帮办代办窗口，设立率达98.4%。其中，青岛探索"行政＋企业"运行模式，吸纳第三方公司进驻政务大厅，借用社会力量提升窗口服务。2020年新出台的《关于持续深入优化营商环境的实施意见》进一步明确提出，新开办企业可以免费获得一套印章和"政策包"，印章刻制费用由同级财政承担；对国家级开发区和高新区压覆重要矿产资源、地质灾害危险性等事项统一评估，不再对区域内市场主体单独提出评估要求，区域评估费用由各市政府承担；报装工程涉及规划、道路挖掘（占用）、砍伐树木、占用绿地等行政审批的，由供水供气企业（施工单位）负责办理相关手续，受理部门并联审批。通过强化政府服务职责，拓展帮办代办服务领域，群众和企业办事将更加省时省力。

（4）深入开展"减证便民"。制订了《山东省开展证明事项告知承诺试点工作实施方案》，部署开展证明事项告知承诺制工作，厘清27项证明事项，其中19项证明改为申请人书面承诺，并制定了许可事项承诺模板，推动全省形成标准公开、规则公平、预期合理、各负其责、信用监管的治理模式，从制度层面解决群众办事难、办事慢、多头跑、来回跑等问题，增进企业群众获得感。

（5）亲清新型政商关系建设持续深化。山东省相继出台了《关于激励干部担当作为干事创业的意见（试行）》《关于规范政商交往推进构建亲清新型政商关系的工作意见（试行）》等改革举措，建立了干部担当作为的激励机制和容错机制，以及政商交往中的"正面清单"和"负面清单"，使党员干部担当有章可循、有据可依。一是为更好地回应企业诉求，省委办公厅、省政府办公厅设立应诉平台，在收到诉求1个工作日内启动核实程序，3个工作日内答复，15个工作日内予以解决或服务确认，难度较大或者多部门协调的事项最长不超过30个工作日。二是各地政府普遍建立政府企业沟通机制，实现了政企沟通"零距离"。例如，潍坊探索建立了包靠项目"四个一"模式，对重点企业进行包联服务；菏泽创新实施"企业吹哨、部门报到、市县联动"工作机制，建立了"十个一"工作体系，企业可通过服务卡等"吹哨"向有关部门反映问题，各涉企部门单位要在第一时间赶赴现场"报到"；济南高新区开展"一对一帮扶企业"活动，项目主管部门主动与企业对接，讲解国家级行业政策，为企业办理相关许可提供便利；淄博建立了"市级领导担任服务重点企业联络员"制度，基本实现全市规模以上企业全覆盖。

四、智慧政务模式实现广泛应用

加强现代信息技术应用，打造"互联网＋政府"服务新模式，是提高政务服务覆盖能力、流程效率、精准水平的关键举措。近年来，山东省坚持贯彻"让数据多跑路，让群众少跑腿"服务理念，不断深化信息技术在服务领域、各个环节中的应用，有效地促进了政务数据信息的有效利用，推动政务审批服务由"一次办好"逐步向"不见面审批"转变。

（1）政务信息横向纵向整合不断深入。近年来，山东省大数据局以破除"信息孤岛""数据烟囱"为重中之重，组织开展了云上大整合、网络大统一、数据大汇聚三大攻坚行动，构建"6＋N"全省一体化政务信息资源体系，省级部门上云系统达 1600 个，上云率超过 90%；各市上云系统合计约 5000 个，上云率接近 91%。政务信息共享范围不断扩宽，省政务信息资源共享交换平台已完成国家、省、市三级平台级联网，接入省直和中央驻鲁单位 80 余个，县级（含）以上政务服务大厅全部与省市共享交换平台联通，政务外网公共服务域覆盖到乡镇，接入部门数量超过 1.6 万个。

（2）政务服务"一网通办"全面推进。山东省政府办公厅印发实施了《2017 年全省政务服务平台完善提升工作实施方案》，大力推进行政权力网络运行，建设完成电子监察等平台支撑系统和乡镇网上政务大厅、部门分厅，推动网上政务服务向基层延伸。同时，依托山东省政务服务网，在线提供行政许可和部分公共服务事项的申请、办理、公示、查询、咨询和投诉等服务，实现了网上政务服务省、市、县、乡四级全覆盖。2019 年，山东省政府办公厅出台了《关于实施流程再造推进"一窗受理·一次办好"改革的十条意见》，以实施政务服务事项办理出入口向统一平台集中工程为抓手，实现事项受理、审查、决定、收费、咨询全流程在线办理，从根本上解决了网办深度低、无法实现"一链办理""系统外循环"等问题。

（3）移动端应用功能不断丰富。山东省以移动端应用服务能力建设为引领，大力推进面向社会公众服务的"爱山东"App 和支撑政府内部管理的"山东通"App 建设，深入推进适合掌上办理事项向移动端延伸，推动企业和群众办事高频事项"掌上查、掌上办"。其中，"爱山东"App 历经 3 次优化升级，接入 25 个省直部门（单位）的服务应用、18 类 650 余项服务应用，范围覆盖人力资源、社会保障、公安、市场监管等领域，具备查询、预约、办理、缴费、投诉、咨询等功能。"山东通"平台已部署各级各类办公应用近 160 个，接入省、市、县三级部门共 300 余家，开通移动办公终端近万个，有效推动了高频事项"掌上查、掌上办"。

第三节　高质量发展要求营商环境进行系统性变革

在全国营商环境加速优化的浪潮下，山东省营商环境建设取得较大改观，但与山东省"走在前列、全面开创"的目标要求相比、与国内先进省份相比、与企业期盼相比，仍然存在一些需要持久攻坚的堵点难点问题。从支撑山东省高质量发展和新旧动能转换重大工程来看，山东省营商环境建设应聚力攻克以下短板。

一、数字政府信息化短板方面

数字经济时代，发展"互联网＋政府服务"模式成为各地提高政府服务效率的主要手段，与浙江、广东等南方发达地区相比，山东省"数字政府"建设相对滞后，政务数据信息共享水平、应用水平不高已成为影响政府服务效率的关键短板，跨部门、跨层级数据交换不畅成为"一网通办""不见面审批""最后一公里"的关键堵点。

（1）"信息孤岛"尚未完全破除。整合共享部门数据是实现流程整合再造、提高审批效率的关键基础。在条块化行政管理体制下，链条式政务服务流程再造必须破除部门数据屏障才能实现大幅度整合。目前，山东跨部门、跨层级的数据交换机制还不够健全，个别部门出于保密安全、数据口径、管理权限等原因，仍存在部分关键数据无法共享开放，"信息孤岛""数据壁垒"问题在很大程度上制约了各级各部门间的数据共享互认和业务协同办理。

（2）政务服务平台建设缺乏省级统筹。山东省跨部门、跨行业、跨地区政务服务平台建设滞后，政务云、网的整合力度与各级各部门不断增长的需求相比还有一定差距，部分省直部门的信息系统还没有迁移上云，有些部门办件系统与行政审批服务平台之间无法实现数据连通共享，仍有少数部门专网还没有与统一电子政务网络打通。例如，山东省某地市入驻政务服务大厅业务系统共有 59 个，其中只有 5 个是市直部门自建系统，其余 54 个业务系统均由国家部委、省级部门统筹建设，从市级层面实现数据打通难度较大。

（3）数据衔接不同步不统一。各部门数据不同程度存在"重建设轻维护"

现象，大量的历史数据只记录在纸面上。数据不同源、要求不统一、更新不同步仍然存在，部分地区的各部门之间，甚至同部门内部的数据相互"打架"，导致部分企业和个人信息数据无法实现自动抓取，信息重复录入、材料重复提交的情况仍然存在，影响了政务服务效率。

（4）"数字政府"建设滞后。山东省电子证照、公共信用、空间地理等6个数据库已经初步建成，电子身份证、电子驾照等应用取得积极进展，但与上海、浙江、广东等先进省市相比，在数字化应用水平上尚有一定差距。已有数据应用主要用于简单的统计、查询，在深度挖掘利用方面作用发挥不明显，特别是移动端服务功能不够完善，"爱山东"App提供的便民服务事项与先进省市还有差距，群众认知和满意度不高。以电子证照为例，"爱山东"App仅接入电子社保卡、出生医学证明等7种电子证照，远低于广东省"粤省事"的66种及上海"随申办"的23种证照数量。

二、要素环境市场化短板方面

优化营商环境的根本目的是服务企业更好发展，其中要素环境是企业最为关心的领域。基于企业调查情况发现，资金、人才、土地是企业反映问题最为集中的三个方面。

（1）"融资难、融资贵"问题仍然普遍存在。在诸多融资方式中，企业更偏爱银行贷款，约七成民营企业融资主要依赖银行贷款，但是中小微企业由于缺乏抵押物，获取信贷的难度较大、成本较高。一是银企信息沟通渠道不畅，部分企业存在信息公开不充分、财务信息不真实等问题，银行机构无法准确掌握企业经营情况，银行机构存在"看不清""看不懂""找不到"问题。二是中小微企业授信难度大，在防范金融风险导向下，银行对中小微企业融资设置的门槛较高，导致众多企业普遍反映银行"嫌贫爱富、扶强弃弱"。三是企业融资渠道较窄，与南方省份相比，山东省资本市场发展相对滞后，全省直接融资规模仅占全社会融资规模增量的1/10，私募投资机构、创业投资基金、融资性担保公司等新兴金融市场主体发育不足。四是部分融资扶持政策效果未能充分显现，例如，近几年山东省借鉴南方省份成功经验将通过财政直接补贴发放的资金转变成以股权投资基金形式对企业进行帮扶，但是由于缺乏有效的运营模式和考核标准，绝大部分基金在运行过程中普遍存在明为"股"实为"债"的问题，不仅基金运行效率大打折扣、撬动作用极低，甚至一定程度上加重了企业负担，而南方省份同类基金不仅能够直接有效地扶持本地中小企业发展，而且在招商引资过程中也发挥了很好的作用。

（2）企业引才留才难度较大。人才是企业发展壮大的根本，随着企业对人才尤其是科技创新型人才的需求日益上升，山东省在引才留才方面的竞争力短板逐步成为制约山东省企业创新发展的重要因素。一是山东省区域综合发展环境对高层次人才吸引力不高，通过企业问卷调查发现，有 1/4 的企业反映"招人难""留人难"的主要原因是所在地域吸引力差。省内部分产业园区反映，入园企业中高层次人才奇缺，其原因主要是企业薪酬偏低，城市综合配套环境不优，导致引进的高层次研发人员不愿来鲁工作。二是人才引进考核较为僵化，现有人才引进政策存在"重增量，轻存量"特征，在引才考核中仅统计外来人才引进，对企业内部培养人才重视不够，导致山东省内企业培养的高层次人才在政策上不能享受相关待遇，容易形成人才流失。三是教育和人才资源支撑不足，山东省是高考大省，但省内高等教育资源大而不强，虽然普通高等学校数量居全国第 3 位，在校大学生超 200 万人，但部属高校只有山东大学、中国海洋大学和中国石油大学 3 所，"985"高校则只有山东大学和中国海洋大学 2 所，院士数量远落后于江苏、浙江等省份。此外，山东省人才数量基础没有转化成产业优势，除了人才外流因素外，人才对体制内就业倾向偏高，创新创业活力不足。

（3）土地指标不足对项目落地约束较大。近年来，山东省培育形成了一批在世界和全国细分领域具有龙头地位的"瞪羚企业"和"独角兽企业"，这些企业资金充足、增长迅速，具有较强的规模扩展意愿。企业在拓展业务链条、增设运营研发机构等项目投资时，需要政府提供配套设施较为完善的中心城区地块，但目前全省各城市的中心城区地块供应相对紧缺，导致很多项目无法落地，部分企业只能选择在北上广深设立分中心，造成潜在投资项目的流失。

三、执法监管法治化短板方面

执法监管是政府管理服务企业的重要手段，政府监管执法水平既是企业感受营商环境的最直接窗口，也是治理能力和治理体系现代化的具体体现。根据实地调研和企业反映，山东省在执法监管领域仍存在一些较普遍的问题。

（1）新型监管机制还不够健全。一是跨部门联合监管的基础还不牢固，各地各部门"双随机、一公开"抽查工作推进基础不平衡，检查对象库和检查人员库还存在不完整、不准确问题，影响联合监管的顺利实施。二是对新业态新模式的监管制度和服务模式不到位，包容审慎监管缺乏有效的政策依据和实践模式，监管过程难以把握好宽严适度问题，对监管责任的划分仍需进一步明确。三是守信联合激励和失信联合惩戒机制运转不够顺畅。守信联合激励和失信联合惩戒工作尚处于起步阶段，信用奖惩机制有待进一步完善，存在部门间协调配合不够、共建共享意识不强、信用信息只归集不应用等问题，导致信用监管奖惩威慑力不够。

（2）政策执行灵活性和精准性欠缺。部分领域政策规章的连续性不强、标准不统一、配套不完善，导致企业在落实政策过程中无所适从。部分工作人员习惯于法无明文规定不能办，遇到新矛盾新问题习惯于"向后看"，缺乏创新灵活性，导致遇到新问题不能很好地与企业沟通解决。特别是近年来环保督查工作中，有的地方为了应对督察检查，存在"一律关停""先停再说"等"一刀切"做法，给企业正常生产经营带来很大压力。

（3）产权保护体系需要不断完善。在知识产权保护方面，山东省司法、仲裁、调解等领域存在力量分散、工作交错的问题，还没有形成完善的工作机制和强大保护合力。企业在知识产权维权过程中仍然面临举证难、周期长、成本高等普遍性难题，知识产权保护效果与创新主体期待存在一定差距。企业知识产权意识有待提升，万人有效发明专利拥有量等数据指标与先进城市相比存在较大差距，很多企业还存在重有形资产轻无形资产、重科技成果轻知识产权的现象。逃废债以及政府欠款问题仍普遍存在，对部分企业的正常运营造成很大影响，需要重点加以治理。此外，部分政府招商项目由于主要领导的更换存在不兑现问题，对山东招商引资形象造成较大负面影响。

四、对外合作国际化短板方面

山东省作为沿海大省，进出口贸易规模仅为广东省的28%、江苏省的47%、浙江省的66%，外商投资企业数仅为江苏省的1/2、广东省的1/4，对外开放水平总体水平明显偏低。

（1）企业"走出去"服务支撑体系尚不健全。随着国际环境的日益复杂，企业"走出去"面临较大的不确定风险，特别是民营企业缺乏对"走出去"的合规性、风险控制等事项的认识，迫切需要加深对东道国历史文化和当地政策的了解。与先进省份相比，山东省对民营企业"走出去"相关培训重视程度不足，尚未建立定期培训机制，相关中介服务机构较少，无法满足企业需求。部分民营企业在国外投资时，由于无法充分了解当地法律和民俗，出现项目启动周期较长、跨国纠纷多等问题。

（2）企业海外参展政策支持力度不足。一是支持民营企业境外参展办展的政策针对性较弱。与其他省份扶持企业海外参加展会的政策相比，山东省相关政策细分程度不够、针对性较弱。二是多数企业反映目前"走出去"参加展会面临渠道少、费用压力大、潜在风险多等问题，削弱了将产品推出去的积极性。部分民营企业有意愿参加国外大型展会，但是自身获取展会信息的渠道有限，希望政府多牵线搭桥，组织企业参加。

五、政商关系亲清化短板方面

构建亲清新型政商关系是打造重商、亲商、安商、护商营商环境的重要基础，核心是提高政府服务意识。与南方省份相比，山东省政府服务意识仍受"官本位"文化影响，亲清政商关系建设需要进一步加强。

（1）政府主动服务意识不强。客观来看，山东省儒家文化、"官本位"文化、圈子文化等文化因子根深蒂固，导致政府服务企业的意识相对偏弱，市场化机制受行政化干预的倾向较为明显。中国人民大学国家发展与战略研究院发布的《中国城市政商关系排行榜（2017）》显示，山东省政府对企业的亲近指数仅排全国第 17 位，位次明显偏低，调研发现政府服务企业过程中存在"人到、话到、心不到"现象。

（2）政企沟通渠道仍需进一步拓宽。加强政企交流是改善政商关系的关键举措，相关调查问卷显示，60% 的企业反映在跟政府官员打交道时面临的主要问题是缺乏沟通交流的渠道，这说明拓展政企沟通渠道是广大企业的迫切需求。近年来，山东省各级政府出台了诸多具有含金量的企业支持政策，但由于政策相对分散、缺少集中展示渠道和政策解读，企业对融资政策存在"不了解、不熟悉、不会用"问题。同时，山东省行业协会作用发挥不明显，在畅通政府与企业沟通渠道、促进行业内企业合作以及帮助企业解决困难方面仍有较大提升空间。

（3）政府干事创业积极性需要激发。政府服务管理模式缺乏独创探索，山东省推动相关改革习惯采用"贯彻中央指示"或者"借鉴兄弟省份经验"模式，缺少开创性、突破性举措，在政策制定中缺乏对本土企业诉求的积极回应和超前设计。此外，虽然山东省已经出台鼓励干部担当作为免责条款，但不愿担责现象呈现隐性化特征，行政管理"重形式轻实效"问题突出，在政策落实过程中，具体实施单位非常重视执行程序的合规性，但对政策执行效果关注少、考核少。在一些基层单位存在领导干部不愿担责、工作推诿、表态含糊等现象，导致政策落实周期慢、力度弱。

第四节　优化营商环境的经验借鉴

党的十八大以来，全国各地掀起了深化"放管服"改革、优化营商环境的浪潮，各地政府在招商引资中从抓优惠政策向抓营商环境转变，探索形成了一系列举措，显著减少了市场制度性成本，提高了经济社会运行效率，释放了市场主体创新创业活力，增进了居民生产生活的获得感和幸福感。

一、减负松绑，激活市场主体活力

"减少企业负担，让企业轻装上阵"是优化营商环境的根本出发点。以浙江省"最多跑一次"改革为典型代表的系列举措，切实解决了企业和群众反映突出的办事难、办事慢、多头跑、来回跑等问题。《2019 年浙江省优化营商环境工作要点》进一步从放宽企业准入门槛、优化企业开办流程、提升审批许可效能、推进企业商事制度改革、增强政府服务能力、优化市场主体退出机制、开展营商环境评价工作七个方面进一步加大改革力度，形成了浙江省一块"金字招牌"。当前，浙江省仍然继续深化"最多跑一次"改革，不断拓展"最多跑一次"改革的内涵、外延和服务主体，最大限度地减材料、减环节、减时间、减费用。例如，浙江省提出一般企业投资项目从项目赋码到竣工验收全过程不超过 90 天；实行"统一接收、按责转办、限时办结、统一督办、评价反馈"工作机制，一个号码响应群众诉求。湖北武汉在全市推行"同标准、无差别"的标准化审批服务，按照"一事项一标准、一子项一编码、一流程一规范"要求，对"马上办、网上办、一次办"事项逐项编制标准化的办事指南表和一次性告知书。重庆出台实施了"银行业支持实体经济发展 20 条""涉企减负 30 条""制造业降本 36 条"等政策措施，最大限度激发实体经济发展活力。上海通过实施税费改革、减税降费等举措降低生产经营性成本，通过停征河道管理费、调整住房公积金缴存基数、比例以及月缴存上下限等举措，力争将总税率及社会缴费降低到 65%

左右，纳税时间减少到 130 个小时。

二、数据共享，提高政府服务效率

数字经济时代，加快"互联网＋政务服务"建设已成为各地优化营商环境的首要选择。一是加强审批事项的跨部门协作和信息共享。浙江省出台了《公共数据和电子政务管理办法》，推行"四张清单一张网"建设，迈入"互联网＋政务服务"发展的新阶段。二是加快数字政府建设。浙江省遵循"政府理念创新＋政务流程创新＋治理方式创新＋信息技术应用创新"理念，加快构建数据共享、流程再造、数据体系构架"三大模型"，着力构建统一安全的政府大数据平台，支持杭州等城市争创"移动办事之城"。三是打造电子政务云及智慧城市服务平台。重庆全面梳理涉及企业和群众的审批服务事项，制定"马上办、网上办、就近办、一次办"事项清单，建成政务服务网上"中介超市""12345 一号通"问政咨询服务平台、"渝快办"移动政务服务平台，300 多项政务服务事项实现"掌上办"，审批服务事项"全渝通办"率达到 90% 以上。浙江省义乌市设立国际贸易服务中心，整合公安、商务、税务、海关等 12 个部门 125 个涉外事项，实现办理涉外事项只进"一扇门"、服务"一站式"。四是以"互联网＋政府服务"整合利用政府数据资源。贵州省率先建立"云上贵州"平台，有效促进了政府数据资源的整合、共享、开放和利用。上海率先提出建设"智慧政府"目标，依托政务"一网通办"总门户建设，构建全市数据资源共享体系。

三、注重体验，当好企业的"店小二"

从企业需求出发是优化营商环境的根本出发点。世界银行营商环境评价指标体系的指标设计更加关注从企业"获得感"角度来测评营商环境，包括便捷度指标：如开办企业、产权登记、获得电力、办理施工许可的周期，获得信贷、税务手续及跨境贸易便捷度等；法治化指标：如投资者保护、合同执行及破产保护等；负担类指标：如总税率等。在各地实践探索中，不乏为企业量身定做的套餐式服务。例如，贵州六盘水开展"集成套餐服务"，为不同类型的企业和群众提供量身定制的套餐式、主题式集成服务。广州通过打造一个全国领先的"智慧政务"平台，实现政务数据高度共享，在开办企业方面，推行开办企业"一网通办、并行办理"，实行线上线下"全渠道"快速商事登记、"全网办"刻章备案和新办纳税人"套餐式"服务模式。浙江省建立了世界 500 强投资项目"绿色通道"工作机制，加快项目批准、用地预审、用地报批、环评批复、规划选址等审批事项的办理进度，确保项目尽快落户与投产开业。重庆围绕"破、立、降"深化供给侧结构性改革，积极探索"点菜放权"机制，大力推广联合勘验、联合测绘、联合审图、联合验收以及区域评估，实行"一家牵头、多评合一、并联审批、限时结办"；持续开展集中走访精准服务民营企业活动，建立干部定点联系重点民营企业机制，"一企一策"帮助企业解决实际困难。

四、筑巢引凤，消除企业发展后顾之忧

优化营商环境不仅仅是减材料、减环节、减时间、减费用，而且要积极为企业提供快速成长的发展土壤。一是引入企业成长的金融活水，搭建企业孵化的创业平台。例如，重庆积极引导金融机构和制造业龙头企业攻坚"供应商+制造业核心企业+经销商"产业链融资体系，对积极参与供应链应收账款质押融资的供应链核心企业，按上下游一级和二级供应商企业新增贷款额给予1%的比例给予奖励。二是营造产业链群发展的集聚优势。浙江省制定出台了《加快特色小镇规划建设的指导意见》，投入5000亿元在全省重点规划培育100个特色小镇，"特色小镇"模式突出"特""新""小""活"，几乎每个小镇都有自己的特色产业集群，同时高度重视生产、生活、生态融合发展，针对每个小镇的产业特色制定相应的运作机制，从而广泛调动民企、央企、省属国企等市场主体积极参与特色小镇建设。例如，杭州梦想小镇着力构建覆盖企业发展初创期、成长期、成熟期等各个不同发展阶段的金融服务体系，加快企业孵化。

五、开放发展，搭建企业成长舞台

随着经济一体化发展进程的不断深入，国内外贸易合作愈加频繁，跨地区合作和市场拓展将成为常态，打通企业内外联系渠道，既是壮大本地企业发展规模的必由之路，也是提高招商引资集聚优势的重要因素。浙江省第十四次党代会和省十三届人大一次会议作出"统筹推进大湾区大花园大通道大都市区建设"的重大决策和战略部署，包括打造绿色智慧和谐美丽的世界级现代化大湾区、打造"诗画浙江"鲜活样板、聚力构建三个"1小时交通圈"、建设现代化都市区等战略任务，将全面提升浙江省的产业空间形态、环境生态、开放集聚功能和现代城市功能，为企业成长提供了广阔的舞台。在招商引资方面，浙江省积极搭建各类招商平台、投资洽谈平台、承载平台，发挥国际中介机构、各地商会和海外侨胞

的作用积极拓展信息渠道，并依托省级产业集聚区、经济（技术）开发区等产业平台建设，使其成为引进世界 500 强企业的主阵地。在帮助企业"走出去"方面，浙江省等民营经济发展大省由政府牵头组织成立民企发展联合会，邀请香港理工大学、浙江大学的资深教授和经济学家授课，定期开展民营企业家"走出去"培训，大大提升了民营企业的国际竞争力和抵抗风险能力。广州在跨境贸易方面，实现机场、海港口岸全年"7×24"小时常态化通关，中国（广州）国际贸易单一窗口主要业务应用率达到100%。

六、规范秩序，营造公平诚信市场环境

公平诚信的市场环境是确保经济持久健康发展基本内核，只有建立起公正公平市场秩序，营造诚实守信的市场氛围，才能激发市场主体活力，平等保护各类市场主体合法权益。例如，针对黑龙江省近年来全省旅游市场出现的各类旅游纠纷问题，黑龙江省发起设立旅游诚信基金，建立涉旅投诉先行赔付制度。浙江省高度重视健全信用联合奖惩机制、完善企业信用信息公示工作，大力推进诚信典型红名单和严重失信主体黑名单制度建设。另外，浙江省民营经济之所以具有高度的发展活力，与普惠性的扶持政策密不可分，由于浙江省缺少大型的国有企业，因此在政策扶持过程中采取普惠、易行的分配方案，加快小微企业的快速成长，其中，《浙江省贯彻实施小微企业普惠性税收减免政策》对月销售额不超过10 万元的增值税小规模纳税人免征增值税。

第五节　深化山东省营商环境建设的路径建议

营商环境建设必须以立足服务企业、方便群众为出发点，牢固树立"换位思考、主动服务、有求必应、无须不扰、结果评价"服务理念，坚持把优化营商环境作为加快政府职能转变、打造对外开放新高地、促进高质量发展的重要抓手，在学习借鉴国内外先进经验的同时，大力推广地市创新做法，持续打造市场化、法治化、国际化的一流营商环境。

一、强化组织体制建设，理顺统筹协调机制

优化营商环境是一项涉及部门多、复杂程度高、创新性强的系统工程，必须建立系统有力的组织体系，强化省级统筹、明确主体责任、理顺权责关系，构建上下一致、衔接顺畅、分工协作的营商环境建设体制。一是健全完善省级统筹体制机制，充分发挥各级政府职能转变、"放管服"改革、优化营商环境协调领导小组职能，在省、市、县三级政府统一设立常设办公机构，必要时可在党委、组织部、纪委设立推进落实机构，增强营商环境建设的统筹推进力度。二是健全牵头单位与协作单位协调机制，对于涉及流程多、关联部门较为复杂的改革领域，要确立上下统一的牵头部门，明确各部门权责清单，对服务流程进行清晰具体的界定。三是建立营商环境建设保障制度，建立省、市、县、乡标准统一的政务服务规范，统一市、县、乡三级相对集中许可权范围，明确划转事项，统一编制业务手册和服务指南。四是加强基层服务能力建设，明确基层各部门在政务服务事项中的职责和权力，加快落实工作人员到位、职责衔接到位。

二、深化政务流程再造，做好"减"字文章

以"一次办好"为改革理念和目标，以优化政府服务流程为抓手，不断减少政务服务过程环节，避免材料重复提交，提高审批服务效率。一是逐步健全服务审批事项标准化流程，加强政务服务事项规范化、标准化建设，优化整合多部门"一链办理"事项，推行"主题事项""集成套餐"式服务，实现"一事一流程"向"多事一流程"转变。系统梳理具体事项、办理部门、总体流程、所需时限以及要件材料等流程进行可视化分析，对现有审批和许可事项逐一深入论证，最大限度优化简化流程，制作易看易懂、实用简便的办理流程图（表），制定统一的审批服务事项编码、规范标准、办事指南和时限，实现"同时受理、内部流转、同步推进、并联审批、限时办结"的集成化审批流程。二是深化"一窗受理"集成服务，推进政务服务大厅全领域无差别"一窗受理"改革，健全"前台综合受理、后台分类审批、统一窗口出件"服务机制。三是大力推行不见面审批。借鉴上海办理执照"零见面"经验，加快"互联网＋政务服务"建设，拓展"一网通办"范围，强化数据共享和材料复用，提高无纸化操作比重。建立帮办代办、问题反馈、窗口无权否决机制，实现申报、审批、监管、核查事项"少跑腿"。四是放大"一枚印章管审批"改革效应，全面推行审批制度流程再

造，在企业开办、不动产登记、投资建设项目施工许可、纳税等多个领域深化取消下放行政职权事项、简化审批流程改革。对标深圳、上海等先进城市，加大推广"并联审批""多图联审""限时联合验收""区域化评估评审"等有效模式，探索实施企业信用绿色通道模式，根据市场主体信用承诺推行"容缺受理、容缺预审"，在更大范围内推行告知承诺改革。

三、建设"数字政府"，抓牢数字经济改革机遇

建设"数字政府"，打造"互联网＋政务服务"模式是深化"一次办好"改革的重要突破口，其实质是通过数据归集、信息共享、系统对接、网上办事使各种数据互联互通、共享共用，实现一站式服务、一个窗口办理，进而提升企业和居民办事效率。一是继续深化"互联网＋政务服务"的推广应用，拓展"一网通办"范围，创新社保、教育、文化、健康养老、扶贫、救助等领域的数字化应用，全面推行电子证照、电子承诺、电子归档等，为企业生产和百姓生活提供便利。二是加快大数据、云计算、人工智能、区块链等信息技术的应用推广，着力创新数字社会治理模式，加快决策模式的数字化转变，深化在应急指挥、平安山东、防灾减灾、环境资源、交通治理等领域智慧化应用，以企业和群众办事便利度、快捷度、满意度为衡量标准，努力构筑信息惠民服务体系，提升公共服务均等化、普惠化水平，推动政务服务理念、制度、作风全方位深层次变革。三是建设高效协同数字政府，充分发挥大数据局的机构优势，按照"一片云、两张网"总体要求，以流程再造为关键、以"互联网＋"为支撑，坚决破除"信息孤岛""数据烟囱"，统一部门间信息共享交换标准，强化信息互联共享，构筑一体化政务平台，全面推行部门间并联审批，打造"爱山东""山东通""互联网＋政务"品牌。高水平建设省数据大厅，实现政务服务事项数据"全打通、全归集、全共享、全对接"，加快山东省"数字经济＋智慧城市"发展。

四、优化要素供给环境，激发企业发展潜能

聚焦企业关切，更好地发挥市场在资源要素配置中的决定性作用，多措并举帮助企业破解经营困难，为企业创新发展提供良好的要素支撑环境。一是构建覆盖企业全生命周期的融资服务体系。以完善银企对接长效机制为主线，着力打造多元化融资对接平台，构建涵盖风险投资、银行信贷、债券市场、股票市场的覆盖企业全生命周期的融资服务体系。更多采取贷款贴息、基金注资、股权投资等

市场化手段扩宽企业融资渠道，整合用好各类产业基金引导作用，调动银行、保险、担保机构、风投机构等金融机构服务企业积极性。完善和健全中小企业信用担保体系，建好用好企业贷款增信分险资金池，推广"线上税银互动""小微企业增信基金"等增信模式，以及知识产权质押融资和专利权"政银保"融资方式，提高金融机构对小微企业不良率容忍度，推动银企双方增进互信、有效对接。二是增强人才要素支撑，健全引才留才机制，围绕高技术产业领域定期组织高层次人才交流活动，加大引进人才的联系协调服务，完善人才集聚区域配套设施建设。优化高端人才综合服务环境，依托各地新城区建设，选址建设一批优质公共服务配套、现代服务业态完善、现代化新兴产业集聚、生态景观富集的高水准宜居型产城融合园区。发挥好企业留住人才主体作用，深化校企合作，扶持企业加快研发中心、产业孵化器、院士工作站建设，设立专业领域人才引进和培训补贴，对企业引进的产业顶级人才给予相应的科研经费补贴，努力打造人才集聚"生态系统"。三是实施实体经济降成本专项行动，积极贯彻落实国家对中小企业融资政策支持及配套措施，制定并强化实施办法，从税费优惠以及土地、水、电、气、物流成本等各方面为企业减负。推行"弹性年期出让""先租后让"和"租让结合"三种供地方式并存的工业用地供应制度，优化土地审批服务流程，扩大省级农用地转用和土地征收审批权委托范围，降低用地综合成本。简化企业供水、供气、供电报装流程，全面推行线上办电、移动作业和客户档案电子化，引导企业通过"削峰填谷""优化两部制电价"等降低经营阶段用电成本。四是实施专项减税降费举措，在继续降低土地使用税、印花税、用能成本、社保费率等税费成本的基础上，加大对小微企业和科技初创企业的政策倾斜力度，制定实施企业人才安居工程、企业创新奖补工程、吸纳重点群体就业税收扣减等专项政策。

五、对标国际营商环境，强化对外开放合作

以中国（山东）自由贸易实验示范区建设为契机，推行国际贸易"单一窗口"机制，畅通"双招双引"对外开放绿色通道。一是紧抓山东省深度融入共建"一带一路"、对接雄安新区发展的战略机遇，依托中国（山东）自由贸易试验区、中国—上合组织地方经贸合作示范区建设，加强鲁港、鲁澳、鲁台交流合作，加大对日本、韩国、欧美企业的开放合作力度，打造对外开放新高地，推动利用外资实现新突破。二是夯实高质量"双招双引"的载体平台，做好体制机

制创新试点、自贸试验区经验复制推广、特色园区创建、海关特殊监管区域发展"四篇提升文章"，加快开发区体制上放活、环境上做优、产业上做强、模式上创特，搭建招商引资产业承接平台、新兴产业创新创业孵化平台和特色产业集群园区平台，实行"管委会＋公司"运行机制，实现各类园区的多元化投入、企业化管理、市场化运作和专业化服务。三是深化对外沟通联系，进一步拓宽山东省开放大通道，放大"齐鲁号"中欧班列对外联通效应，进一步优化口岸营商环境政策措施，最大限度压减整体通关时间，降低通关成本，引导更多企业积极"走出去"。积极争办青年企业家创新发展国际峰会、外交部全球推介、首届儒商大会、尼山世界文明论坛、国际友城合作发展大会等重大推介活动。四是坚持"招商引资"与"招才引智"相结合，在大力吸引直接投资的基础上，注重引进先进技术、人才、管理，配套出台具有竞争力的人才引进激励机制，健全人才培养、评价、流动、保障等各个环节的政策体系，努力营造集聚海内外要素新优势。五是全面提升现代化城市群集聚功能，着力推进城际高速路网、城市轨道交通、城市绿道建设，加快全省"三环四横六纵"高速铁路网规划建设和"九纵五横一环七射多边"的高速公路网规划建设，推进沿海港口一体化发展，加快现代化港口群建设，打造产城融合、生态宜居、交通便捷、集聚高效的现代化都市体系。

六、营造亲清政商关系，树立"公平诚信"招牌

以建设亲清新型政商关系为根本，凝聚营商环境人文内核。一是深化政府"保姆式"服务理念，把人民满不满意、社会有没有创新力、企业有没有活力作为政府工作的着力点。建立常态化政企沟通交流机制，通畅政企沟通渠道，加强对标竞争意识，主动靠前服务、积极担当作为，真情实意帮助企业排忧解难。同时，要健全容错纠错机制和激励考核制度，激发干部干事创业积极性。二是营造稳定可预期的政策环境，通过立法、监督双管齐下，构建长效机制与法治化环境。政府做好市场的裁判，完善公平竞争审查制度、工作机制、审查流程和审查程序，维护好市场秩序，通过法治手段最大程度降低政策不可预知的风险。将政府行为以法律的形式固定下来、常态化，打造出公正、公开、透明的营商环境，用公正监管管出公平、管出效率、管出活力，打消市场顾虑，稳定投资信心，激发市场的内生动力。三是打造"诚信山东"服务品牌，健全完善全省统一的公共资源交易平台体系，推进公共资源交易监管方式转变，优化提升全省公共资源

交易全流程电子化应用水平。积极推进社会信用体系建设，建立全省统一的信用信息应用规则，研究制定全省统一的信用信息评价指标和全省信用信息归集共享考核办法，推动"红黑名单"在行政审批、公共服务、公共资源交易、事中事后监管等领域的应用，保护信用主体合法权益。

七、强化政策落实落地，提高企业群众获得感

营商环境建设重在落实，建立系统全面的考核评价体系是保障改革进程顺利推进的必要手段，应坚持目标导向和问题导向，以发挥政策实效为着力点，加强营商环境评价的导向作用和考核作用，促进营商环境建设顺利推进。一是健全完善营商环境评价机制，结合目标导向和问题导向，对标全国营商环境评价实施方案和指标体系创新评价方式，定期开展全省营商环境评价工作，使全省评价工作制度化、常态化。坚持问题导向，围绕发展目标和关键短板问题优化调整考核指标，推动各市强优势、补短板，持续优化提升山东省营商环境。二是畅通企业群众诉求通道，按照"换位思考、主动服务、有求必应、无需不扰"要求，增强政府服务意识，强化政策制定实施的精准性。坚持开门搞改革，变政府"配菜"为群众"点菜"，就简政放权、流程再造成效等征求人民群众、行业协会、企事业单位等各方意见，根据群众"点菜"确定改革切入点、攻关点，实施精准定向突破。建立常态化企业政府沟通渠道，支持企业家参与政府决策，重大政策出台前充分征求利益相关方意见，政府相关部门要及时协调解决重点企业和重大项目建设运营障碍。三是做好政策宣传解读和落实工作，以增强企业群众获得感为目标，加大政策宣传和落实力度。各级政府应提高涉企服务专业化水平，广泛采取网络宣传、面对面辅导、企业家学堂等方式，加强减税降费、企业扶持、审批流程等政策的汇总宣传和深度解读，帮助企业明晰政策口径和适用标准，确保准确理解和充分享受。健全完善省、市、县三级政策"联通制"，在政策制定上做到上下游"互通有无、资源共享"。四是坚持问题导向整改落实，强化督导考核、跟踪督办，及时发现问题、解决问题，针对评价发现的短板和薄弱环节，督促指导各级各部门，认真开展全链条梳理剖析，找准问题，抓好整改落实，促进形成优化营商环境的良性竞争。严格落实责任追究制度，对政策落实不利、行动迟缓、严重影响营商环境、企业群众反映强烈的单位和个人要严肃问责，真正让企业和群众感受到改革实效。

参考文献

［1］于士超．金融全面开放对我国银行业的影响［J］．财经界，2020（1）：48.

［2］马睿宏，崔学兰．金融业全面开放后商业银行信用风险及防范［J］．经济问题，2007（9）：107－110.

［3］王一鸣．建设有国际竞争力的现代产业体系［N］．学习时报，2019－03－04.

［4］王红霞．现代化城乡区域发展体系研究［J］．上海经济研究，2020（4）：31－40.

［5］王金胜．用绿色发展制度体系推进生态山东建设［J］．青岛科技大学学报（社会科学版），2015，31（3）：29－32，68.

［6］王珏．全面开放新格局下的中国对外直接投资思路探讨［J］．国际贸易问题，2018（1）：11－12.

［7］王娜．绿色发展战略下的山东省绿色金融体系构建研究［D］．中国石油大学（华东）硕士学位论文，2017.

［8］王海军，邹日崧．国外绿色经济典型城市发展经验比较及启示［J］．沈阳工业大学学报（社会科学版），2019，12（3）：213－220.

［9］石建勋．深刻理解现代化经济体系的科学内涵［N］．经济日报，2018.

［10］卢伟．绿色经济发展的国际经验及启示［J］．中国经贸导刊，2012（16）：40－42.

［11］叶辅靖，李大伟，杨长湧．推动形成全面开放新格局［J］．宏观经济管理，2018（3）：21－28.

［12］宁吉喆．构建全面开放新格局，汇聚共同发展新动能［J］．宏观经济管理，2019（1）：5－6.

［13］宁阳．加快建设现代化经济体系的五大维度［J］．广西社会科学，2020（5）：60 - 65.

［14］曲韵．协同发展带动全面开放：改革开放以来的外贸与外资［J］．新疆社会科学，2019（5）：35 - 45.

［15］朱孟晓，杨蕙馨．构建现代产业发展新体系的内涵与实现［J］．东岳论丛，2016（9）：166 - 171.

［16］伊平．绿色发展理念下生态文明制度建设研究［J］．佳木斯职业学院学报，2017（6）：433 - 434.

［17］向明艳．韩国绿色发展战略研究［J］．金融经济，2014（12）：180 - 181.

［18］邬乐雅，曾维华，时京京，王文懿．美国绿色经济转型的驱动因素及相关环保措施研究［J］．生态经济（学术版），2013（2）：153 - 157.

［19］刘戈非，任保平．新时代中国省域地方经济现代化产业体系的构建［J］．经济问题探索，2020（7）：81 - 91.

［20］刘伟．现代化经济体系是发展、改革、开放的有机统一［J］．经济研究，2017（11）.

［21］刘冰，张磊．山东绿色发展水平评价及对策探析［J］．经济问题探索，2017（7）：141 - 152.

［22］刘志彪．形成全面开放新格局，推动现代化经济体系建设［N］．天津日报，2019 - 03 - 25.

［23］刘志彪．建设实体经济与要素投入协同发展的产业体系［J］．天津社会科学，2018（2）：109 - 114.

［24］刘志彪．新时代形成全面开放新格局与建设现代化经济体系［J］．中南大学学报（社会科学版），2019，25（2）：1 - 6.

［25］刘钊．现代产业体系的内涵与特征［J］．山东社会科学，2011（5）.

［26］刘明宇，芮明杰．全球化背景下中国现代产业体系的构建模式研究［J］．中国工业经济，2009（5）：57 - 66.

［27］刘泉红．"十四五"时期我国现代市场体系建设思路和关键举措［J］．经济纵横，2020（5）：66 - 75.

［28］江小涓．新中国对外开放70年：赋能增长与改革［J］．管理世界，2019（12）：1 - 16.

[29] 江苏省统计局课题组，王汉春. 江苏现代化经济体系建设的现实基础与着力点 [J]. 唯实，2020 (4)：27 – 29.

[30] 许和连，祝树金，徐航天. 加快推动形成全面开放新格局，致力共建创新包容的世界经济——第五届国际经济学前沿论坛综述 [J]. 经济研究，2019 (6)：199 – 203.

[31] 孙海波. 我国人力资本及其空间分布对产业结构升级影响研究 [M]. 北京：经济科学出版社，2018.

[32] 杜运苏. 多角度构建全面对外开放新体系 [N]. 经济参考报，2019 – 08 – 14 (7).

[33] 杨以文，郑江淮，黄永春，任志成. 走向后工业化：建立以服务业为主的现代产业体系——以长三角为例 [J]. 经济地理，2012，32 (10)：70 – 76.

[34] 杨玉珍. 绿色文化的理论渊源及当代体系建构 [J]. 河南师范大学学报（哲学社会科学版），2018，45 (6)：64 – 69.

[35] 杨解君. 论中国绿色发展的法律布局 [J]. 法学评论，2016，34 (4)：160 – 167.

[36] 李天健，刘中显. 新时代全面开放下产业发展的使命和任务 [J]. 宏观经济管理，2019 (11)：12 – 17.

[37] 李扬. "金融服务实体经济"辨 [J]. 经济研究，2017 (6).

[38] 李光辉. 新时代：推动形成全面开放新格局 [J]. 国际贸易，2018 (1)：4 – 8.

[39] 李建. 建设新体制实施更深层次全面开放 [N]. 中国城乡金融报，2020 – 01 – 10 (1).

[40] 李钢. 中国迈向贸易强国的战略路径 [J]. 国际贸易问题，2018 (2)：11 – 15.

[41] 李海涛，张顺. 韩国绿色发展战略及其对中国的启示 [J]. 东疆学刊，2018，35 (1)：83 – 87.

[42] 吴玉珊. 基于主成分分析的泉州现代产业体系评价及构建策略研究 [J]. 湖北经济学院学报（人文社会科学版），2015 (7)：30 – 32.

[43] 吴昊，陈志恒，王皓，廉晓梅，佟新华. "推动形成全面开放新格局"笔谈 [J]. 东北亚论坛，2018，27 (3)：3 – 23，127.

［44］何延昆，张珊珊，郁丽霞．日本绿色治理的经验及启示［J］．天津经济，2019（6）：17－22.

［45］余永跃，樊奇．日本环境治理的经验和教训及其有益启示［J］．经济社会体制比较，2018（1）：70－76.

［46］余淼杰.70年四阶段构建全面开放新格局的伟大实践［N］．国际商报，2019－09－30（3）.

［47］宋杰．技术创新与山东省经济增长的实证研究［D］．山东师范大学硕士学位论文，2019.

［48］迟铭，张磊．加快山东绿色发展的对策建议［J］．理论学习，2017（9）：26－28.

［49］张淑俊．关于中国现代化经济体系建设实践探索的思考［J］．山西农业经济，2020（9）：9－11.

［50］张冀新．城市群现代产业体系的评价体系构建及指数测算［J］．工业技术经济，2012（9）：133－138.

［51］陈健．新时代全面开放新格局形成的现实逻辑与实践路径［J］．江淮论坛，2020（1）：84－89.

［52］林兆木．建设创新引领、协同发展的产业体系［N］．人民日报（海外版），2018－02－13.

［53］林兆木．建设现代化经济体系的重大意义［N］．人民日报（海外版），2018.

［54］周全，董战峰，杨昭林，纪雅萱．绿色经济发展的国际经验及启示［J］．环境经济，2020（6）：56－61.

［55］房志敏，猴一鸣．绿色文化形成的历史源泉与构建［J］．西南林业大学学报（社会科学版），2020，4（2）：36－41.

［56］赵汉澜．日本绿色经济发展历程与借鉴［J］．知识经济，2019（22）：40－41.

［57］赵英．绿色发展的国际先进经验对廊坊生态文明建设的启示［J］．商业经济，2018（9）：35－37，131.

［58］赵昌文，朱鸿鸣．对建设现代化经济体系的几点认识［N］．经济日报，2018.

［59］赵嘉，唐家龙．美国产业结构演进与现代产业体系发展及其对中国的

启示——基于美国1947—2009年经济数据的考察［J］. 科学学与科学技术管理，2012，33（1）：141 - 147.

［60］赵儒煜，肖茜文. 东北地区现代产业体系建设与全面振兴［J］. 经济纵横，2019（9）：2，29 - 45.

［61］郝宪印，张蕾，郭延民. 山东省开放发展问题研究［J］. 理论学刊，2015（1）：65 - 72.

［62］胡剑波. 跑出绿色发展加速度［J］. 当代贵州，2020（16）：60 - 61.

［63］胡鞍钢，周绍杰. 绿色发展：功能界定、机制分析与发展战略［J］. 中国人口·资源与环境，2014，24（1）：14 - 20.

［64］南京市建设现代化产业体系研究课题组. 现代化产业体系城市对标：南京再定位［R］. 长江产经智库，2019.

［65］查建国. 加快推动形成全面开放新格局［N］. 中国社会科学报，2019 - 11 - 11（1）.

［66］姚家伟. 绿色金融体系发展与探索［J］. 时代经贸，2019（9）：94 - 95.

［67］贺俊，吕铁. 从产业结构到现代产业体系：继承、批判与拓展［J］. 中国人民大学学报，2015，29（2）：39 - 47.

［68］高培勇，杜创，刘霞辉，袁富华，汤铎铎. 高质量发展背景下的现代化经济体系建设：一个逻辑框架［J］. 经济研究，2019，54（4）：4 - 17.

［69］郭付友，吕晓，于伟，任嘉敏，初楠臣. 山东省绿色发展水平绩效评价与驱动机制——基于17地市面板数据［J］. 地理科学，2020，40（2）：200 - 210.

［70］唐松. 新中国金融改革70年的历史轨迹、实践逻辑与基本方略——推进新时代金融供给侧改革，构建强国现代金融体系［J］. 金融经济学研究，2019，34（6）：3 - 16.

［71］黄汉权. 构建现代化产业体系是建设现代化经济体系的重头戏［J］. 经济研究参考，2017（63）：3 - 5.

［72］黄群慧. 论新时期中国实体经济的发展［J］. 中国工业经济，2017（9）：5 - 24.

［73］黄嘉涛. 广东产业结构特征与现代产业体系构建探讨［J］. 岭南学刊，2011（1）.

［74］崔凡. 自贸区战略助推全面开放新格局［N］. 国际商报，2019 - 09 -

27（7）.

[75] 崔鑫生，刘建昌．回顾改革开放 40 周年，构建新时期全面开放新格局——对外经济贸易大学纪念改革开放 40 周年研讨会会议综述［J］．国际贸易问题，2018（9）：1 - 8.

[76] 彭羽，沈玉良．全面开放新格局下自由贸易港建设的目标模式［J］．亚太经济，2018（3）：104 - 111，151.

[77] 韩余静，张坚．全面开放战略下地区开放型经济研究综述［J］．知识经济，2019（27）：5 - 6.

[78] 韩剑．新一轮自贸区扩容加快全面开放［N］．中国社会科学报，2019 - 09 - 18（4）.

[79] 韩晓梅．马克思主义理论对形成全面开放新格局的启示［J］．经济学家，2018（2）：5 - 11.

[80] 曾铮．新时代的市场化改革［J］．中国物价，2017（12）：14 - 15，18.

[81] 詹懿．中国现代产业体系：症结及其治理［J］．财经问题研究，2012（12）：31 - 36.

[82] 裴长洪，刘洪愧．习近平新时代对外开放思想的经济学分析［J］．经济研究，2018（2）：4 - 19.

[83] 裴长洪，刘洪愧．中国怎样迈向贸易强国：一个新的分析思路［J］．经济研究，2017（5）：26 - 43.

[84] 裴长洪，刘斌．中国对外贸易的动能转换与国际竞争新优势的形成［J］．经济研究，2019（5）：4 - 15.

[85] 裴长洪．中国特色开放型经济理论研究纲要［J］．经济研究，2016（4）：14 - 29，46.

[86] 谭永生．建设适应高质量发展的收入分配体系研究［J］．中国物价，2020（5）：15 - 18，42.

[87] 谭宗宪．对构建绿色制度体系的探讨［J］．重庆交通学院学报（社会科学版），2005（1）：90 - 92，95.

[88] 戴翔，张二震，王原雪．全面开放新格局：内涵、路径及方略［J］．贵州社会科学，2018（3）：104 - 110.